Aprender a compreender.
Do saber... ao saber fazer

Um programa de intervenção para o 5.º e 6.º anos E.B.

Iolanda da Silva Ribeiro
Fernanda Leopoldina Viana
Irene Cadime
Ilda Fernandes
Albertina Ferreira
Catarina Leitão
Susana Gomes
Soraia Mendonça
Lúcia Pereira

II

Ficha técnica

Título	Aprender a compreender. Do saber... ao saber fazer Um programa de intervenção para o 5.º e 6.º Anos E.B.
Autores	Iolanda Silva Ribeiro, Fernanda Leopoldina Viana, Irene Cadime, Ilda Fernandes, Albertina Ferreira, Catarina Leitão, Susana Gomes, Soraia Mendonça e Lúcia Pereira
Capa	Eduarda Coquet
Imagens da Família Compreensão	Régine Smal – Inforef (Bélgica) – Projecto Signes@sens
Arranjo gráfico	miew - creative agency. www.miew.com.pt / miew@miew.com.pt
Editor	EDIÇÕES ALMEDINA S.A. Av. Fernão de Magalhães, nº 584, 5.º Andar 3000-174 Coimbra Tel.: 239851904 Fax: 239851901 www.almedina.net

IMPRESSÃO | ACABAMENTO
G.C. GRÁFICA DE COIMBRA, LDA.
Palheira – Assafarge
3001-453 Coimbra
producao@graficadecoimbra.pt

SETEMBRO 2010

Depósito Legal n.º 329993/11

ISBN - 978-972-40-4363-0
I – RIBEIRO, Iolanda S.

CDU   811.134.3

373

Este programa foi financiado por:

Didáxis - Cooperativa de Ensino, C.R.L.
Câmara Municipal de Vila Nova de Famalicão
CIPSI - Centro de Investigação em Psicologia da Universidade do Minho
CESC - Centro de Estudos da Criança da Universidade do Minho

© Os textos incluídos neste programa estão protegidos por direitos autorais e não podem ser reproduzidos sem a permissão do autor ou do seu representante.

Índice

APRENDER A COMPREENDER…
COM A FAMÍLIA COMPREENSÃO — 1

Avaliação Inicial — 4

A Família Compreensão — 4
Ler de forma estratégica com a Família Compreensão — 8

Aprender a Compreender — 18
Avaliação de estratégias de leitura - 1 — 18
Uma Aventura nos Açores — 21
Um Longo Passeio Lunar — 26
Um Pássaro no Psicólogo — 29
Folheto Informativo da Mebocaína Forte — 34
Anne Frank – Uma Jovem Sonhadora — 39
O Pai que se Tornou Mãe — 42
Música Debaixo de Água — 46
Folhado de Amêndoas e Chocolate — 48
O Espelho — 51
Adeptos Anfíbios — 54
Uma Aventura no Palácio da Pena — 57
Monumentos, Museus e Parques do Concelho de Sintra — 63
Gravuras Rupestres de Vila Nova de Foz Côa — 67
Ler Doce Ler — 71
D. Afonso II, O Gordo — 75
Avaliação de estratégias de leitura - 2 — 80
Raízes — 82
Recomendações Para a Visita ao Parque Nacional da Peneda-Gerês — 85
Cobras Nossas — 89
O Meu Pé de Laranja Lima — 92
Aquário Vasco da Gama: Educar há mais de um século — 96
Nelson Mandela – A Libertação — 100
Jardim Botânico da Universidade de Coimbra — 105
Reciclamos Bem? — 112
Hortas à Porta – Hortas Biológicas da Região do Porto — 115
Cão Como Nós — 121
Sabes o Que é um Tufão? — 125
A Fita Vermelha — 131
Flor de Mel — 135
Avaliação de estratégias de leitura - 3 — 140

V

Índice

AVALIAÇÃO DE PROGRESSO — 143

Avaliação Inicial (1) – Prova de Aferição de Língua Portuguesa do 2.º Ciclo de 2006 — 143
Avaliação 2 – Prova de Aferição de Língua Portuguesa do 2.º Ciclo de 2002 — 152
Avaliação 3 – Prova de Aferição de Língua Portuguesa do 2.º Ciclo de 2003 — 159
Avaliação 4 – Prova de Aferição de Língua Portuguesa do 2.º Ciclo de 2004 — 166
Avaliação 5 – Prova de Aferição de Língua Portuguesa do 2.º Ciclo de 2007 — 173
Avaliação 6 – Prova de Aferição de Língua Portuguesa do 2.º Ciclo de 2005 — 181
Avaliação Final (7) – Prova de Aferição de Língua Portuguesa do 2.º Ciclo de 2006 — 191

ANEXOS — 200

Anexo 1 – Grelhas de correcção — 200
Anexo 2 – A Família Compreensão — 221

APRENDER A COMPREENDER...
COM A FAMÍLIA COMPREENSÃO

Há pequenos prazeres na vida que conseguem de facto dar-nos momentos imensos de alegria. Pedir um presente aos pais quando vamos com eles ao supermercado (sem achar que eles vão ceder) e consegui-lo. Marcar um golo impossível que decide a vitória para a nossa equipa num jogo com os amigos; um professor faltar a uma aula num dia em que nos apetecia mesmo, mesmo, mesmo ficar com os colegas no recreio. E, para mim, ler um bom livro. Encontrar uma história que, ou pelo enredo ou pela escrita, nos prende à leitura como o final de um filme ou de um jogo de futebol. Sem que consigamos parar de ler porque temos de saber o que acontece a seguir! Claro que nem sempre conseguimos que a leitura seja como um comboio que corre sobre carris certos sem parar a não ser que encontre uma estação (ou um ponto final, neste caso). Por vezes é difícil perceber o que está a acontecer na história. Às vezes por nossa culpa, porque não estamos concentrados. Nesse caso só há duas coisas a fazer: ou juntamos todas as nossas forças para estarmos atentos às filas de letras diante de nós, ou fazemos uma pausa para tratarmos do que quer que seja que nos está a distrair (seja a ansiedade por ver um amigo, um filme ou, simplesmente, não fazer nada). Outras vezes é mais complicado. Podemos estar a ler, concentradíssimos, mas o autor troca-nos as voltas com o que escreve. Se é uma palavra que não percebemos, ou vamos ao dicionário, ou, para não interromper a leitura, tentamos perceber qual o seu significado pelo contexto ou pelas palavras que estão à sua volta. Por exemplo, se estivermos a ler sobre uma personagem que desce ao inferno para salvar o seu animal de estimação, e encontramos um adjectivo que não compreendemos, decerto ele não será sinónimo de "refrescante" ou "pacífico". Infelizmente, às vezes são muitas as palavras que não compreendemos. Perdemos o fio à meada e já não percebemos bem o que se está a passar. Quando isto acontece só há uma solução: ter uma conversinha com o livro. Perguntar-lhe "O quê?", como quando estamos a falar com alguém e não percebemos o que acabou de dizer. Temos de pedir ao livro se pode repetir o que disse, se faz favor. Voltar atrás, até a um sítio onde a leitura ainda corria sobre rodas (ou carris) e reler tudo de novo, até conseguirmos compreender o que nos estava a escapar. Se tudo isto falhar, podemos sempre ter uma conversinha com um professor ou um dos nossos pais e pedir-lhes que nos expliquem aquele complicado bocado de texto. Com alguma sorte, até nos levam ao supermercado para nos oferecer um presente.

Ana Guimarães

A Ana acabou o 6.º ano e foi uma aluna proficiente ao nível da compreensão leitora. Talvez não conheças a palavra "proficiente". Consultando um dicionário encontrámos: *"Conhecimento perfeito, capacidade, mestria"*.

*Fonte: http://www.priberam.pt/DLPO/default.aspx?pal=proficiência.

Como se teria a Ana tornado proficiente?

São várias as respostas a esta pergunta. Em primeiro lugar é importante saberes que a compreensão leitora é uma competência que se aprende. Alguns alunos atribuem os seus resultados à capacidade, à sorte, ao acaso… Porém, muito do que conseguimos ou não fazer e obter depende sobretudo do nosso esforço. A Ana sempre que não percebia alguma coisa nunca desistia de tentar encontrar uma resposta e de resolver as suas dificuldades.

No texto que escreveu para ti, encontramos a razão para o seu sucesso. Ela conhece e utiliza várias estratégias de leitura, ou seja, recorre a vários procedimentos para realizar bem a tarefa. Repara em algumas estratégias que ela usa: a) quando não percebe uma palavra procura o seu significado num dicionário ou tenta descobri-lo a partir do contexto em que ela aparece; b) sabe que tem de ter cuidado com a extracção do significado porque uma palavra pode ter significados diferentes em função daquilo que o autor escreve; c) é capaz de saber quando não está a perceber e, neste caso, tenta encontrar as razões para a sua dificuldade. Dependendo das razões que levaram à dificuldade, escolhe algumas estratégias:

- "ter uma conversinha com o livro";
- perguntar-lhe "O quê?", como quando estamos a falar com alguém e não percebemos o que acabou de dizer;
- pedir ao livro "o favor de repetir", que é uma maneira engraçada de dizer que precisa de ler de novo;
- voltar atrás;
- "ter uma conversinha com um professor ou um dos nossos pais".

Podemos voltar agora à pergunta inicial e dar-lhe uma resposta. A Ana tornou-se proficiente porque é uma leitora estratégica.

O programa que encontrarás neste livro foi elaborado esperando que ele contribua para que consigas alcançar níveis superiores de compreensão leitora. Seleccionámos textos muito diversos e apresentamos-te várias propostas de trabalho cujo objectivo é o de te ensinar a ser um leitor eficiente, isto é, um leitor que saiba usar as estratégias mais adequadas para compreender os textos que lê.

A quem se destina este livro?
A todos os alunos do 5.º e do 6.º anos que querem alcançar níveis superiores de compreensão em leitura.

Porque deves efectuar este programa?
Numa primeira etapa do teu percurso escolar aprendeste a ler. Agora, podemos dizer que lês para aprender. Compreender o que se lê é determinante para o sucesso escolar e pessoal de cada um de nós. Assim sendo, melhorar a compreensão é um dos caminhos mais directos para seres bem sucedido na tua vida de estudante.

Muitos jovens da tua idade pensam que a compreensão do que se lê resulta apenas da inteligência ou da maior ou menor dificuldade dos textos, o que não é verdade. Pode-se – e deve-se – APRENDER A COMPREENDER. Alguns estudantes desenvolvem estratégias que são bastante adequadas e conseguem, com pouco esforço, obter resultados satisfatórios. Muitos outros, apesar do esforço, não o conseguem. Porquê? Principalmente porque não usam as melhores estratégias.

O que vais aprender neste programa?
1. Estratégias para compreender os textos

Para te ajudar nesta tarefa criámos a *Família Compreensão*, constituída por 6 personagens. Cada uma tem uma tarefa específica no difícil processo de aprender a compreender. Em algumas tarefas as personagens que te vão ajudar estão identificadas. Noutras, terás de ser tu a nomeá-las e a solicitar ajuda. Uma das personagens, o Vicente Inteligente, vai apoiar-te ao longo do programa, sugerindo várias estratégias que podem ser úteis para melhorares a tua compreensão.

2. Estratégias para produzir respostas correctas e completas

Um dos problemas mais frequentes dos alunos é não lerem com cuidado as perguntas/tarefas que são apresentadas. Quando, mais tarde, lêem o que escreveram, às vezes nem acreditam como foi possível não terem respondido ou realizado a tarefa correctamente. Aprender a analisar as perguntas/instruções é uma competência muito importante para atingir o objectivo de alcançar níveis superiores de compreensão em leitura.

Como está organizado este programa? O que podes encontrar nele?

Neste programa vais encontrar textos muito diversos e tarefas também muito diferentes mas que têm um mesmo objectivo – ensinar-te todos os passos necessários para perceberes os textos que lês. Se te empenhares, verás os resultados do teu trabalho.

Para cada texto seleccionado propomos-te várias tarefas. Para cada tarefa deverás pedir ajuda a uma personagem da *Família Compreensão*. Uma destas personagens – o Vicente Inteligente – irá dar-te pistas muito importantes para que consigas ser como ele, isto é, inteligente e… estratégico. Presta atenção às suas palavras. Às vezes podes achar que não vale a pena fazer o que ele diz, que é perder tempo… Nada disso. Acredita! Ele é mesmo… inteligente!

Neste programa foi dada especial atenção às perguntas e às propostas de trabalho que acompanham os diversos textos. Em primeiro lugar, para que elas possam guiar a tua compreensão, isto é, ajudar-te a descobrires os melhores caminhos. Em segundo lugar, para que te habitues a vários tipos de tarefas. Perceber bem o que te é pedido para fazer é meio caminho andado para responder bem. E responder bem significa que compreendeste.

Perante alguns textos vais ser convidado a fazer perguntas. Ser capaz de pensar em boas perguntas é também sinal de compreensão. Ao longo deste programa vais encontrar propostas de trabalho muito diferentes. Por exemplo, vais encontrar perguntas em que te são dadas várias alternativas de resposta, de entre as quais terás de escolher uma ou mais do que uma; vais encontrar afirmações para classificar como verdadeiras ou falsas; terás tarefas de ordenação, de completamento, de associação… Noutras, ainda, terás de preencher tabelas ou esquemas, de fazer resumos, de procurar significados… Como vês… a variedade é grande!

Nesta altura poderás estar a pensar: "Qual a razão para esta variedade de tarefas?". Aprender a analisar o que é pedido é uma competência muito importante para aproveitares ao máximo o tempo que dedicas ao estudo. Por isso, analisaremos contigo algumas das estratégias mais adequadas a cada tipo de tarefa. Quanto maior for a variedade de tarefas… mais serão as estratégias diferentes que poderás aprender.

O maior problema de muitos alunos resulta de não lerem com cuidado o que é pedido, quer sejam respostas a perguntas, quer sejam tarefas de outro tipo. Resultado: ou não realizam a actividade correctamente ou fazem-no de forma incompleta. E o pior é que muitas vezes até acharam que tinham feito um bom trabalho! Para que isto não te aconteça, irás também aprender a verificar se respondeste de forma correcta e completa.

Tens de realizar todas as actividades e pela ordem em que são propostas?

O programa foi pensado com "princípio, meio e fim". O que fores aprendendo irá sendo integrado em actividades cada vez mais complexas e completas. Assim sendo, ele deve ser cumprido tal qual foi elaborado. Se não realizares todos os passos, os resultados não serão os desejados.

Inclui alguma avaliação?

Claro! Podes não gostar desta palavra, "ficar com um frio na barriga" quando a ouves, ou até apetecer-te fechar logo o livro de cada vez que o Vicente Inteligente (que vais conhecer em breve) te disser "Responde à Prova de Aferição de Língua Portuguesa".

E podes perguntar: Tenho mesmo de fazer esta avaliação? A resposta só pode ser: SIM, para que possas ver se estás a evoluir. É importante que saibas o que já consegues fazer bem e onde persistem as dificuldades. Serás tu o primeiro a descobrir os teus pontos fortes e aqueles onde precisas de melhorar.

Avaliação Inicial

Esta avaliação irá permitir que conheças melhor as tuas competências antes de dares início ao programa. Ao longo do mesmo realizarás mais seis avaliações. Como vais registar os resultados que fores obtendo ao longo do programa, será fácil ver onde tens mais dificuldades ou em que aspectos poderás melhorar.

Não se trata de uma avaliação para te dar uma nota. Mais importante do que qualquer nota é que identifiques onde ainda falhas e porquê. As razões podem ser várias. Por exemplo: Será que as tuas respostas são incompletas? Será que não usas toda a informação disponível no texto?

Como provavelmente sabes, no final do 6.º ano de escolaridade os alunos realizam uma Prova de Aferição. A que vais realizar foi a que os alunos que, em 2006, estavam no 6.º ano, fizeram. Fazeres esta prova é também uma forma de te habituares a este tipo de avaliações sem que fiques muito nervoso.

Toma nota do tempo que levares a realizar a prova e compara-o com o tempo que nela é indicado. Deves ser capaz de a fazer no tempo concedido. Se o fizeres em muito menor tempo e tiveres muitas perguntas erradas, isso pode querer dizer que te precipitaste. Se o tempo concedido não chegou, terás de fazer um esforço para pensar um pouco mais depressa.

Abre o teu livro na página 143 e faz a Avaliação 1.

A Família Compreensão

Para te ajudar a identificar o que é preciso ter em conta para dar resposta a cada pergunta, vamos conhecer as personagens da *Família Compreensão*: o Vicente Inteligente, o Juvenal Literal, a Conceição Reorganização, o Durval Inferencial, a Francisca Crítica e o Gustavo Significado.

Vamos ver o que caracteriza cada uma delas e como te podem ajudar a compreender bem o que lês. Depois de as conhecermos vamos experimentar pedir-lhes ajuda para compreender melhor alguns textos.

Olá! Eu sou o **VICENTE INTELIGENTE**. Chamam-me inteligente porque sei responder a tudo o que me perguntam e, quando não sei, nunca desisto. Digo a mim mesmo "se existe uma pergunta tem de haver uma resposta e vou encontrá-la!".

Como consigo? Em primeiro lugar não me precipito! Penso… digo de mim para mim "Calma Vicente! Lê com atenção o que te estão a perguntar…" e questiono-me: "O que me faz dizer que…?", "Neste parágrafo o que significará…?", "O que me leva a achar que o título foi bem escolhido?", "O que sei?". Não tenho a mania de que sou o melhor e não tenho vergonha de pedir ajuda a todos os membros da *Família Compreensão*. Lembro-me das palavras da minha avó que me dizia: "A união faz a força".

Fico vaidoso quando me chamam inteligente, mas fico ainda mais vaidoso quando dizem que sou altruísta. AL-TRU-ÍS-TA… é uma palavra com personalidade. Foi o Gustavo Significado que me começou a chamar assim porque ajudo todos desinteressadamente e não guardo a sabedoria só para mim. Ajudo a pensar, lembro o que têm de fazer, faço perguntas para ver se estão no caminho certo… e às vezes digo ao ouvido o que é preciso fazer…

Olá! O meu nome é **JUVENAL LITERAL**. A minha família diz que eu sou do clube do "menor esforço", o que não é verdade. Eu acho que sou do "clube dos coleccionadores". Leio os textos com atenção e guardo a informação que lá encontro: nomes de personagens, incidentes, factos, datas, locais, características das pessoas… Se eu não vejo logo a informação, é porque ela não deve estar lá muito visível! O que está escondido não me interessa. Isso são enigmas para o Durval Inferencial. Por isso, depois de ler, a primeira coisa a fazer é veres se achas que a resposta ao que te é perguntado está visível no texto. Se estiver… chama por mim que eu entro logo ao serviço. São muito injustos quando dizem que eu sou do clube do "menor esforço", pois a maior parte das vezes sou o primeiro a trabalhar. Às vezes até sou o único! Presta atenção, pois as aparências, por vezes, enganam.

Como disse, guardo as informações, mas gosto muito de ser original. Digo o que encontro se bem que por palavras minhas, pois sou coleccionador e não papagaio. Confesso que fico vaidoso quando respondo com palavras diferentes das do texto! Peço muitas vezes ajuda ao Gustavo Significado para descobrir palavras diferentes, mas isso é um segredo entre nós…

Olá! O meu nome é **GUSTAVO SIGNIFICADO** e sou o mais jovem da *Família Compreensão*! Talvez por isso existem muitas coisas que não conheço. Sou muito curioso e estou sempre a perguntar "porquê?", "para quê?", "o que é?"… Eu não tenho culpa de ser curioso, de querer saber o significado de tudo e de perguntar para que é que as coisas servem. Como estou sempre a fazer perguntas, dizem-me que estou outra vez na "idade dos porquês". Se calhar em vez de Gustavo Significado deveria chamar-me… Antenor Perguntador… Não! Acho que não. Gustavo é um nome bem mais bonito.

Nasci perguntador. Corro atrás de palavras que não conheço e não desisto à primeira. Gostava muito de ter uma lupa, mas o meu tio Durval não a larga. Não tenho vergonha de fazer perguntas e detesto ficar com dúvidas. Estou sempre a aprender coisas novas e a cada dia que passa cresço em tamanho e inteligência.

Olá! O meu nome é **DURVAL INFERENCIAL**. A minha família chama-me detective, porque adoro enigmas. O meu trabalho é muito minucioso, com várias etapas que têm de ser seguidas com rigor… e sem pressas. Primeiro, há que pensar muito bem no problema que tenho de desvendar. Só depois procuro as pistas que o texto me pode dar. Como qualquer detective, preciso de ajudas. O Gustavo Significado e a Conceição Reorganização são os meus "ajudantes de campo". Junto pistas e ajudas, penso, estabeleço relações e conexões e outros *ões* e… *eureka*!… encontro as soluções. Parece fácil? Parece, mas não é. Muitas vezes as pistas que estão no texto não são suficientes e eu tenho de as juntar a outros conhecimentos anteriores. Outras vezes ainda preciso de recorrer a "especialistas" para encontrar a tal informação de que necessito para resolver os mistérios. O meu lema é: –"*Pensar e saber é o truque para tudo resolver!*"

Olá! O meu nome é **CONCEIÇÃO REORGANIZAÇÃO**. Pelo meu nome percebem a razão da minha família me chamar a "eficiente?" Pois é… sou muito prática e organizada. Gosto de ter tudo arrumado para encontrar depressa o que quero. Quando as coisas estão desorganizadas, gosto de as classificar, reordenar… Além disso, gosto também de fazer esquemas para saber onde as coisas estão e o que me falta. O Juvenal é um coleccionador. Eu deito fora o que acho estar a mais. Por isso, resumo e sintetizo tudo. Fico só com o essencial, mas tenho muito cuidado, pois, com este feitio, posso arriscar-me a deitar fora coisas importantes que depois me poderão fazer falta. Um dos meus passatempos favoritos é imaginar títulos que, com poucas palavras, dêem o máximo de informação. Como o Juvenal, eu também sou criativa, mas só às vezes… Nessas alturas dá-me para inventar títulos, cujo significado, para ser descoberto, precisa da ajuda do Durval Inferencial.

Olá! O meu nome é **FRANCISCA CRÍTICA**. A minha família chama-me "a questionadora" pois gosto de questionar tudo. Não consigo ler e ficar calada. Tenho sempre de perguntar "Verdade ou mentira?", "Real ou fantasia?", "Bem ou mal?", "Certo ou errado?". E não me contento com respostas de "Sim" ou "Não". Quero sempre saber os porquês. Por isso, acho que não me deviam chamar "questionadora" mas "juíza" já que quero provas para tudo. O meu trabalho não é tarefa simples! Não se pode julgar à toa. É uma grande responsabilidade! As pessoas consideram-me muito inteligente, mas eu, que sou muito crítica, sei que sem a ajuda dos outros membros da família não conseguiria fazer bem o meu trabalho. Tenho de perceber tudo muito bem. Não hesito em pedir ajuda ao Juvenal Literal, ao Gustavo Significado, ao Durval Inferencial e à Conceição Reorganização.

No final deste livro tens as fotografias e a caracterização de cada uma das personagens da *Família Compreensão*. Recorta-as e guarda-as numa bolsa plástica para que não se estraguem.

Ao longo do programa, para responderes a cada uma das perguntas, vais precisar de as usar, pois elas serão uma ajuda preciosa.

Em algumas tarefas, as personagens estão identificadas, facilitando-te o trabalho. Noutras, és tu que terás de o fazer. Conseguir identificar a quem podes pedir ajuda é sinal de que já percebeste as exigências da tarefa. O objectivo da *Família Compreensão* é também o de te ajudar a identificar o que fazes bem, o que precisas de melhorar e, além disto, a controlar a correcção das tuas respostas.

Ler de forma estratégica com a Família Compreensão

 Talvez estejas a pensar "Para que serve analisar as perguntas? Estão escritas... não é suficiente lê-las?". Para responder bem ao que nos é pedido, não chega ter compreendido bem o texto. É preciso, também, analisar as perguntas ou instruções.

 Analisar as perguntas?

 Sim. É preciso analisar as perguntas ou as instruções dadas. Isso implica lê-las com atenção para atender ao que é pedido. Muitos dos alunos da tua idade (e até mais velhos) lêem só uma parte da pergunta. Claro que depois as respostas são incompletas (ou erradas).

 Já me aconteceu isso! Até fiquei irritado, pois podia ter tirado uma boa nota. Sabia tudo... mas não dei respostas completas.

 Provavelmente não usaste as estratégias adequadas.

 Ups! Estratégias????

 As estratégias são os caminhos a usar para realizar bem uma tarefa. Para além de escolher o melhor caminho, também temos de escolher os sapatos adequados (ninguém vai, de tacão alto, para uma caminhada na montanha!). Nesta caminhada para a proficiência, vou ajudar-te a dar os passos certos. Cada tarefa exige raciocínios diferentes, trabalhos diferentes, ajudas diferentes... Assim sendo, também terás de usar procedimentos diferentes. E não podes esquecer-te nunca de verificar o trabalho feito.

 Memória... não é o meu forte!

 Eu encarrego-me de te lembrar os cuidados a ter. Serei repetitivo? Talvez, mas sou um repetitivo AL-TRU-ÍS-TA. Penso, essencialmente, em ti!

ANFÍBIOS DE MADAGÁSCAR

O texto sobre os anfíbios de Madagáscar é um texto informativo, mas no qual o autor exprime sentimentos e emoções relativamente ao conteúdo que é apresentado. Poderás não conhecer algumas das palavras que aparecem, por isso, para te ajudar, existe um glossário no final do texto. Deves consultá-lo em primeiro lugar e só depois iniciar a leitura do texto propriamente dito. Não te esqueças de verificar sempre se os textos possuem um glossário e, em caso afirmativo, de os consultar previamente.

Além disto, é útil assinalares as partes do texto que não percebes, para depois voltares atrás e recorreres a estratégias que te ajudem a resolver os problemas de compreensão.

Antes de iniciares a leitura, podes também consultar o título. Já ouviste falar em Madagáscar? Vou-te contar algumas coisas sobre este país.

Os Portugueses foram os primeiros europeus a chegar, em 1500, à ilha de Madagáscar. Diogo Dias baptizou a ilha dando-lhe o nome de São Lourenço, mas este viria a ser mudado para Madagáscar pelos Franceses. Actualmente este país recuperou importância pelo facto de ser considerada a ilha com a maior biodiversidade da fauna e da flora.

Para pesquisares mais informação e localizares este território no mapa poderás consultar o endereço http://pt.wikipedia.org/wiki/Madag%C3%A1scar.

ANFÍBIOS DE MADAGÁSCAR

Ao cair da noite, um som desconhecido invade o acampamento na remota e inexplorada zona de Betakonana, no centro-sul da Reserva Natural Estrita de Betampona, em Madagáscar. Inicialmente abafado pelo ruído da queda da água de uma cascata, o estranho "croac croac" intensifica-se, espicaçando a nossa curiosidade. Terminamos à pressa a refeição de feijão com arroz. Carregamos as mochilas às costas e mais material à cabeça e precipitamo-nos para a cascata, na tentativa de decifrar o enigma. A poucos metros do local onde estávamos, o som torna-se ensurdecedor, e Jean Noël é o primeiro a ver! A alegria e excitação apoderam-se dele como uma criança ao abrir os presentes de Natal. *Boophis albilabris* é como é conhecida esta rã entre os cientistas. Um indivíduo desta espécie foi visto uma única vez há alguns anos por este guia na reserva. Hoje, deparamo-nos com um cenário incrível de dezenas de machos sentados sobre as rochas lambidas pela água da cascata, competindo em coros estridentes pela atenção das fêmeas que se aproximam, descendo das árvores.

A sensação de descobrir algo inédito é indescritível! É espantoso como em pleno século XXI são tantos os animais e plantas ainda por conhecer, perdidos nas florestas dos trópicos. Em 2007, uma expedição com olhos postos na conservação de uma comunidade de anfíbios levou-me mais uma vez à ilha dos lémures - Madagáscar. O destino era a pequena reserva de Betampona.

Com uma superfície terrestre de cerca de 587 mil quilómetros quadrados, Madagáscar é um *hotspot* de biodiversidade*. A multiplicidade de espécies e extraordinários níveis de endemismos* está principalmente confinada às florestas tropicais da costa leste que, devido à pressão humana, têm vindo a ser destruídas, resultando num mosaico de fragmentos que representam menos de 7% da área original coberta por floresta primária.

Com mais de setenta espécies, os lémures são provavelmente os animais mais populares de Madagáscar, mas a nossa missão lida com animais menos conhecidos, como os anfíbios. Um resumo do *"Glo-*

bal Amphibian Assessment"* destaca Madagáscar com um 12.º lugar na lista dos países com maior riqueza específica de anfíbios. Entre os países com mais elevados níveis de endemismos, Madagáscar ocupa o primeiro lugar, a par da Austrália. Os anuros de Madagáscar constituem um dos mais ricos grupos de anfíbios com 244 espécies já descritas. Apesar do declínio global, os seus padrões de diversidade não estão ainda bem estudados devido a uma clarificação incompleta, tanto a nível taxonómico como de distribuição das espécies. Por isso, a investigação é crucial.

Para preencher essa necessidade, o projecto concentrou-se na avaliação da diversidade de uma comunidade de anfíbios, **bem como** da sua distribuição, na Reserva Natural Estrita de Betampona. Betampona é um pedaço isolado, comparativamente pequeno, de floresta tropical de baixa altitude. Com apenas 2.228 hectares, contém uma notável diversidade de plantas e animais, incluindo muitas espécies ameaçadas.

Gonçalo M. Rosa, *in* Revista "National Geographic",
Janeiro de 2010, s.p.

*Glossário:

biodiversidade (*bio-* + *diversidade*) *s. f.* 1. *Ecol.* Conjunto de todas as espécies de seres vivos e dos seus ecossistemas. 2. *Ecol.* Conjunto de todas as espécies de seres vivos existentes em determinada região.
endemismo *s. m.* Carácter do que é endémico.
endémico *adj.* Particular a um povo ou região (falando especialmente de doenças).

Fonte: http://www.priberam.pt/dlpo

Global Amphibian Assessment é um projecto que pretende fazer uma avaliação do estado das cerca de seis mil espécies de anfíbios existentes em todo o mundo. Este projecto pretende identificar as principais ameaças que os anfíbios sofrem actualmente, propor soluções e medidas de conservação para as espécies.

Fonte: http://pt.wikipedia.org/wiki/Global_Amphibian_Assessment

A tarefa que se segue é de transcrição, o que significa que tens de procurar no texto as expressões para dares resposta ao que te é pedido. De modo a fazê-lo correctamente, deves seguir as seguintes estratégias:
- Reler o texto e localizar a informação, sublinhando-a;
- Transcrever de modo exacto a informação do texto para o quadro.

1 – Transcreve do texto as expressões que permitem completar o quadro seguinte:

Não realizes já a tarefa. Lê com atenção o diálogo da página seguinte.

Afirmações	Expressões do texto
Razões que justificam o estudo dos anuros.	
Objectivos da equipa de investigação.	
Características do local onde vai decorrer a investigação.	

Peço ajuda a quem?

 Qual a instrução?

 «Transcreve do texto as expressões que permitem completar o quadro.»

 As informações estão no texto?

 Sim.

 Sublinha a frase, pois ela está mesmo à vista; depois transcreve-a.

 Então, vou sublinhar e transcrever no quadro:

Afirmações	Expressões do texto
Razões que justificam o estudo dos anuros.	"Não estão ainda bem estudados."
Objectivos da equipa de investigação.	"Avaliação da diversidade de uma comunidade de anfíbios, bem como a sua distribuição."
Características do local onde vai decorrer a investigação.	"Pedaço isolado, pequeno, floresta tropical de baixa altitude, 2228 hectares, notável diversidade de plantas e animais."

A próxima pergunta é de resposta de "escolha múltipla". Com esta expressão queremos dizer que te são dadas várias alternativas, de entre as quais terás de escolher uma ou mais do que uma. Para responderes a este tipo de perguntas, de forma correcta e completa, deves:

- Verificar o que é pedido na pergunta (selecção de uma alternativa, de mais do que uma, da(s) alternativa(s) certa(s) ou errada(s));
- Ler todas as alternativas e, relativamente a cada uma, decidir se é verdadeira ou falsa e porquê;
- Não te precipitares na escolha de uma alternativa;
- Não confiar demasiado na memória. Retornar ao texto para verificar se a opção seleccionada está correcta.

2 – Localiza no texto a expressão *"como uma criança a abrir os presentes de Natal"*.
O que terá levado o autor a usar esta expressão? Selecciona a opção correcta.

1. Queria reforçar a ideia de que Jean Noël estava excitado e alegre.
2. Foi usada para indicar que Jean Noël é provavelmente muito jovem.
3. Queria sugerir que a descoberta aconteceu, provavelmente, próxima do Natal.
4. Usou-a para indicar que Jean Noël recebeu uma prenda.

Antes de escolheres a alternativa, lê o diálogo seguinte.

 Peço ajuda a quem?

 Qual é a pergunta?

 «Localiza no texto a expressão "como uma criança a abrir os presentes de Natal". O que terá levado o autor a usar esta expressão?»

 A resposta está escrita no texto?

 Não, tenho de pensar.

 Quais as pistas que podes usar para responder à pergunta?

 O texto indica que Jean Noël ficou muito excitado e alegre ao ver as rãs, que é como as crianças se sentem quando abrem os presentes de Natal.

 Então qual é a alternativa correcta?

 É a alternativa número 1 – *Queria reforçar a ideia de que Jean Noël estava excitado e alegre.*

A pergunta que se segue requer uma resposta curta. Para responderes a este tipo de perguntas deves:

- Verificar o que é pedido na pergunta. Em particular, se são pedidas uma ou várias informações;

- Não confiar demasiado na memória e reler o texto para confirmar se identificaste toda a informação necessária. Presta bem atenção! Por vezes a informação de que necessitas para uma resposta completa está em várias partes do texto;

- Organizar uma resposta que, em poucas palavras, inclua toda a informação. Tenta também escrever com letra legível, com frases correctas e… sem erros de ortografia.

3 – Localiza no texto a frase: *"Os anuros de Madagáscar constituem um dos mais ricos grupos de anfíbios"*.
Esta afirmação é um facto ou uma opinião?

 Antes de escreveres a resposta, lê o diálogo seguinte.

 Peço ajuda a quem?

 Qual é a pergunta?

 «Localiza no texto a frase: "Os anuros de Madagáscar constituem um dos mais ricos grupos de anfíbios". Esta afirmação é um facto ou uma opinião?»

 A informação está no texto?

 Não, tenho de dar a minha opinião.

 O que é que o texto te diz para conseguires dar a tua opinião?

 O texto indica que existem 244 espécies de anuros de Madagáscar já descritas.

 Então qual é a resposta?

Podia ser: *Esta afirmação descreve um facto pois o texto indica que existem 244 espécies já descritas, o que leva a pressupor que será um dos grupos de anfíbios com mais espécies identificadas, ou seja, é um dos mais ricos.*

 A tarefa que se segue é de ordenação. Para a realizares tens de ser… estratégico! Segue estes passos:
 - Localiza no texto as frases ou expressões que remetam para as afirmações apresentadas e sublinha-as;
 - Identifica e analisa os indicadores temporais (por exemplo, "há alguns anos");
 - Faz uma ordenação provisória;
 - Relê essa ordenação e verifica se tem lógica;
 - Relê o texto para confirmar as tuas opções e, se for preciso, faz as correcções necessárias.

4 – Numera os seguintes acontecimentos, ordenando-os cronologicamente.

O investigador integra uma expedição com destino a Betampona, na ilha de Madagáscar.	2
Os membros da expedição, entre os quais Jean Noël, observam dezenas de espécimes da rã *boophis albilabris*.	4
Os membros da expedição são alertados por um estranho "croac croac".	
Jean Noël observa um exemplar isolado da rã *boophis albilabris*.	

 Mais uma vez te sugiro que antes de realizares a actividade leias o diálogo seguinte.

 Peço ajuda a quem?

 O que é pedido?

 «Numera os seguintes acontecimentos, ordenando-os cronologicamente.»

 O que tens de fazer?

 Colocar as frases por ordem.

 Depois de leres as frases, volta a ler o texto, identifica a sequência e ordena com muito cuidado.

 Ordeno.

O investigador integra uma expedição com destino a Betampona, na ilha de Madagáscar.	2
Os membros da expedição, entre os quais Jean Noël, observam dezenas de espécimes da rã *boophis albilabris*.	4
Os membros da expedição são alertados por um estranho "croac croac".	3
Jean Noël observa um exemplar isolado da rã *boophis albilabris*.	1

5 – Para completares a frase correctamente selecciona uma opção.
No texto a expressão "rochas lambidas" pode indicar que…

 Já adivinhas o que te vou dizer! Antes de realizares a tarefa lê sempre os diálogos que se seguem a cada pergunta ou instrução.

1. os machos lambem as rochas.
2. as fêmeas lambem as rochas.
3. as rochas são escorregadias.
4. as rochas estão molhadas pela água.

 Peço ajuda a quem?

 O que é pedido?

 O significado da expressão "rochas lambidas".

 O que tens de fazer?

 Procurar pistas no texto que me permitam perceber o significado.

 O que é que o texto te indica?

 O texto indica que as rochas estavam lambidas pela água das cascatas.

Então qual é a alternativa correcta?

 É a alternativa 4 – *as rochas estão molhadas pela água.*

Nesta última tarefa é necessário associares as afirmações da primeira coluna com as da segunda coluna. Para não te enganares, deves seguir os passos seguintes:
- Lê todas as frases da 1ª coluna;
- Lê todas as frases da 2ª coluna;
- Identifica qual a relação entre as afirmações da 1ª e as da 2ª coluna (no exemplo, as frases da 2ª coluna completam as da 1ª);
- Relê as afirmações da 2ª coluna e começa por fazer as associações sobre as quais não tens dúvidas;
- Justifica, para ti mesmo, ainda que não te seja pedido, as associações e confirma se o que fizeste está correcto.

6 – Liga as expressões:

 Não realizes já a tarefa. Lê com atenção o diálogo que se segue.

Os animais encontrados na cascata	1
Os lémures são	2
Devido à pressão humana	3
A reserva de Betampona	4
A expedição a Madagáscar	5

A	contém uma diversidade de animais e plantas distinta.
B	as florestas tropicais da costa leste têm vindo a ser destruídas.
C	são da espécie *boophis albilabris*.
D	visa avaliar a diversidade e a distribuição de uma comunidade de anfíbios.
E	muito populares em Madagáscar.

  Peço ajuda a quem?

 Qual a instrução?

«Liga as expressões.»

O que tens de fazer?

Unir as expressões da coluna da esquerda, às da coluna direita, de modo a construir uma frase completa e correcta.

As pistas estão no texto?

Sim.

Lê a informação das duas colunas e depois regressa ao texto e localiza-a, pois ela está mesmo à vista. Volta à instrução e liga as expressões das duas colunas. Depois de fazeres a associação, volta a ler o texto e confirma se realizaste a tarefa correctamente.

Então, vou sublinhar no texto e unir as expressões da seguinte forma:

Os animais encontrados na cascata	1		A	contém uma diversidade de animais e plantas distinta.
Os lémures são	2		B	as florestas tropicais da costa leste têm vindo a ser destruídas.
Devido à pressão humana	3		C	são da espécie *boophis albilabris*.
A reserva de Betampona	4		D	visa avaliar a diversidade e a distribuição de uma comunidade de anfíbios.
A expedição a Madagáscar	5		E	muito populares em Madagáscar.

Já percebeste como tens de usar a *Família Compreensão*? Nesta *Família* ninguém é mais importante do que outro. Todos precisamos de estar presentes para que consigas compreender bem um texto. Vais contar com a nossa ajuda em todos os textos deste programa, mas queremos acompanhar-te sempre que tens de ler um texto, qualquer que ele seja.

Daqui para a frente precisas sempre de ter contigo as imagens da *Família Compreensão* que encontraste no final do livro.

Aprender a Compreender

 Avaliação de estratégias de leitura - 1

Quais as estratégias que utilizas durante a leitura de um texto para te assegurares de que o consegues compreender e para resolveres as dificuldades que encontras?

Talvez nunca tenhas feito esta pergunta a ti próprio. Talvez até possas pensar que não usas qualquer estratégia. A verdade é que todas as pessoas utilizam estratégias durante a leitura de um texto, mas a maior parte das vezes não estão conscientes de que o estão a fazer. E umas são mais eficazes do que outras…

Vou dar-te um exemplo. Provavelmente já encontraste palavras que não conhecias e foste procurar o seu significado a um dicionário ou perguntaste ao professor ou a um colega se as conheciam. Pensa comigo no que aconteceu "no teu cérebro" nesta situação.

Palavra desconhecida: saramona.

Encontrada palavra desconhecida!
Resolver o problema da palavra desconhecida!
Como resolver o problema da palavra desconhecida?
Alternativas de resolução: procurar no dicionário, pedir ajuda a outra pessoa, usar pistas fornecidas pelo texto (neste caso não tens qualquer texto), ver se a palavra tem algum prefixo ou sufixo…
Escolher a alternativa!

E TU perguntas ao colega que está sentado ao teu lado: "Sabes o que é uma saramona?". Se eu te perguntasse "Que estratégias usaste?", talvez me respondesses: –"Nenhuma".

Na realidade o teu cérebro esteve a trabalhar activamente, reconhecendo a dificuldade, encontrando alternativas e a tua simples pergunta ao colega do lado é o resultado de um trabalho intenso de processamento de informação, que é automático porque não tens consciência de que esteve a ser executado! Não é fantástico?

Vou, por isso, convidar-te a pensar no que fazes, isto é, nas estratégias que usas sob o comando do teu cérebro enquanto lês um texto. Vais encontrar de seguida um questionário com um conjunto de perguntas. Vais ler cada uma delas e decidir se as utilizas muito ou pouco, de acordo com a seguinte escala:

1 - Nunca ou raramente
2 - Poucas vezes
3 - Às vezes
4 - Frequentemente
5 - Sempre ou quase sempre

Atenção! O objectivo é que consigas ter uma ideia das estratégias que usas. Responde em função do que fazes habitualmente e não do que pensas que deverias ou poderias fazer.

1 - **Nunca ou raramente**; 2 - **Poucas vezes**; 3 - **Às vezes**; 4 - **Frequentemente**; 5 - **Sempre ou quase sempre**.

1. Depois de ler o título, penso no que já sei sobre o tema? — 1 2 3 4 5

2. Depois de ler o título, costumo imaginar de que tratará o texto? — 1 2 3 4 5

3. Antes de iniciar a leitura, dou uma vista de olhos ao texto para ver do que trata? — 1 2 3 4 5

4. Antes de iniciar a leitura, dou uma vista de olhos ao texto e leio os subtítulos, os sublinhados e outra informação destacada? — 1 2 3 4 5

5. Se o texto tem imagens, antes de começar a ler dou uma vista de olhos pelas mesmas? — 1 2 3 4 5

6. Num teste ou ficha de trabalho, costumo ler as perguntas antes de ler o texto? — 1 2 3 4 5

7. Tiro notas durante a leitura para facilitar a minha compreensão? — 1 2 3 4 5

8. Enquanto leio vou-me lembrando do que sei sobre o tema? — 1 2 3 4 5

9. Para me lembrar do que li, costumo sublinhar o texto? — 1 2 3 4 5

10. Costumo sublinhar a informação que me parece importante? — 1 2 3 4 5

11. Costumo sublinhar as palavras cujo significado desconheço? — 1 2 3 4 5

12. Costumo sublinhar as palavras e/ou expressões que não compreendo bem, para depois voltar a ler? — 1 2 3 4 5

13. Não interrompo a leitura para ir procurar no dicionário o significado de uma palavra? — 1 2 3 4 5

14. Interrompo a leitura quando encontro uma palavra que não compreendo e procuro o seu significado? — 1 2 3 4 5

15. Quando encontro uma palavra cujo significado desconheço, tento descobri-lo através das pistas que o texto me dá? — 1 2 3 4 5

16. Costumo imaginar as personagens, as paisagens e as imagens que encontro descritas nos textos? — 1 2 3 4 5

17. Quando acabo de ler uma frase ou parágrafo que não compreendi, costumo voltar a ler essa parte? — 1 2 3 4 5

18. À medida que vou lendo um texto tento pensar em perguntas sobre o mesmo? — 1 2 3 4 5

19. À medida que leio uma narrativa costumo imaginar o que vem a seguir? — 1 2 3 4 5

20. Às vezes interrompo a leitura e pergunto a mim mesmo: "Percebi tudo o que li?"? — 1 2 3 4 5

21. Costumo ler parágrafo a parágrafo e perguntar a mim mesmo "O que é importante aqui?"? — 1 2 3 4 5

22. Faço sempre uma primeira leitura para ter uma ideia geral, e só depois leio para tentar perceber? — 1 2 3 4 5

23. Enquanto leio um texto de um teste ou de uma ficha de trabalho, costumo perguntar a mim próprio "Que perguntas me poderão fazer sobre este texto?"? — 1 2 3 4 5

24. Quando acabo de ler um texto penso nas imagens e nas mensagens que o mesmo dá a ver? — 1 2 3 4 5

25. Quando leio as perguntas ou instruções de um teste ou ficha de trabalho, costumo perguntar a mim mesmo "Percebi bem o que me pedem para fazer?"? — 1 2 3 4 5

26. Depois de responder a perguntas com resposta de escolha múltipla ou do tipo Verdadeiro/Falso, não as verifico, pois fico confuso e tenho medo de mudar o que está certo para errado? — 1 2 3 4 5

27. Depois de responder a perguntas ou realizar tarefas sobre um texto lido, costumo ler o que escrevi para ver se não têm erros? — 1 2 3 4 5

28. Depois de responder a perguntas ou realizar tarefas sobre um texto lido, costumo verificar se respondi bem? — 1 2 3 4 5

UMA AVENTURA NOS AÇORES

Ainda não tinham aterrado e já estavam encantados com a ilha por causa do vulcão. Sobrevoaram-no a baixa altitude e ficaram impressionadíssimos porque era uma verdadeira montanha de cinzas com cratera e tudo. Visto de cima, lembrava um monstro marinho de goela aberta.

Tony emocionou-se:

- Isto é o vulcão dos Capelinhos. Quando explodiu foi um horror. O fogo saía do mar aos borbotões. Levantou-se um jacto de vapor de água com quatro mil metros de altura e depois houve chuva de cinza. Mas não pensem em salpicos. Foram toneladas de cinza preta a cair sobre os campos em redor. As casas mais próximas ficaram soterradas, as pessoas fugiram aos gritos julgando que iam morrer todas, e em dois dias houve quinhentos tremores de terra.

A descrição era arrepiante. Só que as coisas arrepiantes geralmente fascinam. Em vez de terem medo sentiam-se atraídos por aquela ilha que entrava na vida deles oferecendo logo de início uma história forte. E o encanto aumentou quando chegaram à cidade.

Situada numa baía em forma de concha, transmitia uma sensação de alegria intensa que só a Luísa soube definir:

- Esta cidade é um riso aberto sobre o mar!

Os outros fizeram troça da expressão poética mas deram-lhe razão. Todos sentiam a mesma leveza, o mesmo inexplicável sorriso de agrado insinuar-se. Porquê? Não saberiam dizer. Talvez fossem as casas, tão parecidas e tão diferentes, cada qual com o seu desenho, a sua personalidade. Talvez fossem os barcos à vela que ali tinham chegado, vindos de todo o mundo, e repousavam no porto de abrigo. Ou talvez o bem-estar se devesse à presença de outra ilha mesmo em frente, a ilha do Pico. Enorme, serena, lembrava que não estavam sozinhos no meio do oceano.

Sempre jovial, Tony gabava tudo com entusiasmo:

- Então? Gostam da Horta? Olhem que não tem nada a ver com alfaces. O nome da cidade deve-se ao primeiro povoador, que era estrangeiro e se chamava Huerter. Vejam lá se conseguem pronunciar a palavra sem fazer caretas: Huerter!

Repetiu várias vezes o nome do povoador, brincando com o som. Depois deu uma gargalhada. Não parecia disposto a atirar-se ao trabalho, para desespero das pessoas encarregadas de o receber. Bem tentavam puxar a conversa para a questão do turismo, mas ele ignorava as deixas e continuava de passeio.

- Quero mostrar-vos uma coisa engraçada. Venham comigo!

Conduziu-os até à beira-mar para que vissem o imenso paredão coberto de desenhos, pinturas e inscrições feitas pelos muitos homens e mulheres que por ali pararam a repousar das canseiras sofridas no Atlântico.

- Havia de tudo: barcos, bandeiras, baleias, balões, bonecos com cores muito vivas com ou sem assinatura, com ou sem data. O conjunto não podia ser mais festivo.

- São marcas deixadas por gente de todo o mundo. É giro, não é?

Só as gémeas não fizeram elogios. Tinham deparado com algo que as petrificara. A bordo de um iate alguém enrolava cordas com o tronco inclinado para a frente. Não lhe viam a cara, mas viam os braços, e julgaram reconhecer as tatuagens em forma de sereia. O homem que as fechara no contentor tinha a pele coberta de tatuagens. Não seriam capazes de descrever as outras, mas da sereia lembravam-se muito bem.

Instintivamente recuaram e esconderam-se atrás do João.

- O que foi? – perguntou ele admirado.

- Nada. Ou melhor, não faças perguntas. Acelera o passo. Faz de conta que estás interessadíssimo nas pinturas ali adiante.

Correram a debruçar-se sobre um rectângulo azul e branco e juntaram as cabeças. A atitude delas não passou despercebida ao Pedro e ao Chico, que se aproximaram. Elas puderam então expor as suas dúvidas. O medo fazia-as gaguejar.

Quando se voltaram, viram Tony avançar de braços abertos para dois homens que saíam precisamente do iate em questão.

- Olá! Olá! Mas que boa surpresa! Não fazia ideia que andavam em viagem.

E vá de abraços, vá de pancadinhas nas costas. Quem seriam?

O matulão tatuado observava a cena no convés. Sam observava também e dir-se-ia que um pouco embaraçado.

- Os meus sócios! Que coincidência espantosa encontrarmo-nos todos aqui. Antes de mais nada, vou apresentar-lhes o meu sobrinho Sam, que ainda não tiveram oportunidade de conhecer.

Seguiram-se os cumprimentos do costume.

Eles não desfitavam os recém-chegados. Eram homens altos e bem constituídos que trajavam com a elegância própria dos velejadores: calças brancas, camisola com emblema em forma de leme e de âncora, sapatos de vela, boné a condizer. No entanto, podiam muito bem ser os falsos marinheiros bêbados. Imaginando-os com barba de três dias, gorro na cabeça e roupa suja, as figuras coincidiam.

- Tenho quase a certeza que são eles.

As gémeas concordaram de imediato.

Estavam ambas convencidas de que o marinheiro tatuado se escondera ao dar com os olhos nelas. Portanto, se era o indivíduo da noite anterior, os outros também deviam ser.

- Humm... não sei. Nós viemos de avião e eles de barco. Como é que chegámos ao mesmo tempo?

- Que disparate, Chico!

- Disparate porquê?

Ana Maria Magalhães & Isabel Alçada, in "Uma Aventura nos Açores", 1ª edição
pp. 128-131. Lisboa: Caminho, 1993.

Atenção! Em algumas perguntas vai-te ser pedido que penses no que poderá ter levado os autores a fazerem determinadas comparações ou a usar algumas metáforas. Tens de entrar na cabeça deles! Não é fácil… Estas perguntas podem ter várias respostas aceitáveis. Tem sempre atenção à justificação que dás para a tua resposta!

1 – Que associações terão as autoras feito, para dizerem que o vulcão, *"visto de cima, lembrava um monstro marinho de goela aberta"*?

2 – *"Esta cidade é um riso aberto sobre o mar!"*

2.1 – Que razões terão levado a Luísa a descrever desta forma a cidade?

2.2 – A que cidade se refere esta frase?

3 – *"Tinham deparado com algo que as petrificara".*

Nesta frase, o que significa *petrificar*? Selecciona a resposta correcta.

1. Ficar imóvel, como uma pedra.
2. Ficar satisfeito.
3. Vontade de atirar pedras.
4. Tornar insensível.

Esta pergunta exige que saibas o significado da palavra petrificar. Sabes qual é? O que costumas fazer quando encontras uma palavra cujo significado não conheces? Lê as alternativas seguintes e pensa nas que escolherias:

a) Utilizo as palavras que se encontram antes e depois para me ajudarem a descobrir o significado. Chama-se a isto usar o contexto;

b) Utilizo uma fonte exterior: consulto um dicionário (versão papel ou *online*), recorro a uma pessoa que conheça o significado, procuro imagens da palavra *online*…;

c) Ignoro-a temporariamente e espero que o significado apareça mais à frente no texto;

d) Tento adivinhar o seu significado;

e) Analiso a origem da palavra.

Eu escolheria as alternativas a), b) e e).

Às vezes pergunto a mim próprio: "Vicente, esta palavra é absolutamente necessária para que compreendas o sentido da frase?". Nem sempre a resposta é sim. Nestes casos posso não fazer nada. Quando lermos o folheto da Mebocaína vou explicar-te melhor a importância desta estratégia.

4 – Tony será, provavelmente, um adulto ou uma criança? Responde e justifica a tua resposta.

Nesta pergunta, é utilizada a palavra *provavelmente*. Sabes por que motivo as autoras a terão colocado na pergunta? Em muitas das perguntas que necessitam de ajuda do Durval Inferencial nem sempre conseguimos ter a certeza absoluta de qual a resposta correcta. No entanto, podemos dar uma resposta ou tirar uma conclusão com alta probabilidade de estarem certas. Para retirarmos conclusões acertadas temos de nos basear na informação disponível no texto e no nosso conhecimento do mundo.

5 – Quem são os sócios de Tony? Selecciona a resposta adequada.

1. O matulão tatuado e os velejadores.
2. O Chico e as gémeas.
3. Os dois velejadores.

6 – Numera os acontecimentos de acordo com a ordem cronológica dos mesmos:

Nem sempre podemos confiar na memória para darmos resposta a tarefas em que é necessário ordenar afirmações. Tenta fazer o seguinte:
- Volta a ler a primeira afirmação;
- Localiza-a no texto e sublinha o excerto/frases;
- Repete o procedimento para as restantes afirmações;
- Relê a primeira afirmação e localiza a sua posição relativa;
- Repete o procedimento para as restantes afirmações;
- Confirma a ordenação final.

Tem atenção ao localizares as afirmações que deves ordenar! Nem sempre as afirmações presentes na pergunta de ordenação estão escritas no texto: umas vezes podem ser acontecimentos presentes no texto e escritos por outras palavras; outras vezes podem já ser conclusões efectuadas pelas autoras do programa; podem, ainda, ser resumos de pequenas partes do texto.

As gémeas partilham com os amigos as suas dúvidas.	
O grupo de amigos observa os sócios de Tony.	
O grupo acompanhado por Tony sobrevoa o vulcão dos Capelinhos.	
Tony encontra-se com os seus sócios.	
As gémeas concluem que os sócios de Tony poderão ser as mesmas pessoas que as fecharam no contentor.	
As gémeas julgam ter identificado o homem tatuado.	

7 – *"Eles não desfitavam os recém-chegados".*
7.1 – Selecciona a resposta correcta. A quem se refere a expressão "recém-chegados"?

1. Aos dois velejadores.
2. Ao grupo das gémeas e do João.
3. Ao Tony e ao Sam.

7.2 – Haveria razões para alguém ter medo dos "recém-chegados"?

_____
_____
_____

8 – O que responderias à pergunta "Disparate porquê?", feita pelo Chico?

_____
_____
_____

9 – Selecciona a alternativa correcta. Em que ilha dos Açores se desenrola esta história?

1. Pico
2. Faial
3. Horta

> O Durval Inferencial comentou: cidade da Horta, Vulcão dos Capelinhos e Pico em frente – só pode ser a ilha do Faial.
> Repara que no texto não é dito que a história se desenrola na ilha do Faial. Pois é… nem sempre a informação está escrita no texto. É preciso IN-FE-RI-LA, seguir as pistas, tal como o Durval fez.

25

UM LONGO PASSEIO LUNAR

À medida que avançamos na escola, os textos têm de acompanhar o nosso crescimento, isto é, têm de ser mais difíceis, com palavras novas… Sugiro-te uma estratégia – enquanto lês o texto, **sublinha a lápis as palavras ou expressões que não conheces. Quando acabares de ler tenta inferir o seu significado; se não conseguires, podes consultar um dicionário. Também podes escrever no teu caderno as novas palavras.** Se estiveres num local com acesso à *internet*, podes fazer a pesquisa *online*, por exemplo em http://www.infopedia.pt/lingua-portuguesa.

ENTREVISTA COM EUGENE CERNAN
ENTREVISTA DE LUÍS TIRAPICOS

Eugene Cernan foi um dos 14 astronautas seleccionados pela NASA em 1963. Cumpriu três missões no espaço, a última das quais como comandante da Apollo 17, em Dezembro de 1972, a última viagem lunar tripulada dos EUA. Aliás, o recorde de permanência na Lua ainda lhe pertence: 73 horas. Em Junho, esteve em Lisboa, como embaixador mundial da Omega.

Sente-se desapontado pelo facto de as expectativas de finais da década de 1960 sobre a conquista de outros planetas por seres humanos não se terem cumprido?

Bastante. Há quarenta anos, mantivemos a porta aberta para o universo e desafiámos a geração seguinte a continuar os nossos passos. Essa geração construiu e lançou o vaivém e a Estação Espacial para nos levar adiante. Todavia, muitas circunstâncias limitaram essas realizações. Razões económicas, políticas, científicas. O mundo começou a girar em torno da resolução das suas próprias maleitas em vez de olhar para o futuro. Olhar para o futuro é um investimento e ajuda-nos a resolver os problemas do planeta. Há um velho ditado que diz: se a tecnologia torna possível, as pessoas fazem acontecer. Precisamos também da inspiração que ir à Lua dá aos nossos jovens. Perdemos esse espírito de aventura de há três ou quatro décadas e desenvolvemos uma cultura de aversão ao risco. Eu não tive qualquer garantia de que regressaria a casa.

Sentiu medo em alguma fase da sua missão até à Lua?

Se é para ter medo é melhor não ir! Sabemos que estamos vulneráveis a uma grande diversidade de problemas desconhecidos que podem ocorrer mas temos confiança em nós próprios e nas pessoas que ficam em terra a ajudar. Não fui à Lua para não regressar. Há alturas em que ficamos apreensivos e o batimento cardíaco acelera, claro que sim. Só dispúnhamos de uma tentativa para os lançamentos na Terra e na Lua.

O que responde aos que pensam que a exploração espacial deveria ser feita por *robots* e não por seres humanos?

A exploração humana e robótica andam de mãos dadas, não são diametralmente opostas. Antes de ir à Lua, enviámos sondas, mas a inteligência de um robot depende da inteligência que lhe dermos. E a inteligência de um computador depende das aplicações que nele colocarmos. Em novos locais de exploração não sabemos sequer que questões se colocam. Como vamos dizer ao robot o que fazer? E porque queremos participar pessoalmente? Porque queremos saber o que se sente, o que se vê. A curiosidade é a essência da existência humana. O destino da nossa espécie é a exploração. Por que motivo os grandes exploradores deixaram as costas portuguesas e correram riscos para encontrar uma nova rota para a Índia ou para descobrir novas terras? Pela mesma razão que fomos à Lua e pela mesma razão que iremos a Marte.

Este ano comemora-se o Ano Internacional da Astronomia. Durante as suas missões espaciais, teve oportunidade de observar o céu?

26

Antes de irmos, estudámos as estrelas. Precisámos de estudar as estrelas porque os céus eram a nossa casa. E usámos as estrelas para navegar, tal como Colombo as usou. Tínhamos um sextante e um telescópio a bordo tal como nos navios. Ainda hoje, onde a maior parte das pessoas vê um amontoado de estrelas, eu consigo reconhecer as constelações – sinto-me em casa. Quando se está na superfície da Lua há tanta luz reflectida que é difícil ver as estrelas. Mas o lado não iluminado pelo Sol é o paraíso dos astrónomos. Quando se está na sombra da Lua o céu está tão cheio de estrelas... triliões de estrelas. E, no entanto, continua a ser negro.

Por vezes, escutam-se teorias da conspiração lunar, que defendem que as imagens do homem na Lua foram realizadas num estúdio na Terra. Como analisa essas manifestações de ignorância da ciência básica?

Nós fomos à Lua, e iremos regressar para tirar uma fotografia onde eu vivi e onde pousei. Não sei onde é que essa gente pensa que eu fui! Sinto pena deles porque perdem uma grande aventura humana. Diga o que disser, essas pessoas serão sempre defensores da conspiração, acreditarão sempre no que querem acreditar.

Luís Tirapicos, *in* Revista "National Geographic", Agosto de 2009, pp. 20 - 21.

1 – Preenche os espaços para completares a frase que se segue:

Esta entrevista foi conduzida por _____ e teve _____ como entrevistado.

2 – Se tivesses de dar um título diferente a este texto, qual escolherias? Selecciona a alternativa que considerares adequada.

1. O Último Homem na Lua.
2. A Conquista da Lua.
3. Catorze Astronautas na Lua.
4. Eugene Cernan e a Viagem à Lua.

3 – Classifica as afirmações seguintes como verdadeiras (V) ou falsas (F).

Personagem da *Família Compreensão*	Afirmações	V	F
JL	1. A última missão tripulada, dos EUA, para o espaço realizou-se em 1972.		
JL	2. A Estação Espacial foi construída pela geração de Eugene Cernan.		
DI	3. A fraca evolução da ciência a partir dos anos 60 limitou as conquistas de outros planetas.		
JL	4. A falta de investimento financeiro terá sido uma das razões para que os seres humanos não tenham chegado a outros planetas.		

4 – Eugene Cernan defende que a exploração espacial deve ser feita por *robots* e não por Homens? Responde e justifica a tua resposta.

5 – *"Só dispúnhamos de uma tentativa para os lançamentos na Terra e na Lua".*
O que quereria Eugene Cernan dizer com esta frase?

6 – Por que razão o entrevistado compara os Descobrimentos Portugueses à ida à Lua?

7 – Porque é que Eugene Cernan afirma que *"o lado não iluminado pelo Sol é o paraíso dos astrónomos"*? Selecciona a opção correcta.

1. Porque nesse lado há mais estrelas e podem ser observadas.
2. Porque nesse lado a visibilidade das estrelas é maior.
3. Porque nesse lado há muita luz reflectida.
4. Porque nesse lado os telescópios não são ofuscados pelo sol.

8 – Será que o entrevistador acredita nas suposições de que o Homem ainda não pisou realmente a lua? Responde e transcreve as expressões por ele utilizadas que justificam a tua resposta.

Repara que na instrução é pedido para transcrever **"as expressões"** e não "a expressão".

9 – Coloca-te no papel do entrevistador e elabora duas perguntas que gostarias de colocar a Eugene Cernan e que não constem desta entrevista.

Pergunta 1:

Personagem da *Família Compreensão:*

Resposta:

Pergunta 2:

Personagem da *Família Compreensão:*

Resposta:

UM PÁSSARO NO PSICÓLOGO

> Às vezes, quando estou a ler um texto, paro, fecho os olhos e coloco-me no papel de um realizador de cinema. Imagino a história como se fosse um filme na minha cabeça: "vejo" os cenários e as personagens, "observo" os seus comportamentos e tento adivinhar os seus sentimentos. Por exemplo, neste texto "vejo" o jantar da família: o pai a mastigar devagar e silenciosamente, e a mãe, de avental posto, ocupada com as tarefas domésticas; logo de seguida "visualizo" toda a família em frente da televisão e até consigo ouvir na minha cabeça as perguntas sem fim que os pais fazem ao filho.
>
> Queres tentar fazer o mesmo? Constrói imagens na tua cabeça à medida que lês o texto.

Hoje não me apetece escrever.

O T.P.C. que a professora de Português mandou fazer fica guardado dentro da esferográfica, à espera de melhores dias.

Não vou fazer uma só linha de texto.

Não quero!

Abaixo as redacções!

Abaixo os professores!

Viva a fantasia!

Viva eu, viva eu, viva eu!

EU!

Às vezes preciso de me escrever assim, em letras gordas, para me convencer de que sou pessoa. A família e a escola chegaram a tais extremos que eu já nem sei bem o que sou.

Ele é inquéritos, avaliações, fichas de informação, relatórios escritos, pareceres que quanto mais parecem menos são – enfim! – um mar de papelada que desaba sobre este pobre ser de nome Pedro, aluno, cobaia e mártir da terna ferocidade dos mais velhos.

Julgam que horrores, tragédias, e massacres só acontecem à hora de jantar, na versão do Telejornal?

Qual quê!

Esses ainda se digerem, misturados entre duas colheres de sopa e uma garfada de arroz, ante o silêncio mastigado do bigode do meu pai e a atarefação aflita do avental da mãe. Pior, muito pior que as tragédias que a TV mostra, é o interrogatório a seguir ao jantar: no intervalo dos anúncios, entre as notícias e a telenovela, a língua dos pais desata-se e a minha vida é questionada, devassada, espiolhada, minuto a minuto.

- Que nota tiveste a Inglês?

- Pediste dispensa a Educação Física? Cuidado, tu ainda não estás bom da gripe…

- Quantos professores faltaram hoje?

- Que comeste na cantina?

- Pediste para ir ao quadro, a Ciências? Não te esqueças que precisas levantar a nota!

A rajada é contínua e a minha cabeça parece bola de ping-pong batida por duas raquetes, ambas a jogar ao ataque. Por vezes, tento o estilo de resposta telegráfica, como se cada palavra valesse oiro, mas essa técnica já não produz efeitos. Eles engalfinham-se sobre os meus «pois», «talvez», «não sei» e então ainda é pior: parece o tiroteio da guerra do Líbano, todos ao ataque contra o desgraçado do povo, ou seja, eu.

Quando os anúncios são longos e variados, o bombardeamento é mais cerrado. Felizmente chega a telenovela, fascina-lhes o olhar e então eu aproveito a oportunidade para me refugiar no quarto. Aí, a situação melhora: de quando em vez eles vão espiar o estudo. Entreabrem a porta, mas ficam sossegados ao ver a minha cabeça debruçada sobre a escrivaninha. Se ousam invadir aquela área reservada, sou como o Lucky Luke: mais rápido que a própria sombra a encafuar a B.D. debaixo da mesa de estudo.

Infelizmente, a minha mão nem sempre é guiada pelo talento do herói solitário do Oeste. Quando São Lucky Luke não me ajuda a atirar a revista de quadradinhos para debaixo da mesa de estudo, é certo e sabido que ouço sermão e missa cantada a duas vozes zangadas.

Esta mania de espiar o meu trabalho tem muito a ver com a história do pássaro no psicólogo. O caso conta-se em poucas palavras.

.....

Carlos Correia, in "Um pássaro no psicólogo", 1ª Edição, pp. 9-11.
Lisboa: Edições "O Jornal", 1988.

1 – Para cada uma das afirmações indica se a interpretação proposta é verdadeira (V) ou falsa (F).

O autor escreveu...	Pode-se interpretar como...	V	F
1. *"O T.P.C. que a professora de Português mandou fazer fica guardado dentro da esferográfica, à espera de melhores dias."*	*Significando* que o Pedro decidiu não fazer os trabalhos de casa.		
2. *" Abaixo as redacções! Abaixo os professores!"*	*Indicando* que o Pedro não quer trabalhar, quer apenas gozar a vida.		
3. *"A família e a escola chegaram a tais extremos que eu já nem sei bem o que sou."*	*Sugerindo* que o Pedro não sabe quem é a sua família e a sua escola.		
4. *"Ele é inquéritos, avaliações, fichas de informação, relatórios escritos, pareceres que quanto mais parecem menos são."*	*Indicando* que o Pedro considera que estas actividades não servem para nada.		
5. *"... mártir da terna ferocidade dos mais velhos."*	*Indicando* que os adultos maltratam as crianças.		
6. *"A rajada é contínua."*	*Indicando* que os pais colocam perguntas sem parar.		
7. *"... a minha cabeça parece bola de ping-pong."*	*Sugerindo* que o Pedro olha alternadamente e de forma rápida para o pai e para a mãe.		
8. *"...duas raquetas a jogar ao ataque."*	*Indicando* que a cabeça do Pedro é comparada a uma bola na qual os pais batem com palavras.		

2 – Irene, uma aluna do 6.º ano, depois de ter lido o texto, fez a seguinte intervenção: "Penso que o Pedro sente que os adultos à sua volta dão uma importância excessiva à escola e se esquecem que por detrás do aluno está uma pessoa que pode querer outras coisas e ter outras preocupações e necessidades".
Como terá a Irene chegado a esta conclusão?
Transcreve as frases do texto que podem justificar a sua interpretação.

Lê sempre com muita atenção o que te é pedido na instrução. Aqui pedem-te que transcrevas <u>frases</u> que justificam uma opinião, o que significa que deves procurar mais do que uma. Saber exactamente o que é pedido na instrução ajuda a evitar tarefas incompletas.

_____
_____
_____
_____

3 – Preenche os espaços para completares a frase:

O diálogo dos pais sobre a escola é comparado a um _____ e a um _____
porque _____ .

4 – Consideras correcta a forma como o Pedro interpreta as perguntas dos pais?
Responde e justifica a tua resposta.

O mais importante na realização da tarefa é a tua justificação "inteligente". Pensa para ti próprio: "Como cheguei a esta conclusão?". Não te esqueças de te certificares de que justificas adequadamente a tua resposta.

_____
_____
_____

5 – Completa com a alternativa que considerares mais adequada.
Se o Pedro diz: *"a língua dos pais desata-se e a minha vida é questionada, devassada, espiolhada, minuto a minuto"*, **é porque sente que...**

1. os pais não respeitam a sua privacidade.
2. os pais falam demasiado alto.
3. os pais falam demais.
4. os pais só sabem fazer perguntas sobre a escola.

6 – O que quererá o Pedro dizer quando escreve *"tento o estilo de resposta telegráfica, como se cada palavra valesse oiro, mas essa técnica já não produz efeitos. Eles engalfinham-se sobre os meus «pois», «talvez», «não sei»"***?**

7 – O que sabemos sobre os pais do Pedro?

> Para responderes a esta pergunta é necessário identificares informação que está bem visível no texto, mas não só! Não te deixes enganar com esta informação "explícita". Deves também retirar, a partir dos seus comportamentos, algumas conclusões sobre a relação dos pais com o Pedro. Mais uma vez, deves IN-FE-RI-LA!

8 – Escreve uma pergunta sobre este excerto do texto e elabora a resposta à mesma. Indica qual a personagem da *Família Compreensão* **a quem poderás pedir ajuda.**

"Quando os anúncios são longos e variados, o bombardeamento é mais cerrado. Felizmente chega a telenovela, fascina-lhes o olhar e então eu aproveito a oportunidade para me refugiar no quarto. Aí, a situação melhora: de quando em vez eles vão espiar o estudo. Entreabrem a porta, mas ficam sossegados ao ver a minha cabeça debruçada sobre a escrivaninha. Se ousam invadir aquela área reservada, sou como o Lucky Luke: mais rápido que a própria sombra a encafuar a B.D. debaixo da mesa de estudo.

Infelizmente, a minha mão nem sempre é guiada pelo talento do herói solitário do Oeste. Quando São Lucky Luke não me ajuda a atirar a revista de quadradinhos para debaixo da mesa de estudo, é certo e sabido que ouço sermão e missa cantada a duas vozes zangadas."

Pergunta: _____

Personagem da *Família Compreensão:* _____

Resposta: _____

Vou fazer-te uma pergunta, para reflectires. Antes de começares a ler, que tipo de planos fazes para te ajudarem a ler melhor?

Lê as alternativas seguintes e pensa nas que escolherias:

    a) Não faço planos; simplesmente começo logo a ler;

    b) Penso no que sei sobre o tema;

    c) Penso nas razões pelas quais estou a ler o texto.

Que alternativas escolheste? Queres saber qual seria a minha resposta a esta pergunta?

Em todos os textos, eu penso sempre nos motivos porque estou a ler determinado texto… se estou a ler para estudar para uma disciplina, para ocupar os tempos livres, para realizar um trabalho…

Depois ajusto as minhas estratégias em função deste objectivo. Por exemplo, sublinho as ideias principais à medida que leio se estiver a ler para estudar mas não sublinho se estiver a ler por lazer.

Além disso, perante textos informativos como o "Folheto Informativo da Mebocaína Forte" penso sempre no que sei sobre o tema antes de começar a ler. Isto ajuda-me a perceber melhor o que vou ler a seguir. Por exemplo, sei que a Mebocaína é um medicamento.

Sabendo disto, consegues imaginar o que estará escrito no folheto?

FOLHETO INFORMATIVO MEBOCAÍNA FORTE

Folheto Informativo
Mebocaína® forte

Pastilhas contra as dores de garganta e infecções da cavidade bucofaríngea. Isentas de açúcar (adoçadas com sorbitol).

A Mebocaína® Forte é um medicamento não sujeito a receita médica.

É importante que leia cuidadosamente este folheto antes de começar o tratamento. Se tiver alguma questão ou dúvida não hesite em perguntar ao seu médico ou farmacêutico.

IDENTIFICAÇÃO

O que contém esta embalagem?
O nome deste medicamento é Mebocaína® Forte.
Apresenta-se em pastilhas para chupar compostas por uma associação de três substâncias activas: Tirotricina (4 mg), Cloreto de Cetilpiridínio (1 mg), Cloreto de Oxibuprocaína (0,2 mg).

Como se apresenta a Mebocaína® Forte?
Mebocaína® Forte apresenta-se em embalagens de 20 pastilhas para chupar.

Quais as acções da Mebocaína® Forte?
A Mebocaína® Forte contém 3 substâncias activas cujas acções se completam mutuamente (triplo efeito):
- Tirotricina: combate as bactérias devido à sua acção na superfície das mucosas.
- Cetilpiridínio: anti-séptico de superfície que penetra nas mucosas, reforçando a acção da tirotricina.
- Oxibuprocaína: exerce um efeito analgésico rápido na cavidade bucofaríngea.

A Mebocaína® Forte é adoçada com sorbitol pelo que pode ser utilizada por diabéticos. O mentol proporciona um sabor refrescante.

DETENTOR DA AUTORIZAÇÃO DE INTRODUÇÃO NO MERCADO

Novartis Consumer Health
Produtos Farmacêuticos e Nutrição, Lda.
Av. José Malhoa, 16 B 1º - 1.2
1099-092 Lisboa

PARA QUE SERVE A MEBOCAÍNA® FORTE?

Tratamento local de infecções da cavidade bucofaríngea e inflamações associadas a gripe ou resfriamento, bem como alívio das dores de garganta, da deglutição dolorosa, faringites, rouquidão, aftas, gengivites e estomatites.

Antes de usar a Mebocaína® Forte é importante ler as seguintes perguntas e respostas:

QUANDO NÃO DEVO USAR A MEBOCAÍNA® FORTE

No caso de alergia a qualquer das substâncias activas ou ingredientes do medicamento (ver também a secção "Que outros ingredientes tem a Mebocaína® Forte" para verificar se é alérgico ou intolerante a algum dos ingredientes aí descritos).
No caso de feridas recentes na cavidade bucofaríngea.

QUAIS OS EFEITOS INDESEJÁVEIS DA MEBOCAÍNA® FORTE

A Mebocaína® Forte apresenta uma tolerância excelente. No caso de uma utilização demasiado frequente durante um largo período de tempo, podem surgir, mas só raramente, pequenas irritações locais.

POSSO TOMAR MEBOCAÍNA® FORTE COM OUTROS MEDICAMENTOS?

Sim. Até ao momento não são conhecidas interacções com outros medicamentos. Contudo, o uso simultâneo de pasta dentífrica, pode diminuir a acção do cloreto de cetilpiridínio.

QUE PRECAUÇÕES DEVO TER AO TOMAR MEBOCAÍNA® FORTE?

A Mebocaína® Forte é um medicamento não sujeito a receita médica. Em caso de agravamento ou persistência dos sintomas consulte o seu médico.

Posso tomar Mebocaína® Forte se estiver grávida ou estiver a amamentar ?
Não deverá ser usada durante a gravidez e lactação, salvo em caso estritamente necessário.

A Mebocaína® Forte pode ser dada a crianças?
A Mebocaína® Forte não é recomendada em de crianças com menos de 6 anos, devido a uma possível alergia ao mentol.

A Mebocaína® Forte pode ser usada por pessoas idosas?
Sim. A idade avançada não coloca qualquer problema à utilização da Mebocaína® Forte.

Posso tomar Mebocaína® Forte se sofrer de algum problema de saúde?
Sim. Não são necessárias precauções especiais caso tenha alguma outra doença.

Que outros ingredientes tem a Mebocaína® Forte?
A Mebocaína® Forte contém também: óleo de hortelã pimenta, sacarina sódica, mentol, sorbitol.

COMO DEVO TOMAR A MEBOCAÍNA® FORTE ?

<u>Adultos e crianças com mais de 6 anos:</u>
Infecções graves – 1 pastilha de hora a hora ou de 2 em 2 horas.
Casos menos graves – 1 pastilha de 2 em 2 horas ou de 3 em 3 horas.
Deixar que a pastilha se dissolva lentamente na boca.
Dose máxima diária : 12 pastilhas

<u>Crianças dos 6 aos 12 anos:</u>
Dose máxima diária : 3 pastilhas

Durante quanto tempo preciso de tomar Mebocaína® Forte?
A Mebocaína® Forte destina-se a ser usada em afecções agudas da boca e da garganta durante um período de 5 a 7 dias. Não utilizar de forma prolongada sem o conselho do seu médico.

E se me esquecer de tomar Mebocaína® Forte?
Se se esquecer de tomar uma pastilha pode fazê-lo logo que se lembrar.

No caso de uma dose em excesso
Não são conhecidos casos de intoxicação com Mebocaína® Forte. Na eventualidade de uma sobredosagem (em particular em crianças) contacte o seu médico ou o hospital mais próximo.

OUTRAS RECOMENDAÇÕES

- Comunique ao seu médico ou farmacêutico a ocorrência de qualquer efeito indesejável e não mencionado neste folheto.
- Verifique sempre o prazo de validade dos medicamentos inscrito na embalagem.
- Não usar medicamentos depois de passado o prazo de validade indicado na embalagem.
- Se tem alguma dúvida ou pergunta sobre a Mebocaína® Forte contacte o seu médico ou farmacêutico.

CONDIÇÕES DE CONSERVAÇÃO DESTE MEDICAMENTO

Não guardar acima de 25° . Proteger da humidade

DATA DE REVISÃO DO FOLHETO

Outubro de 2003

® = Marca registada

1605443A

1 – Completa o esquema.

Identificação
- Conteúdo da embalagem _____
- Como deve ser tomado _____
- Efeitos do medicamento _____
- Substâncias que entram na composição do medicamento _____

Situações em que o medicamento pode ser tomado _____

Situações em que o medicamento não deve ser tomado _____

2 – Todos os medicamentos são acompanhados de um folheto informativo. Quais são as suas finalidades? Para responderes classifica cada afirmação como verdadeira (V) ou falsa (F).

Afirmações	V	F
1. Permitir que as pessoas escolham por si os medicamentos que querem tomar, sem terem necessidade de recorrer ao médico.		
2. Confirmar se o medicamento é adequado ao problema de saúde e verificar se não terá ocorrido algum lapso no aviamento da receita.		
3. Permitir que cada pessoa decida a quantidade de medicamento que quer tomar.		
4. Informar sobre consequências indesejáveis de um medicamento.		
5. Fornecer instruções sobre o modo de o tomar.		

Neste folheto, e em quase todos os que acompanham os medicamentos, aparecem palavras ou expressões que podem parecer estranhas a quem não é técnico, por isso se chamam "**termos técnicos**". Como o saber não ocupa lugar e há que ter cuidado com os medicamentos que tomamos, é inteligente conhecermos alguns.

No entanto, não precisas de saber o que é o Sorbitol, a Tirotricina, o Cloreto de Cetilpiridínio ou o Cloreto de Oxibuprocaína, substâncias que entram na composição deste medicamento. Existem no texto outras palavras que não conheces mas que são importantes para perceberes o significado do que lês? Se existirem, relê o texto e sublinha essas palavras. Procura apenas as palavras que não conheças e que são importantes para ficares com uma ideia geral do uso e dos cuidados com este medicamento.

3 – Qual a tua opinião sobre o que afirmou o Vicente Inteligente? Estás de acordo?

_____
_____
_____
_____

4 – Lê cada uma das expressões e explica o seu significado.

Se tiveres dúvidas lembra-te das estratégias que podes usar na descoberta de significados! Olha que já falei nelas!

A palavra ou expressão	Significa que...
Substâncias **activas**	Substâncias usadas para produzir uma alteração no organismo. Um medicamento, alimento ou planta pode ter diversas substâncias na sua composição, porém somente uma ou algumas destas produzem alterações no organismo. Estas é que são as substâncias activas.
Isentas de açúcar	
É um medicamento **não sujeito** a receita médica.	
Se tiver alguma questão **não hesite** em perguntar ao seu médico ou farmacêutico.	

37

Deglutição dolorosa	
Gengivite	
Estomatite	
Tolerância excelente	
Não são conhecidas **interacções com outros medicamentos.**	

ANNE FRANK - UMA JOVEM SONHADORA

Vou ensinar-te outra estratégia que eu, por vezes, utilizo para melhorar a minha compreensão dos textos: enquanto leio vou-me lembrando do que sei sobre o tema. O texto seguinte apresenta-te uma jovem sonhadora e corajosa que viveu a perseguição aos judeus durante a Segunda Guerra Mundial. À medida que lês, tenta lembrar-te do que sabes sobre essa guerra, sobre os nazis, sobre os judeus e a perseguição que estes sofreram. Esta informação ajudar-te-á a entender melhor a biografia de Anne Frank.

Annelies Marie Frank nasceu no dia 12 de Junho de 1929, em Frankfurt, na Alemanha, mas em 1933, o partido nazi e o seu chefe Adolf Hitler subiram ao poder e, com eles, o terror.

Os judeus começaram a ser perseguidos e, como os Frank eram judeus, o pai de Anne, Otto Frank, decidiu partir para a Holanda com a mulher Edith e as filhas Anne e Margot. Durante uns anos, conseguiram viver livres e em segurança, até que o mal veio atrás deles. Em 1940, o exército alemão invadiu a Holanda e também aí os judeus perderam todos os direitos, foram obrigados a usar uma estrela amarela na roupa e uma série de outras barbaridades, a pior das quais era serem chamados de volta à Alemanha, onde o seu destino seria um campo de concentração. Isto que estou a contar-te é terrível, mas aconteceu e é importante que se saiba para que nunca mais possa repetir-se! Em 1942, Margot, a irmã mais velha de Anne, foi chamada. Os Frank e outra família, os Van Pels, decidiram então esconder-se num anexo secreto da empresa de Otto. Com a ajuda de amigos que iam lá todos os dias levar comida e notícias, ali viveram dois anos. Foi nesse período que Anne Frank escreveu o seu diário, um presente que recebeu quando fez 13 anos. Tinha sido o seu presente favorito. Chamava-lhe *Kitty* e tratava-o como se fosse uma amiga e confidente. Falava-lhe dos seus sonhos, dos seus projectos para quando fosse livre e da vida no anexo, onde todos os cuidados eram poucos. Anne dedicava grande parte do tempo à escrita e ao estudo, era a sua forma de «escapar». Até que um dia, em Agosto de 1944, alguém (nunca se soube quem) denunciou o esconderijo. Os oito habitantes foram presos e enviados para campos de concentração. Anne e a sua irmã Margot morreram nove meses depois, em Março de 1945, algumas semanas antes de este campo ter sido libertado pelo exército inglês. Otto foi o único sobrevivente.

O diário foi resgatado por Miep Gies, uma das pessoas que ajudava os habitantes do anexo. Miep guardou-o e deu-o a Otto quando recebeu a notícia da morte de Anne. O *Diário de Anne Frank* foi publicado pela primeira vez em 1947, na Holanda, e está traduzido em 67 línguas, sendo seguramente um dos livros mais lidos do mundo.

Revista Terra do Nunca, 28 Março de 2010, p. 4.

1 – Para além dos Frank, quem tinha o judaísmo como religião? Selecciona a resposta correcta.

1. Miep Gies.
2. Os Van Pels.
3. Os Van Pels e todos os que lhes levavam comida.
4. Os amigos que lhes levavam comida.

39

2 – *"Até que o mal veio atrás deles".*
O que terá levado o autor a dizer que "o mal" perseguiu os Frank?

3 – *"Isto que estou a contar-te é terrível, mas aconteceu e <u>é importante que se saiba para que nunca mais possa repetir-se!</u>".*
A parte sublinhada na afirmação é um facto ou uma opinião? Responde e justifica a tua resposta.

4 – *"Em 1942, Margot, a irmã mais velha de Anne, foi chamada".*
Nesta frase, o que significa "ser chamado"?

5 – Completa com a opção correcta. Kitty era…:
    1. a irmã de Anne.
    2. uma das pessoas que levavam comida ao anexo.
    3. uma amiga de Anne.
    4. o diário de Anne.

6 – *"Falava-lhe dos seus sonhos, dos seus projectos para quando fosse livre e da vida no anexo, onde todos os cuidados eram poucos."*

6.1 – Por que razão se diz que, no anexo, todos os cuidados eram poucos?

6.2 – Enumera dois cuidados que pensas que os habitantes do anexo teriam enquanto ali viveram.

7 – *«Anne dedicava grande parte do tempo à escrita e ao estudo, era a sua forma de "escapar"».*
Por que razão a palavra escapar se encontra entre aspas no texto?

8 – **Preenche os espaços para completares as seguintes frases:**

1. Os Frank e os Van Pels viveram durante _____ no anexo. Até que foram denunciados por alguém cuja _____ nunca se conheceu.

2. Apenas um habitante do anexo sobreviveu aos campos de concentração: _____ de Anne.

9 – **Que idade tinha Anne Frank quando morreu?**

_____
_____
_____

> Abre o teu livro na página 152. Responde à Prova de Aferição de Língua Portuguesa de 2002.

■ O PAI QUE SE TORNOU MÃE

Toda a gente sabe que são as mães que trazem os filhos dentro da barriga. Os bebés formam-se no ventre das mães, crescem, e depois saltam cá para fora – para a luz. Por isso dizemos que as mulheres dão à luz.

O que pouca gente sabe é que há uma excepção. Existe uma espécie animal em que é o pai que cria os filhos dentro da barriga e é ele que os entrega à luz: o cavalo-marinho.

Como é que isto aconteceu? É essa história que hoje vos quero contar: uma incrível história de amor. O fim talvez seja um pouco triste. Mas é sempre assim: as histórias de amor só são felizes quando não as contamos até ao fim.

Há muito, muito tempo, o tempo em que os Homens ainda não falavam, no tempo em que dinossauros ainda andavam pela terra, nesse tempo vivia no mar um casal de cavalos-marinhos. Ele chamava-se Mário, ela Maria. Ela chamava-lhe Marinho, ele chamava-lhe Mariaminha. Mário e Maria andavam sempre juntos. O mar, para eles, era um imenso jardim. Naquele tempo estava tudo no princípio, todas as coisas eram novas e brilhavam (como um par de sapatos acabados de estrear). Mário e Maria gostavam de passear, de descobrir animais estranhos, paisagens perdidas, outros mares.

- Olha, Marinho! – gritava Maria espantada – vê como são bonitas!...

Eram medusas. Bailavam lentamente entre as algas, desapareciam nas ondas, pareciam feitas apenas de água e de luz.

- Também se chamam alforrecas ou águas-vivas – disse-lhe Mário – Não têm boca, mas mordem.

Maria gostava do nome águas-vivas. Mário explicou-lhe que elas se chamavam assim porque Deus, para fazer a primeira criatura, misturou a água com o lume e a isso juntou barro. Porém, antes de juntar o barro, caiu-lhe das mãos um pouco de água, e Ele percebeu que essa água já estava viva: era uma alforreca. Por isso, porque Deus não chegou a dar-lhes forma, é que as alforrecas são animais tão simples – não têm boca, não têm braços nem pernas. Mas por causa do lume queimam quando alguém tenta agarrá-las.

Maria também gostava das baleias. Eram grandes como montanhas, mas muito delicadas, e não faziam mal a ninguém. Cantavam ao amanhecer, brincavam com os filhos, juntavam-se para ver o espectáculo do pôr-do-sol.

Nos dias de tempestade o mar escurecia. Maria tinha medo. Nesses dias abraçava-se a Mário e ficava a ver os peixes – coitados dos peixes! – a girarem, meio tontos, arrastados pelas fortes correntes.

Uma manhã Maria acordou doente. Tinha perdido o brilho. Ela que sempre tivera uma cor tão bonita – todo o seu corpo era de um amarelo iluminado – estava a ficar baça e transparente. Sentia-se muito leve, sentia que alguma coisa se apagava lentamente dentro dela. Mário, sempre tão calmo, ficou nervoso. Foi consultar o golfinho, que é um animal inteligente e muito viajado; mas o golfinho nunca tinha visto nada assim. À medida que as horas passavam Maria tornava-se menos existente – desaparecia. Primeiro desapareceu-lhe a cauda, as barbatanas perderam toda a cor, e até a sua voz ficou mais fraca, como se ela estivesse a afastar-se para muito longe.

- Não me deixes – pediu-lhe Mário – ainda temos tanta coisa a descobrir.

Maria ficou com pena. Não podia deixá-lo tão sozinho. Com as poucas forças que lhe restavam encostou-se a ele.

- Vou dar-te os nossos filhos – disse, e abriu-lhe a barriga e colocou dentro dele todos os seus ovos. Quando eles nascerem mostra-lhes o mar.

Disse isto num suspiro e desapareceu. Durante os primeiros dias, sozinho, Mário sentiu-se perdido. O mar deixara de ser um jardim: achava-o agora grande, escuro e perigoso. E sem a alegre surpresa de Maria nada lhe parecia realmente novo. Passado algum tempo, porém, notou que o seu corpo se modificava – a barriga crescera, tornara-se firme e redonda, e ele começou a sentir-se outra vez alegre, num estranho alvoroço, embora não soubesse muito bem porquê. Era como se tivesse uma festa a crescer junto de si.

Então, numa manhã de muito sol, com o mar todo iluminado, Mário viu que a sua barriga se abria, e viu saltarem lá de dentro dezenas de pequeninos cavalos-marinhos. Eram os seus filhos.

Talvez há pouco me tenha enganado. Parece-me agora que esta história tem um final feliz. Porque decidi que ela acaba aqui, num nascimento, e porque a partir daquela manhã de sol, passou a existir neste nosso planeta um pai que dá à luz.

José Eduardo Agualusa, *in* "Estranhões e bizarrocos: Estórias para adormecer anjos", pp. 48-52.

Lisboa: Publicações D. Quixote, 2000.

1 – Por que razão os cavalos-marinhos, nesta história, em vez do nome próprio usavam as palavras "Marinho" em vez de "Mário", e "Mariaminha" em vez de Maria, para chamarem um pelo outro?

_____

_____

_____

Escreve aqui o nome da personagem da *Família Compreensão*

2 – No texto encontras várias expressões sublinhadas. Transcreve-as para o quadro e explica qual o seu significado.

José Eduardo Agualusa escreveu…	para significar que…

3 – Ao longo do texto, para caracterizar os animais, o autor utiliza palavras que são normalmente aplicadas ao ser humano.
Localiza-as e transcreve-as para o quadro seguinte.

Animal	Palavras
Maria e/ou Mário	
Medusas	
Baleias	
Golfinho	

4 – A partir das palavras anteriores apresenta resumidamente os sentimentos que uniam Mário e Maria.

> Se tiveres dificuldades em apresentar resumidamente os sentimentos que unem Mário a Maria, em vez de trabalhares sozinho, pede ajuda a um dos teus colegas. Duas cabeças pensam melhor!

5 – No início desta narrativa, o mar era comparado a um jardim, onde se respirava felicidade. No final, a visão do mar passa a ser diferente. A que se deve esta mudança?

6 – Lê o parágrafo seguinte.

"Maria gostava do nome águas-vivas. Mário explicou-lhe que elas se chamavam assim porque Deus, para fazer a primeira criatura, misturou a água com o lume e a isso juntou barro. Porém, antes de juntar o barro, caiu-lhe das mãos um pouco de água, e Ele percebeu que essa água já estava viva: era uma alforreca. Por isso, porque Deus não chegou a dar-lhes forma, é que as alforrecas são animais tão simples – não têm boca, não têm braços nem pernas. Mas por causa do lume queimam quando alguém tenta agarrá-las."

6.1 – No texto que acabaste de ler as alforrecas são referidas como animais que *"queimam quando alguém tenta agarrá-las"*. **Esta afirmação será verdadeira?**
Responde e justifica a tua resposta.

7 – Quando descobre que vai morrer, Maria encosta-se a Mário. *"- Vou dar-te os nossos filhos – disse, e abriu-lhe a barriga e colocou dentro dele todos os seus ovos. Quando eles nascerem mostra-lhes o mar."*

7.1 – O autor escreve que Maria decide transferir os ovos para Mário.
Existe alguma base científica para esta descrição ou trata-se apenas de fantasia do autor? Como podes ter a certeza?

As aparências iludem! Há perguntas para as quais não encontras respostas no texto. Há que pensar, meu caro! Que estratégias serão mais adequadas?

7.2 – Por que razão terá Maria pedido a Mário que mostrasse o mar aos filhos, quando estes nascessem?

8 – Explica por que razão José Eduardo Agualusa terá escolhido o título "O pai que se tornou mãe".

MÚSICA DEBAIXO DE ÁGUA

Imagina que podias ir a uma praia escolher um instrumento musical, por certo trarias este peixe, pois parece mesmo uma viola!

A forma engraçada do seu corpo deve-se ao facto de ter umas barbatanas muito compridas que, ao contrário de outros peixes, começam junto ao focinho e vão quase até meio do corpo, dando-lhe a forma de uma viola. O seu nome foi muito bem escolhido pois, para além de parecer uma viola, tem muitas pequenas pintas brancas pelo corpo. Por baixo ela é branca e por cima esverdeada e apresenta ainda uma cruz preta entre os olhos.

As violas-pintadas são muitas vezes confundidas com tubarões. Se olhares bem para elas, como são muito grandes (imagina que podem atingir os três metros de comprimento), com o corpo alongado e com duas barbatanas em cima, verás que parecem mesmo tubarões. No entanto, são parentes das raias e, como algumas delas, habitam em fundos de areia. Para as encontrares terias de viajar bem longe, até ao mar Vermelho ou ao Oceano Índico.

A viola-pintada é inofensiva e fácil de observar no seu meio natural, pois é curiosa por natureza, aproximando-se frequentemente para «inspeccionar» os mergulhadores. Apesar de simpática e engraçada, esta espécie tem um grande problema… está ameaçada! Na realidade a culpa é, principalmente, dos homens. A sua carne é muito saborosa e as suas barbatanas têm um grande interesse comercial, por isso há uma grande procura deste peixe nos mercados asiáticos. Posso dizer-te que esta é uma das espécies com maior valor nesses mercados. O resultado é simples, mais pescadores as querem pescar e em grandes quantidades. A viola-pintada dá à luz poucos filhotes, que crescem devagar e, por isso, para ela é impossível recuperar da pescaria a que está sujeita. Como só habita nas zonas costeiras, é alvo acidental de outras pescarias, sendo por vezes capturada por outras artes de pesca. De facto, estas artes agressivas acabam por não só as capturar, como também por destruir os locais onde habita, o que põe em risco a sua sobrevivência. Por outro lado, por ser muito grande e oferecer resistência, é também uma espécie muito cobiçada pelos apreciadores da pesca desportiva. Por todas estas razões os governos de alguns países já implementaram leis que protegem esta espécie. Nos dias de hoje há muitos aquários públicos que têm violas-pintadas, pois adaptam-se bastante bem. O Oceanário de Lisboa é um deles. Se quiseres, podes passar por lá e observar a viola-pintada no aquário central.

Oceanário de Lisboa, *in* Revista Terra do Nunca, Ano 9, n.º 494, 21 de Outubro de 2007, p. 16.

1 – Por que razão terá o autor escolhido o título "Música debaixo de água"? Selecciona a opção correcta.

1. Porque o texto descreve a viola-pintada, um peixe que emite sons debaixo de água.
2. Porque fala de um peixe cuja forma lembra a de um instrumento musical.
3. Porque as violas são instrumentos musicais.

2 – Porque terão dado a este animal o nome de viola-pintada?

_____
_____
_____ _____

3 – Transcreve as expressões que descrevem fisicamente a viola-pintada.

_____

_____

_____

4 – As violas-pintadas são da família de um peixe bem conhecido. Qual? Selecciona a resposta que consideras correcta.

1. Tubarões
2. Viola-branca
3. Raias
4. Baleias

5 – Classifica as seguintes afirmações como verdadeiras (V) ou falsas (F):

Afirmações	V	F
1. A principal razão para que as violas-pintadas estejam em vias de extinção é a sua captura a fim de serem exibidas em aquários.		
2. Se a viola-pintada gerasse mais crias em cada nascimento, provavelmente não estaria em vias de extinção.		
3. A carne das violas-pintadas é saborosa e barata nos mercados asiáticos.		
4. A viola-pintada é pescada para fins alimentares.		
5. A pesca desportiva é também uma das causas que contribui para que a viola-pintada esteja em vias de extinção.		

6 – Concordas com a exibição de violas-pintadas em aquários públicos? Responde e justifica a tua resposta.

_____

_____

7 – Relê o texto. Faz um esquema que apresente a planificação que o autor poderá ter usado para o escrever.

Para realizares este esquema, sugiro que analises o texto em conjunto com os teus colegas. Em cada parágrafo deverás identificar o subtema tratado.

FOLHADO DE AMÊNDOAS E CHOCOLATE

O aspecto brilhante deste delicioso folhado é conseguido polvilhando sobre ele açúcar em pó durante a cozedura.

- 75g de manteiga sem sal, amolecida
- 3 colheres de sopa de brande
- 75g de amêndoas moídas
- 75g de açúcar granulado
- 2 colheres de sopa de cacau em pó
- 1 ovo
- 500g de massa folhada
- 125g de chocolate preto ou amargo
- 1 ovo batido, para pincelar
- Açúcar em pó, para polvilhar
- Natas para servir

1. Unte e humedeça um tabuleiro de metal. Bata a manteiga, o brande, as amêndoas e o açúcar numa tigela até obter uma mistura macia. Junte o cacau e o ovo.

2. Corte a massa em duas partes, uma ligeiramente maior do que a outra. Tenda o pedaço mais pequeno numa superfície enfarinhada e corte um círculo de 23cm de diâmetro, usando um prato como guia. Transfira para o tabuleiro.

3. Espalhe metade da mistura de amêndoas sobre a massa até 2,5cm do rebordo e alise. Parta o chocolate em pedaços e distribua por cima do recheio. Espalhe a restante mistura de amêndoas por cima.

4. Pincele os rebordos da massa com o ovo batido. Tenda o resto da massa até formar um círculo de 24cm e coloque-o sobre o folhado, fechando muito bem os rebordos.

5. Faça estrias nos bordos do folhado com as costas de uma faca com intervalos de 2,5cm. Leve ao frigorífico durante 30 minutos.

6. Pincele com o ovo batido para lhe dar um aspecto vítreo. Com o bico da faca, desenhe umas linhas do centro para os rebordos. Leve ao forno previamente aquecido (220° C, posição 7 em forno a gás) durante 30 minutos até a massa subir e ficar dourada.

7. Retire do forno e aumente a temperatura para 230° C, posição 8 em forno a gás. Polvilhe generosamente o folhado com açúcar em pó e volte a colocá-lo no forno por mais 5 minutos, até ficar bem brilhante. Sirva quente com natas.

Para 6-8 pessoas
Tempo de preparação: 25 minutos, mais o tempo de refrigeração.
Tempo de cozedura: 35 minutos.
Temperatura do forno: 220° C, posição 7 (forno a gás), e depois 230° C, posição 8 (forno a gás).

Joana Farrow, *in* "Chocolate", Colecção Biblioteca de Cozinha, p. 8.
Lisboa: Círculo de Leitores, 2002.

1 – Qual o número de ovos necessário para preparar o recheio do folhado?

2 – Por que razão é necessário untar e humedecer o tabuleiro?

3 – Que diâmetro, aproximadamente, terá o folhado? Selecciona a resposta correcta.

1. 2,5cm.
2. 23cm.
3. 24cm.
4. 47cm.

4 – Selecciona a resposta correcta. O que significa "tender"?

1. Estender a massa.
2. Misturar a massa.
3. Mexer a massa.
4. Cozer a massa.

5 – Se eu começar a preparar este bolo às 16 horas, será que o folhado estará pronto à hora do lanche, que está marcado para as 17 horas? Responde e justifica.

6 – Localiza no texto a frase *"Corte a massa em duas partes, uma ligeiramente maior que a outra"* e responde à pergunta que se segue.
Porque é que uma das partes tem de ser maior que a outra?

7 – Atenta na frase *"O aspecto brilhante deste delicioso folhado é conseguido polvilhando sobre ele açúcar em pó durante a cozedura".*
No texto existe um sinónimo da palavra "brilhante". Localiza-o e transcreve-o.

8 – Preenche a tabela que se encontra abaixo com os nomes dos ingredientes e as respectivas quantidades.

Antes de começares a preencher o quadro pensa como vais fazer!

Não podes responder apenas com a informação de que te lembras. É necessário reler o texto e ser metódico. **Sugiro que sigas a seguinte sequência de passos:**

1º – Com o teu lápis sublinha os nomes dos ingredientes no texto. Escreve na margem em que parte do bolo vão ser usados;

2º – Transcreve os nomes dos ingredientes para o quadro;

3º – Relê a lista de ingredientes e transcreve as quantidades usadas de cada um;

4º – Confirma se nenhum ingrediente está em falta e se as quantidades estão correctas.

FOLHADO DE AMÊNDOAS E CHOCOLATE			
Massa	Recheio	Cobertura	Acompanhamento

Seguiste os passos propostos? Por que razão serão úteis?

O ESPELHO

A compreensão do texto "O Espelho" não é muito fácil. Apesar de, provavelmente, não ter palavras desconhecidas, nem sempre é claro o que é real e o que é imaginado pela personagem. Para que te possa ajudar, preciso saber o que costumas fazer quando **chegas a uma parte do texto que é confusa. Lê as alternativas seguintes e pensa nas que serão adequadas:**

    a) Continuas a ler, esperando encontrar informação que elimine a confusão;
    b) Voltas a ler com mais atenção;
    c) Saltas essas partes, esperando que não sejam importantes;
    d) Pedes ajuda a alguém.

Eu escolheria as alíneas a), b) e d). Muitas vezes, quando encontras partes confusas num texto, se continuares a ler podes encontrar informação adicional que ajude a clarificar o que não percebeste. Caso não encontres informação que te apoie, deves voltar à parte que achas confusa e tentar aplicar outras estratégias como, por exemplo, ver se há palavras desconhecidas ou expressões com sentido metafórico. Lembra-te disto quando leres o texto que se segue.

    Eu gostava tanto da Susana que as minhas pernas tremiam e as minhas faces coravam só de ouvir pronunciar o nome dela. Mas não era capaz de lho dizer. Às vezes ia preparado para o fazer, mas quando chegava muito perto sentia-me desfalecer e em vez de dizer "gosto de ti" dizia outra coisa qualquer, como, por exemplo, "está um lindo dia" ou "emprestas-me os teus lápis de cor?". E como eu nunca lho dizia, também não me dizia ela que gostava de mim, embora isso estivesse escrito nos seus olhos quando falava comigo.
    Estávamos nisto quando, certa noite, o pai veio colocar um espelho enorme numa das paredes do meu quarto. Enquanto o punha, ia dizendo qualquer coisa que – sinceramente – não entendi. Estava muito ocupado a pensar na Susana e, afinal, já tinha visto antes muitos espelhos como aquele.
    No dia seguinte, porém, acordei muito bem-disposto. Lavei-me, penteei-me, vesti uma roupa nova e calcei uns sapatos bem engraxados. Depois olhei para o espelho e vi, mesmo à minha frente, um rapaz muito jeitoso.
    Estás muito bem arranjado – disse-lhe eu. – Onde vais? Posso ir contigo?
    Ele não respondeu. Pôs só um dedo sobre os lábios, como quem diz: "Schttt…Vê lá se te calas!". E eu calei-me.
    Pouco depois, porém, abriu-se a porta que havia naquele outro quarto que estava para lá do espelho e eu vi, com grande espanto, entrar ali a Susana.
    – Gosto muito de ti – disse-lhe o tal rapaz.
    – Eu também gosto de ti – respondeu a Susana.
    Depois enlaçaram as mãos, abriram a porta daquele quarto e foram embora.
    Ainda me apeteceu gritar para a Susana: "Então gostas dele ou de mim?". Mas não fui capaz de dizer nada. Olhei por mim abaixo e reparei que estava igualzinho ao rapaz do espelho. Compreendi então que ele era eu (ou eu era ele, tanto faz).
    Nesse instante abriu-se a porta do meu quarto. Era a Susana e vinha a sorrir, como se já soubesse o que iria acontecer. Eu não pensei duas vezes, disse-lhe logo:
    – Gosto tanto de ti!

E ela, sorrindo, cada vez mais:

- Também gosto muito de ti.

Demos as mãos e saímos. Lá fora estava um mundo que desejávamos descobrir juntos. Antes de sair olhei para o espelho e então lembrei-me do que o meu pai dissera quando o pôs lá: "Há espelhos que nos mostram o que se passa no coração".

Álvaro Magalhães, *in* "O Homem que não queria sonhar e outras histórias", 4ª Edição, pp. 7-8.
Porto: Edições Asa, 2001.

1 – O que levaria o rapaz a pensar que a Susana, embora não lhe dissesse, também gostava dele?

2 – Quem era o rapaz muito jeitoso que ele viu no espelho?

3 – *"Estás muito bem arranjado – disse-lhe eu. – Onde vais? Posso ir contigo?".* **Com quem está a falar esta personagem?**

4 – Porque vestiu o rapaz uma roupa nova e calçou uns sapatos engraxados?

5 – No texto há dois momentos vividos pelo rapaz com a Susana, um imaginário e outro real. Transcreve do texto as expressões que estão associadas à situação imaginária e à situação real.

Esta pergunta tem a "mãozinha" da Francisca Crítica, pois ela é perita em distinguir o que é real do que é fantasia. Vou dar-te uma ajuda para conseguires fazer as transcrições correctas: começa por localizar o espaço onde se dá cada encontro do rapaz com a Susana e depois tenta perceber se o momento se passa num espaço real ou imaginário.

6 – Por que razão terá o pai dito ao rapaz que *"Há espelhos que nos mostram o que se passa no coração"*? **Selecciona a alternativa correcta.**

1. Os espelhos ajudam as pessoas a deixar de ter medo.
2. Olhar-nos ao espelho ajuda-nos a confirmar que somos boas pessoas.
3. Olhar-nos no espelho ajuda-nos a pensar sobre o que somos e o que sentimos.
4. Há espelhos mágicos que ajudam os jovens a resolver os seus problemas.

7 – Selecciona as duas alternativas que melhor descrevem o rapaz referido no texto.

Atenção! São DUAS as alternativas que tens de seleccionar. Lembras-te das estratégias a usar para este tipo de perguntas? Se tens as estratégias bem presentes, avança… Se não as tens… aqui estão de novo:

a) Lê todas as alternativas;
b) Classifica, a lápis, cada uma como correcta ou errada, de acordo com a informação do texto;
c) Volta ao texto e procura a justificação para a classificação que atribuíste a cada uma;
d) Se necessário, altera a classificação que atribuíste inicialmente;
e) Torna as tuas respostas definitivas (escreve-as a tinta).

1. Tímido.
2. Desinibido.
3. Inseguro.
4. Vaidoso.

ADEPTOS ANFÍBIOS

   Devido à remodelação da "sua" casa – o Campo de Futebol do Parque de Santa Cruz, em Coimbra – parte da população de sapos-parteiros foi deslocada pelos investigadores do Projecto Alytes para um novo recinto contíguo ao estádio e criado especialmente para o efeito no Jardim da Sereia. Durante várias noites, voluntários procuraram o característico assobio dos anfíbios. Antes de os libertarem, realizaram marcações e medições.

   Esta população encontra-se numa "ilha verde" no centro da cidade. As obras de remodelação do campo de futebol implicaram a destruição de grande parte das antigas estruturas, especialmente das bancadas, onde a maioria dos sapos encontrava refúgio. Como parte da população permaneceu no recinto, foram implementadas medidas de minimização do impacte sobre a espécie.

   É objectivo do Projecto Alytes o regresso da população ao novo campo de futebol, na esperança de que os anfíbios se adaptem às condições entretanto lá criadas. Particularmente crítica é a manutenção do sistema de linhas de água, que permitiu o estabelecimento destes sapos em tão improvável localização.

   O Projecto Alytes, galardoado com o Prémio Ford de Conservação da Natureza em 2002, é apadrinhado pela Sociedade Portuguesa de Herpetologia e desenvolvido pelos biólogos Maria José Castro, da PROTERRA21, e José Miguel Oliveira, da Universidade de Coimbra. O financiamento é igualmente original: o projecto é pago em parte com a venda de *biomerchandising* alusivo à espécie, sendo disso demonstrativa a colheita limitada de vinho Terra d'Alytes.

António Luís Campos, in "National Geographic", Vol. 6, N.º 65, Agosto de 2006, s.p.

1 – Ordena as frases, de acordo com a sequência do texto.

Não te esqueças de usar as estratégias que já aprendeste para responder a tarefas de ordenação.

Os sapos parteiros apanhados foram libertados no Jardim da Sereia.	
Criou-se, no Jardim da Sereia, um espaço para alojar os sapos parteiros.	
Os sapos parteiros foram marcados e medidos.	
Remodelação do campo de Futebol do Parque de Santa Cruz.	

2 – Como serão os voluntários que ajudaram na procura dos sapos-parteiros?

3 – Por que razão foram os sapos parteiros medidos e marcados?

4 – O que significa a expressão "contíguo ao estádio"?
Selecciona a opção correcta.

1. Acima do estádio.
2. Longe do estádio.
3. Distante do estádio.
4. Ao lado do estádio.

5 – *"A população encontra-se numa «ilha verde»".*
A expressão "ilha verde" encontra-se entre aspas? Porquê?
_____
_____
_____

6 – O autor do texto escreveu que o estabelecimento dos sapos tinha ocorrido num local improvável. Porquê?
_____
_____
_____

7 – Assinala com X as afirmações verdadeiras (V) e as falsas (F), tendo em conta o sentido do texto.

Afirmações	V	F
1. A população de sapos-parteiros foi deslocada para o Jardim da Sereia.		
2. Os voluntários libertaram de imediato os sapos.		
3. A água é uma condição essencial para a vida dos sapos.		
4. Nenhum sapo permaneceu no velho campo de futebol.		

8 – Porque é importante que estes anfíbios se adaptem às condições criadas no novo estádio?
_____
_____
_____

9 – Liga as expressões que se encontram abaixo.

> Mais uma vez não confies apenas na tua memória para responderes a esta pergunta. Lembra-te das estratégias que deves utilizar nas perguntas de associação. Aqui estão elas, de novo:
> 1.º Lê as afirmações que deves associar;
> 2.º Volta a ler o texto;
> 3.º Sublinha as expressões no texto;
> 4.º Faz a ligação das expressões de cada coluna;
> 5.º Confirma as tuas respostas, voltando novamente ao texto.

O Projecto Alytes	1
O Projecto é apadrinhado pela	2
Maria José Castro e José Miguel Oliveira são	3
O Projecto é co-financiado pela	4

A	venda de *biomerchandising* alusivo à espécie.
B	biólogos.
C	recebeu o Prémio Ford de Conservação da Natureza em 2002.
D	Sociedade Portuguesa de Herpetologia.

10 – Quais as razões que terão levado o autor a escolher a expressão "Adeptos Anfíbios" como título para o texto?

 Repara, mais uma vez, na pergunta. Diz-se **"Quais as razões"**, portanto tens de indicar mais do que uma.

11 – Selecciona a opção correcta.
A expressão *"foram implementadas medidas de minimização do impacto sobre a espécie"* **quer dizer:**

1. que foram tomadas medidas para reduzir os danos das mudanças introduzidas no habitat dos sapos-parteiros devido à remodelação do estádio.
2. que foi decidido reduzir as obras de remodelação para evitar que as mesmas interferissem com o habitat dos sapos-parteiros.
3. que foi decidido eliminar os sapos-parteiros que permaneceram no estádio de futebol.
4. que os sapos-parteiros que ficaram no estádio foram, depois de começarem as obras de remodelação, deslocados para o Jardim da Sereia.

 Abre o teu livro na página 159. Responde à Prova de Aferição de Língua Portuguesa de 2003.

UMA AVENTURA NO PALÁCIO DA PENA

Quando entraram no átrio as gémeas deram um suspiro de alívio porque ali o centro das atenções mudou. Quem falava era o antigo guarda do palácio. Chamava-se Raposo e toda a gente escutava as suas histórias.

- Gosto muito da serra e conheço-a tão bem como aos riscos que tenho na palma da mão! O meu pai era guarda-florestal, vivíamos numa casinha aí abaixo, no meio do arvoredo. Agora está em ruínas e é um crime. Mas adiante, que tristezas não pagam dívidas…

O Sr. Raposo era baixo, gordinho, careca. Se estivesse calado ninguém reparava nele. No entanto bastava que começasse a contar histórias para se transfigurar. Os olhos miúdos muito pretos adquiriam um brilho impressionante e as bochechas tornavam-se rosadas como se tivessem luz por dentro. Era impossível desviar a atenção do que dizia.

- O meu primeiro emprego foi aqui, no palácio.

- A fazer o quê? – perguntou alguém.

- A fazer de guarda. Vocês sabem que o Palácio da Pena é muito grande. Tem algumas salas e quartos abertos ao público mas a maior parte está fechada.

- Porquê?

- Porque as pessoas necessitam de espaço para trabalhar. Muitas divisões foram transformadas em pequenos escritórios, *ateliers*, despensas para guardar material. E mesmo por cima do sítio onde estamos, é a casa do guarda.

Um rapagão simpático acenou que sim e o Sr. Raposo passou-lhe o braço à volta dos ombros num gesto familiar.

- Este é o meu substituto. Quando me reformei foi ele que ocupou o lugar e agora vive na minha casa…

Embora quisesse parecer descontraído, via-se perfeitamente que lhe custava referir-se ao passado, que tinha saudades, que gostaria muito de continuar como guarda.

- Porque é que se reformou? – perguntou o João.

- Porque fui obrigado. Vocês com certeza sabem que a lei prevê um limite de idade para começar a trabalhar. Ninguém pode ser contratado antes de fazer catorze anos. Pois também há um limite para acabar. Eu atingi o limite de idade e fui obrigado a sair. Mas adiante, que tristezas não pagam dívidas…

Pelos vistos aquela frase era um tique do Sr. Raposo. Entre a assistência houve um sussurro risonho. Estavam ali vários rapazes e raparigas mascarados, as gémeas, a senhora que vendia bilhetes e outros empregados do palácio. O átrio era pequeno, quadrado, com uma escadaria elegante que dava acesso ao andar superior. Não tinha mobília, apenas uma coluna com um busto de homem em bronze. Foi para junto dele que o Sr. Raposo se dirigiu.

- A estátua de D. Fernando é muito bonita, não é? Reparem nos bigodes. Ficam-lhe bem, não ficam? – Fez uma pausa e continuou: - Se calhar vocês não sabem que D. Fernando é que mandou construir este castelo.

Ninguém respondeu, porque de facto ninguém sabia. Só os empregados, claro. Mas esses mantinham-se à parte, deixando que o velho guarda conversasse com a malta nova sem interferências. Uma vozinha apagada arriscou então:

- D. Fernando era o rei?

- Era o marido da rainha D. Maria II. Veio lá das Alemanhas para casar com ela e apaixonou-se

57

por Portugal. Adorava Sintra. Foi por isso que mandou construir o Palácio da Pena e nunca mais de cá saiu, nem depois de morto.

– Porquê? Enterraram-no aqui?

O Sr. Raposo deu uma gargalhada.

– Não, meus filhos! O corpo está noutro sítio. Agora o espírito vagueia pelos salões, dança na sala de baile, repousa no claustro…

– Que disparate! – resmungou alguém.

– Disparate não. Podem julgar que eu sou louco mas garanto-lhes que sei muito bem o que estou a dizer.

O homem agora falava arrebatadamente. De um salto fora colocar-se mesmo em frente da estátua e explicava-se gesticulando muito. Os olhinhos pretos soltavam chispas e a cara ia passando dos tons de cor--de-rosa para uma autêntica mancha vermelho-viva.

– Ninguém acredita, mas é verdade. Enquanto aqui estive, e foram muitos anos, ouvi-o andar de um lado para o outro pelos corredores. Suspirava, coitado! Tinha tantas saudades do seu palácio que vinha do outro mundo para o visitar.

– Ó Sr. Raposo, não diga uma coisa dessas! – atalhou o jovem guarda. – Olhe que eu durmo aqui todas as noites e nunca ouvi coisa alguma.

Ele não desarmou.

– Não ouviste porque não calhou ou porque tens o sono dos brutos.

– Ora…

– Estou-te a dizer! O palácio é assombrado. E mais! D. Fernando não é o único fantasma que anda por aqui.

Chico resolveu meter-se ao barulho e gozar:

– É natural. Se vem matar saudades com certeza traz a mulher e os filhos. Ou então era um engarrafamento de almas do outro mundo!

– Não brinques, meu amigo. Olha que o assunto é muito sério.

O tom de voz tornara-se cavernoso. Inclinado para a frente, escarlate de fúria, com os olhos transformados num feixe de luz, o velho guarda parecia na iminência de explodir.

– O palácio tem fantasmas. Muitas horas passei a ouvi-los transido de medo.

– E ouvia o quê?

– Ruídos! Alguns faziam ruídos incríveis! Era de deixar um homem com os cabelos em pé…

– Parece que hoje é o dia mundial dos mentirosos – disse a Luísa ao ouvido da irmã. – Primeiro foi a Magda, agora este!

Teresa sorriu.

– Mas este tem piada.

– Achas?

– Acho. Repara que ele parece mesmo convencido do que está a dizer.

A empregada do vestiário devia ter tido a mesma ideia porque lhe interrompeu o discurso com uma frase elucidativa:

– O Sr. Raposo enganou-se na profissão. Em vez de guarda devia ter sido actor! E a propósito, contaram-me que…

– Não te contaram coisíssima nenhuma! – berrou ele furioso.

Fez-se silêncio. Durante alguns instantes o velhote pareceu perder o fio à meada e olhou a rapariga dos pés à cabeça com uma expressão carrancuda.

Dir-se-ia que tinha medo de que ela insistisse em completar a frase. «Contaram-me que…» ficou pairando no ar, como uma ameaça. Que seria que lhe tinham contado?

As gémeas ardiam em curiosidade mas não se atreveram a perguntar.

Como lhes apeteceu falar do assunto com os amigos voltaram-se para trás. Pedro, Chico e João continuavam de roda da Magda tentando arranjar pretextos para lhe mexer na roupa, no cabelo, nas mãos, na cara.

- Caiu-te uma pestana – dizia o Pedro. E aproveitava logo para lhe passar os dedos pela pele.

- Deixa ver os anéis – dizia o Chico. – Que bonitos. São falsos ou verdadeiros?

E aproveitava para lhe segurar a mão.

O espectáculo não podia ser mais irritante!

- Vão-se apaixonar os três pela mesma pessoa e depois zangam-se! – exclamou a Teresa em voz surda.

- Se aquela megera acaba com o nosso grupo, mato-a! – ripostou a Luísa.

Felizmente o guarda obrigou toda a gente a sair dali e como a porta era estreita, o novelo de apaixonados desfez-se. Um por um seguiram para o pátio aonde o Sr. Raposo lhes queria mostrar qualquer coisa.

- Estão a ver o Tritão?

Num mesmo movimento ergueram a cabeça para a parede exterior onde um artista de outros tempos gravara uma estranha figura em pedra.

- É um homem marinho. Um tritão. Diferencia-se das sereias porque elas têm rabo de peixe. Eles são iguais a nós em tudo mas têm as pernas cobertas de escamas. Usam cabelos compridos e barba. Reparem também na boca. Está aberta como se soltasse gritos de arrepiar. Foram esses gritos que eu ouvi no meu quarto sempre que… sempre que calhava sexta-feira 13…

«O homem julgará que somos todos parvos?», pensavam as gémeas.

Para seu grande espanto, Chico avançou alguns passos muito sério e disse:

- Por acaso na próxima sexta-feira é dia 13. Se o senhor garante que os fantasmas aparecem, gritam e choram, acho que venho cá para os ouvir.

Ao contrário do que seria de esperar, o Sr. Raposo não vacilou.

- Podes vir à vontade, meu amigo. Só que esses ruídos nunca começam antes do pôr do Sol e o palácio fecha às cinco e meia. Nesta altura do ano anoitece cedo. Mas quem sabe, talvez tenhas sorte!

Chico sorriu.

- Vou ter muita sorte com certeza! – E virando-se para Magda, propôs: - Se passar por tua casa ofereces-me um lanche?

- Claro!

- Eu também quero vir ao palácio nesse dia – exclamou o Pedro –, se há fantasmas ao anoitecer quero estar por perto.

- Também podem contar comigo e com o Faial.

Magda exultava!

- Então na sexta-feira preparo um lanche reforçado para nós os quatro.

Olhou para as gémeas e fez um trejeito com a boca.

- Não as convido porque as meninas costumam ter medo de fantasmas!

- Medo tinha a tua avó! – respondeu-lhe a Teresa de rompante.

- E não precisas de nos convidar porque o palácio não é teu!

- Pronto! Pronto! Não se zanguem. Disse aquilo por brincadeira. Claro que estou a contar convosco para o lanche…

Ana Maria Magalhães & Isabel Alçada, *in* "Uma Aventura no Palácio da Pena",
1.ª edição, pp. 32-38. Lisboa: Caminho, 1990.

1 – Ao longo da narrativa, o Sr. Raposo vai mudando de atitudes e de expressão. Transcreve as expressões do texto que traduzem as diversas atitudes e justifica as mudanças que foram ocorrendo, preenchendo o quadro que se segue. Vê o primeiro exemplo.

Esta pergunta exige algum trabalho, mas nada que assuste! Até já tens uma tabela prontinha à tua espera! Dado que o texto é longo, deves voltar a lê-lo calmamente e sublinhar todas as partes em que aparecem descrições das expressões e atitudes do Sr. Raposo. Transcreve-as para a primeira coluna do quadro. Depois da primeira coluna preenchida, será necessário voltares ao texto para descobrires quais as possíveis causas de cada uma das mudanças ocorridas.

ATITUDES E EXPRESSÕES	CAUSAS
"Os olhos miúdos muito pretos adquiriam um brilho impressionante e as bochechas tornavam-se rosadas como se tivessem luz por dentro."	O Sr. Raposo gostava muito do trabalho que tivera e ficava feliz ao falar dele.

2 – Em que circunstâncias o Sr. Raposo utiliza o ditado "tristezas não pagam dívidas"?
_____
_____

3 – Em que cidade se situa o Palácio da Pena?
_____

4 – Como reagiram os jovens à possibilidade de existirem fantasmas no palácio? Selecciona as alternativas que consideras adequadas.

Haverá "armadilha"?! Atenção!
Em algumas perguntas pode existir mais do que uma alternativa correcta. Quantas? Terás de ser tu a descobrir. Se me seguires, terás o caminho facilitado… é só aplicares as mesmas estratégias que te recordei na pergunta número 7 do texto "O Espelho". Aqui estão elas de novo:
1) Lê cada uma das alternativas;
2) Classifica-as provisoriamente como verdadeiras ou falsas, voltando sempre ao texto para confirmares a tua resposta;
3) Não te é pedido que justifiques as escolhas, mas fá-lo para ti mesmo. Isso ajuda-te a verificar se respondeste bem;
4) Se estiver tudo ok, tanto melhor. Se não estiver, terás de emendar o que não estiver certo.

1. Acreditaram nessa possibilidade e pediram para visitar o palácio na sexta-feira, dia treze.
2. Não acreditaram nessa possibilidade mas pediram para visitar o palácio na sexta-feira, dia treze.
3. Duvidaram de que isso fosse possível mas ficaram com medo.
4. Fizeram troça da ideia.
5. Tentaram disfarçar o medo que sentiam.
6. Apesar de terem dúvidas, acreditaram que poderiam ver o fantasma do rei na sexta-feira, dia treze.

5 – Faz o retrato físico e psicológico do Sr. Raposo, preenchendo o quadro que se encontra abaixo.

Já sei que me vais dizer que sou repetitivo, mas… lembras-te das estratégias que utilizaste para responder à primeira pergunta sobre este texto? Aqui deves voltar a utilizá-las para preencheres correctamente a tabela.

Retrato Físico	Retrato Psicológico

6 – O Sr. Raposo diz que D. Fernando nunca mais saiu do Palácio da Pena ("nem depois de morto"). Porquê?

61

7 – *"O tom de voz tornara-se cavernoso".*
Nesta frase, o que significa "cavernoso"? Selecciona a resposta correcta.

1. Rouco.
2. Assustado.
3. Irritado.
4. Trémulo.

8 – *"O tom de voz tornara-se cavernoso. Inclinado para a frente, escarlate de fúria, com os olhos transforma-dos num feixe de luz, o velho guarda parecia na iminência de explodir."*
Por que razão o guarda teve esta reacção?

9 – *"Medo tinha a tua avó! - respondeu-lhe a Teresa de rompante".*
A Teresa estaria a referir-se à avó de Magda?

10 – Assinala Verdadeiro ou Falso para completares a frase. A Magda é…

	Verdadeiro	Falso
1. uma rapariga bonita.		
2. amiga das gémeas.		
3. irmã do João.		
4. a namorada do Chico.		
5. habitante de Sintra.		

11 – Na tua opinião, o Sr. Raposo estava a mentir propositadamente quando dizia existirem fantasmas a vaguear pelo Palácio da Pena?
Fornece argumentos que sustentem a tua resposta, transcrevendo do texto as expressões que te permitiram chegar à mesma.

Rasteira! Aqui não se pergunta se tu acreditas em fantasmas. A pergunta pede que justifiques com expressões do texto se o Sr. Raposo acredita ou não em fantasmas.

Estou curioso por saber como vai acabar esta aventura! Tenho de ler o livro.

1 – Conceição Reorganização; 2 – Durval Inferencial; 3 – Juvenal Literal; 4 – Durval Inferencial; 5 – Conceição Reorganização; 6 – Juvenal Literal; 7 – Gustavo Significado; 8 – Durval Inferencial; 9 – Durval Inferencial; 10 – Durval Inferencial; 11 – Francisca Crítica.

MONUMENTOS, MUSEUS E PARQUES DO CONCELHO DE SINTRA

	HORÁRIOS	**PREÇOS**
Palácio Nacional de Sintra Tel. 21 910 68 40 pnsintra@imc-ip.pt www.imc-ip.pt	**09.30h - 17.30h** Admissão de visitantes até às 17.00h **Encerra à 4ª feira**	€ 5,00
Palácio Nacional da Pena Tel. 21 910 53 40 geral.pnp@parquesdesintra.pt www.parquesdesintra.pt	**Abril - Setembro:** **09.45h - 19.00h*** Bilhetes à venda até às 18.15h Última entrada às 18.30h **Outubro - Março:** **10.00h - 18.00h**** Bilhetes à venda até às 17.00h	*€ 11,00 **€ 8,00 Visitas guiadas: + € 5,00 Marcação prévia: Tel. 21 923 73 00
Palácio Nacional de Queluz Tel. 21 434 38 60 pnqueluz@imc-ip.pt www.imc-ip.pt	**09.00h - 17.00h** Admissão de visitantes até às 16.30h **Encerra à 3ª feira**	€ 5,00
Palácio de Monserrate	**Informações:** Tel. 21 923 73 00	————
Parque de Monserrate **Parque da Pena** **Castelo dos Mouros** **Convento dos Capuchos** Tel. 21 923 73 00 info@parquesdesintra.pt www.parquesdesintra.pt	**Abril - Setembro: 09.30h - 20.00h** Admissão de visitantes até às 19.00h **Outubro - Março: 10.00h - 18.00h** Admissão de visitantes até às 17.00h	€ 5,00 € 5,00 € 5,00 € 5,00 Visitas guiadas: € 10,00 Com marcação prévia
Palácio e Quinta da Regaleira Tel. 21 910 66 50 regaleira@mail.telepac.pt www.cultursintra.pt	**Fev - Mar e Out: 10.00h - 18.30h** Admissão de visitantes até às 18.00h **Abril - Set: 10.00h - 20.00h** Admissão de visitantes até às 19.00h **Nov - Jan: 10.00h - 17.30h** Admissão de visitantes até às 17.00h	€ 6,00 Visitas guiadas: € 10,00 Com marcação prévia
Sintra Museu de Arte Moderna Tel. 21 924 81 70 museu@sintramodernart.com www.berardocollection.com	**10.00h - 18.00h** Admissão de visitantes até às 17.30h **Encerra à 2ª feira**	€ 3,00

	HORÁRIOS	**PREÇOS**
Museu do Brinquedo Tel. 21 924 21 71 m.brinquedo@museu-do-brinquedo.pt www.museu-do-brinquedo.pt	<u>10.00h - 18.00h</u> Admissão de visitantes até às 17.30h **Encerra à 2ª feira**	€ 4,00
Museu Arqueológico de Odrinhas Tel. 21 961 35 74 geral.masmo@gmail.com www.cm-sintra.pt	<u>10.00h - 13.00h; 14.00h - 18.00h</u> Admissão de visitantes até às 12.30h e 17.30h **Encerra ao domingo e à 2ª feira**	€ 2,50
Museu Ferreira de Castro Tel. 21 923 88 28 museu.fcastro@cm-sintra.pt	<u>10.00h - 18.00h</u> sáb - dom - fer: <u>14.00h - 18.00h</u> A admissão de visitantes cessa 1h antes do fecho **Encerram à 2ª feira**	Gratuito
Museu Anjos Teixeira Tel. 21 923 88 27 museu.ateixeira@cm-sintra.pt		Gratuito
Casa-Museu Leal da Câmara Tel. 21 916 43 03 museu.lcamara@cm-sintra.pt www.cm-sintra.pt		Gratuito
Centro Ciência Viva de Sintra Tel. 21 924 77 30 info@cienciavivasintra.pt www.cienciavivasintra.pt	<u>10.00h - 18.00h</u> sáb - dom - fer: <u>11.00h - 19.00h</u> **Encerra à 2ª feira**	€ 3,50
Mini-Museu «A Vida Feita em Barro» **(em Santa Susana)** Tel. 21 961 12 53 Tm. 96 963 00 13 minimuseu@sapo.pt	Visitas com marcação prévia	Gratuito

Retirado do sítio http://www.cm-sintra.pt/Artigo.aspx?ID=3272 em 11 de Março de 2010.

1 – Qual o dia da semana em que é possível visitar mais monumentos? Selecciona a opção correcta.

1. Segunda-feira.
2. Terça-feira.
3. Quarta-feira.
4. Quinta-feira.

2 – Quais as atracções turísticas que possuem um horário de visita mais alargado no mês de Julho?

Queres uma sugestão? Para não te perderes, pois a informação é muita, organiza uma tabela com o tempo em que cada atracção está aberta ao público.
Exemplo: O Centro de Ciência Viva de Sintra está aberto 8 horas. Escreve a lápis, à frente da coluna respectiva, 8h, e assim sucessivamente.

_____ _____
_____
_____

3 – Um grupo de professores de uma escola está a planear uma visita de estudo a Sintra, numa segunda-feira de Abril. Pretendem visitar o Palácio da Pena até às 17.30h. Que outros monumentos, museus ou parques poderão visitar depois de saírem do Palácio da Pena? Selecciona as alternativas correctas.

1. O Palácio e a Quinta da Regaleira.
2. O Museu Arqueológico de Odrinhas.
3. O Museu Anjos Teixeira.
4. O Centro Ciência Viva de Sintra.
5. O Parque da Pena.
6. O Palácio Nacional de Queluz.
7. O Palácio Nacional de Sintra.
8. O Convento dos Capuchos.

 _____

4 – A Maria pretende visitar, no mês de Junho, o Palácio Nacional da Pena, o Convento dos Capuchos e o Palácio e Quinta da Regaleira. Está a pensar fazer visitas guiadas aos dois primeiros monumentos. Seguindo este plano, quanto dinheiro gastará em bilhetes de entrada? Selecciona a opção correcta.

1. 21 euros.
2. 25 euros.
3. 27 euros.
4. 32 euros.

 _____

 4.1 – Explica como chegaste à resposta que assinalaste na pergunta anterior.

Cá estou eu a pedir que expliques como chegaste à resposta que deste a uma pergunta. É o que eu faço constantemente: pensar nos passos que dei para chegar a uma dada solução. Isto faz com que não me precipite e... dê respostas correctas. Se para responderes à pergunta anterior seguiste as estratégias que eu te ensinei, agora só tens de as escrever...

_____
_____
_____

65

5 – Classifica como verdadeira (V) ou falsa (F) cada uma das seguintes afirmações:

Personagem da *Família Compreensão*	Afirmações	V	F
	1. O Museu Arqueológico de Odrinhas pode ser visitado a qualquer hora desde que entremos antes das 17.30h.		
	2. É possível visitar gratuitamente o Museu Ferreira de Castro, desde que entremos antes das 18.00h.		
	3. No mês de Dezembro, é possível um visitante entrar no Palácio Nacional da Pena às 17.30h.		
	4. Quatro dos monumentos apresentados no texto não podem ser visitados no domingo de manhã.		
	5. É possível visitar quatro museus do concelho de Sintra, gastando apenas 2 euros e 50 cêntimos.		
	6. No Palácio Nacional da Pena e no Parque da Pena, o preço dos bilhetes de entrada varia em função dos meses do ano.		
	7. Todas as visitas guiadas necessitam de marcação prévia para que possam ser realizadas.		

6 – Imagina que querias fazer uma visita aos monumentos, museus e parques do concelho de Sintra no mês de Julho e querias ver o maior número possível de locais. Sendo o Palácio Nacional da Pena paragem obrigatória, com um orçamento de 21 euros, quais seriam os locais que visitarias?

Vou dar-te uma ajuda para não te atrapalhares nesta resposta. Anota no teu caderno a informação essencial do enunciado. Visto que o objectivo é visitar o maior número de locais possível, deves começar por listar os mais baratos e ir acrescentado locais até perfazer ou até obteres um valor aproximado de 21 euros. Atenção a alguns pormenores do enunciado (locais obrigatórios, altura do ano, tipo de visita…). Toma-os em conta!

GRAVURAS RUPESTRES DE VILA NOVA DE FOZ CÔA

O ano de 1996 assiste à criação do Parque Arqueológico do Vale do Côa e, em definitivo, à suspensão das polémicas* obras da barragem que a EDP planeava construir na foz daquele rio, próximo de Vila Nova de Foz Côa.

A importância deste parque arqueológico reside na existência de diversos núcleos de arte rupestre ao ar livre, numa extensão de 17 km abrangendo o Vale do Côa e as margens do seu rio, o que o torna um lugar único em todo o mundo. No estado actual dos conhecimentos, calcula-se que se encontrem gravadas na rocha milhares de gravuras, documentando as diversas idades da Pré-História e da História humana em Portugal.

O Vale do Côa é uma obra de arte iniciada em pleno Paleolítico (há cerca de 24 mil anos), que percorre as várias fases do Neolítico até à Idade do Ferro (meados do 1.º milénio), contendo ainda representações religiosas e populares executadas entre o século XVII da nossa era e os anos 50 do século XX.

Identificados estão já quatro núcleos principais de gravuras e pinturas rupestres. Em 1992 foram detectadas as gravuras da Canada do Inferno (Vila Nova de Foz Côa). Entre o ano de 1993 e 1995 foram descobertos novos conjuntos de gravuras em Ribeira de Piscos (Muxagata), Penascosa (Castelo Melhor) e Quinta da Barca (Chãs). Estes núcleos localizam-se nas proximidades das margens do Côa e em zonas de afloramentos xistosos, embora se tenha conhecimento de outras áreas mais recentes, como a Faia, inserida numa formação granítica.

1995 é o ano em que se levam a efeito prospecções arqueológicas e se descobrem vestígios materiais da ocupação humana na área com cerca de 22 mil anos de existência. Os trabalhos de escavações arqueológicas vieram corroborar* a datação das espécies figuradas nas rochas, atribuídas por comparação estilística com outras representações de arte rupestre em grutas de Espanha e de França e que, cronologicamente, se encontram bem delimitadas.

Da arte paleolítica, as representações gravadas são dominadas pela figuração zoomórfica*, caso do cavalo, do auroque - antepassado selvagem dos actuais bois domésticos -, da cabra montês e de peixes (Penascosa). As gravuras apresentam um elevado grau de realismo e algumas revelam mesmo uma tentativa de transmitir um certo movimento, através da sobreposição de mais do que uma cabeça ao corpo do animal gravado.

Do Neolítico e do Calcolítico (cerca do ano 4 mil ao ano 2 mil a. C.) datam as pinturas estilizadas*, com afinidades estilísticas às existentes em monumentos megalíticos* do Norte e Centro de Portugal. A figuração humana volta a surgir na Idade do Ferro (meados do 1.º milénio a. C.), com representações de guerreiros a cavalo e empunhando armas.

A arte rupestre do Vale do Côa, para além de revelar o elevado grau artístico dos homens que a executaram, desvenda o modo de vida dos seus habitantes. Dos nómadas caçadores-recolectores e pescadores do Paleolítico até às primeiras formas de economia sedentária agro-pastoril do Neolítico, passando pelos guerreiros da Idade do Ferro, tudo isto testemunham as gravuras e as pinturas deste imenso santuário religioso e secular do nordeste de Portugal.

Esta área foi classificada Património Mundial pela UNESCO em 1998.

Gravuras rupestres de Vila Nova de Foz Côa. *In* Infopédia [*online*].
Porto: Porto Editora, 2003-2010. [Consult. 2010-03-18]. Disponível na www:
<URL: http://www.infopedia.pt/$gravuras-rupestres-de-vila-nova-de-foz-coa>.

*Glossário:

Polémicas *adj. fem. plu.* de *polémico* 1. que pressupõe uma atitude crítica; 2. que está sujeito a debate; controverso; 3. que diz respeito a polémica.

Corroborar *v. tr. e pron.* 1. dar força a, fortalecer; 2. confirmar, comprovar.

Zoomórfica *fem. sing.* de **zoomórfico** (*zoomorfia* + *-ico*) *adj.* 1. relativo à zoomorfia; 2. diz-se dos desenhos e gravuras que representam animais.

Estilizadas *plu. part. pass.* de **estilizar** *v. tr.* 1. alterar a forma, a cor, etc., de motivos naturais, no sentido de com eles obter melhor efeito decorativo; 2. dar estilo a; 3. dar forma a.

Megalítico *adj.* que é constituído por pedras muito grandes.

Fonte: http://www.infopedia.pt

1 – As gravuras rupestres de Vila Nova de Foz Côa que traduzem? Selecciona a opção correcta.

1. A realidade e o dia-a-dia dos habitantes do vale em cada época.
2. Desenhos de animais e guerreiros a cavalo de cada época.
3. Arte dos períodos Paleolítico, Neolítico e Calcolítico.
4. Pinturas estilizadas e figuração humana.

2 – Preenche o quadro que se encontra abaixo com os períodos que datam as gravuras rupestres do Parque Arqueológico do Vale do Côa, distinguindo também os tipos de pinturas característicos de cada época.

Consegues identificar a personagem da *Família Compreensão* que te poderá ajudar a realizar esta tarefa?! Vou dar-te uma ajuda. Tens de "arrumar" a informação de acordo com duas categorias: época e tipos de gravuras. Já descobriste? Lembra-te das estratégias que aprendeste e aplica-as a esta tarefa. "Canta" comigo:

1.º - Leio o texto e, à medida que o faço, sublinho todas as expressões que digam respeito a épocas e a tipos de gravuras;

2.º - Depois de ler o texto TODO e de sublinhar a informação indicada, faço uma nova leitura para me certificar de que sublinhei a informação necessária;

3.º - Preencho a tabela, confirmando que faço corresponder os tipos de pinturas às épocas em que estas foram feitas.

Época	Tipo de gravuras

3 – Para cada afirmação, indica as que são verdadeiras (Escreve V) e as que são falsas (Escreve F).

Já sei que me vais dizer para me calar; mas só me calo quando tiver a certeza de que sabes "de cor e salteado" as estratégias a usar. Nas instruções onde se pede que classifiques afirmações como verdadeiras ou falsas podes utilizar as seguintes estratégias:
- Ler atentamente cada afirmação;
- Fazer uma classificação provisória (verdadeiro ou falso) a lápis;
- Ir ao texto e procurar justificar a classificação a atribuir a cada afirmação;
- Alterar as classificações que achares necessário;
- Reler o texto para confirmar as opções finais.
Se estão todas bem... Parabéns! Estás a ser um leitor estratégico!

Personagem da *Família Compreensão*	Afirmações	Resposta
	1. A maioria das gravuras encontra-se em formações graníticas.	
	2. A datação das gravuras foi feita por comparação com gravuras de outros países.	
	3. As gravuras foram feitas em vários períodos da história que vão desde o Paleolítico até aos dias de hoje.	
	4. As gravuras de diferentes períodos são muito semelhantes entre si pois em todos há figuras de animais.	
	5. Todas as gravuras do Parque Arqueológico estão identificadas e datadas.	

4 – O que é um auroque? Selecciona a opção correcta.

Tenta responder a esta pergunta utilizando só o contexto em que a palavra se insere e evita utilizar o dicionário. Deves treinar a técnica de utilizar o contexto para descobrir significados, pois em algumas ocasiões não te será permitido recorrer a dicionários.

1. Uma figura rupestre zoomórfica.
2. Uma espécie de cavalo.
3. Uma espécie bovina extinta.
4. Um boi doméstico.

5 – Por que razão esta área terá sido classificada como Património Mundial pela UNESCO?

Não conheces o significado da sigla UNESCO? Eu também não conhecia! Refere-se a *United Nations Educational, Social and Cultural Organization*. É uma organização que visa preservar a cultura dos países que são seus membros. Consulta o sítio www.unesco.pt para conheceres as actividades da mesma e para saberes mais pormenores acerca da classificação de Património Mundial que atribui. Esta pesquisa vai ser muito importante para responderes a esta pergunta.

_____   _____
_____

LER DOCE LER

Os livros são casas
com meninos dentro
e gostam de os ouvir rir,
de os ver sonhar
e de abrir de par em par
as paisagens e as imagens,
para eles, lendo, poderem sonhar.

Os livros gostam muito
de contar histórias,
mesmo que essas histórias
sejam contadas em verso
com a mesma naturalidade
com que eu escrevo,
com que eu converso.

Os livros também respiram,
e o ar que lhes enche as páginas
tem o aroma intenso das viagens
que eles nos convidam a fazer,
sempre à espera que a magia
daquilo que nos contam
possa realmente acontecer.

Os livros são novos e antigos,
mas não gostam de ter idade.
Disfarçam uma mancha, uma ruga,
e gostam de viver em liberdade
numa prateleira alta,
sobre a mesa em que se escreve,
ou nas bibliotecas da cidade.
E é por isso, porque o seu tempo
é sempre maior que o tempo,
que eles não gostam de ter idade.

Os livros gostam de adormecer
com os meninos, contarem-lhes
lendas, contos e histórias
que eles nunca hão-de esquecer
e que outros livros mais novos
com eles hão-de aprender.
E o que cada leitor
descobre ao lê-los
é que eles, de facto, gostavam de saber.

Os livros têm nomes
que se chamam títulos,
e as partes do seu corpo
por vezes chamam-se capítulos;
e sentem-se vaidosos
se alguém os quer ilustrar
com as cores e os traços
que lembram o céu e o mar
e com as figuras inventadas
que os fazem rir e chorar.

[...]

Os livros gostam de fadas,
de bruxas e de duendes
e de outras personagens
que, afinal, só tu entendes
como se, sendo leitor,
estendesses o tapete voador
que transporta o que aprendes,
entre fadas e duendes,
para um lugar com mais cor.

José Jorge Letria, *in* "Ler Doce Ler", s.p.
Lisboa: Terramar, 2005.
© José Jorge Letria/SPA 2010

1 – Lê a primeira estrofe.

"Os livros são casas / com meninos dentro / e gostam de os ouvir rir, / de os ver sonhar / e de abrir de par em par / as paisagens e as imagens, / para eles, lendo, poderem sonhar."

"Os livros são casas / com meninos dentro / e gostam de os ouvir rir, / de os ver sonhar".
Estás de acordo com esta comparação dos livros a casas? Porquê?

_____
_____
_____

2 – Completa a frase, seleccionando apenas uma das seguintes alternativas.
Escrever que os livros gostam *"de abrir de par em par / as paisagens e as imagens"* **é, sem dúvida, uma forma muito bela de nos transmitir que…**

1. os livros têm figuras desenhadas e ilustrações de paisagens.
2. os livros são como casas.
3. os livros devem ser lidos em frente a belas imagens e paisagens.
4. os livros permitem-nos imaginar lugares, acontecimentos, cheiros, pessoas…

3 – Lê a estrofe.

"Os livros gostam muito / de contar histórias, / mesmo que essas histórias / sejam contadas em verso / com a mesma naturalidade / com que eu escrevo, / com que eu converso."
O que quererá o sujeito poético exprimir nesta estrofe?

_____
_____
_____

4 – Lê a estrofe.

"Os livros também respiram, / e o ar que lhes enche as páginas / tem o aroma intenso das viagens / que eles nos convidam a fazer, / sempre à espera que a magia / daquilo que nos contam / possa realmente acontecer."

"Os livros também respiram", **diz-nos o sujeito poético. Será por pulmões ou por guelras?**

_____
_____
_____

5 – Lê a estrofe.

"Os livros são novos e antigos, / mas não gostam de ter idade. / Disfarçam uma mancha, uma ruga, / e gostam de viver em liberdade / numa prateleira alta, / sobre a mesa em que se escreve, / ou nas bibliotecas da cidade. / E é por isso, porque o seu tempo / é sempre maior que o tempo, / que eles não gostam de ter idade."

Presta atenção aos versos:
"Os livros são novos e antigos, / mas não gostam de ter idade".

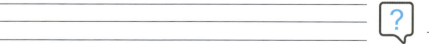

Os livros não gostam de ter idade. Porquê? Selecciona a alternativa que consideras adequada.

1. Os livros novos são mais interessantes.
2. Estão sempre a ser publicados livros novos.
3. Os livros não gostam de ter as folhas rasgadas e de parecerem velhos.
4. Os livros são sempre novos para quem os lê pela primeira vez.

6 – O que poderá ser considerado um livro sem idade?
Selecciona a alternativa que consideras que transmite melhor a ideia de um "livro sem idade".

1. Um livro que não tem as páginas amarelas.
2. Um livro que é sempre belo, mesmo se escrito há muito tempo.
3. Um livro comprado há pouco tempo.
4. Um livro escrito há muito tempo, mas impresso de novo.

7 – Lê de novo os versos seguintes:
"E é por isso, porque o seu tempo / é sempre maior que o tempo, / que eles não gostam de ter idade".

De acordo com o que leste, assinala como verdadeiras (V) ou falsas (F) as afirmações abaixo.

Afirmações	Verdadeiro	Falso
1. Os livros duram mais tempo do que as pessoas.		
2. Os livros demoram muito tempo para serem lidos.		
3. Os livros ajudam a passar o tempo.		
4. Os livros contam histórias de várias épocas.		
5. As histórias e as ideias dos livros persistem ao longo do tempo.		

8 – Lê a estrofe.
"Os livros gostam de adormecer / com os meninos, contarem-lhes / lendas, contos e histórias / que eles nunca hão-de esquecer / e que outros livros mais novos / com eles hão-de aprender. / E o que cada leitor / descobre ao lê-los / é que eles, de facto, gostavam de saber."

Da leitura da estrofe podemos concluir que…

	Verdadeiro	Falso
1. aprendemos através da leitura de livros.		
2. muito do que lemos não esquecemos.		
3. os livros adormecem as pessoas.		
4. o mesmo livro pode ter um significado diferente para cada leitor.		
5. os leitores ensinam os livros.		

9 – Lê a seguinte estrofe.

"Os livros têm nomes / que se chamam títulos, / e as partes do seu corpo / por vezes chamam-se capítulos; / e sentem-se vaidosos / se alguém os quer ilustrar / com as cores e os traços / que lembram o céu e o mar / e com as figuras inventadas / que os fazem rir e chorar."

Formula duas perguntas sobre esta estrofe.

Pergunta 1:_____

Personagem da *Família Compreensão:* _____

Resposta:_____
_____

Pergunta 2:_____

Personagem da *Família Compreensão:* _____

Resposta:_____
_____

10 – Lê a seguinte estrofe.

"Os livros gostam de fadas, / de bruxas e de duendes / e de outras personagens / que, afinal, só tu entendes / como se, sendo leitor, / estendesses o tapete voador / que transporta o que aprendes, / entre fadas e duendes, / para um lugar com mais cor."

Presta atenção aos versos:

"…como se, sendo leitor, / estendesses o tapete voador / que transporta o que aprendes, / entre fadas e duendes, / para um lugar com mais cor."

Quem é leitor estende um tapete voador que transporta o que aprende entre fadas e duendes. Com esta forma original de se referir aos leitores, que ideias nos quer realmente transmitir o sujeito poético?

1. A ideia de que a maior parte dos livros fala de fadas e de duendes.
2. A ideia de que quem lê consegue conhecer outros lugares, outras pessoas, outros cheiros…
3. A ideia de que quem lê "voa" sem sair do sítio, vai a muitos lugares, sem precisar de comboio ou de avião.
4. A ideia de que se aprende mais com os livros de fadas e duendes porque têm muitas ilustrações coloridas.
5. A ideia de que o mundo que se constrói a partir da fantasia é muito mais interessante e mais colorido do que aquele em que vivemos.

? _____

11 – Selecciona a alternativa correcta.

Neste poema, os livros são comparados a…

1. tapetes voadores.
2. pessoas.
3. paisagens.
4. fadas e duendes.

? _____

12 – Retira do poema as palavras ou expressões que atribuem características dos seres humanos (pessoas) aos livros.

_____
_____
_____

? _____

D. AFONSO II, O GORDO

D. Afonso II foi um homem doente. Tinha apenas catorze anos quando sofreu uma crise tão grave que as pessoas até consideraram milagre o facto de não morrer. Milagre atribuído a Santa Senhorinha de Basto.

As crises repetiram-se durante toda a vida e conhecem-se os sintomas: deformações da pele e da carne, inchaços, feridas repugnantes. Na época julgaram tratar-se de lepra e por isso mesmo lhe chamaram *o Gafo*, que significa leproso. Hoje pensa-se que o rei não padecia propriamente de lepra mas de um conjunto de doenças com efeitos semelhantes. O cognome que acabou por vingar – o Gordo – deve-se pois à doença que o deformava.

Apesar da debilidade física, que não lhe permitia realizar proezas militares, D. Afonso II não foi um rei inferior aos seus antecessores. Tratou de organizar a vida no país que o pai lhe deixara e fê-lo de uma forma realmente inovadora. Algumas das medidas que tomou nunca tinham sido experimentadas em nenhum país europeu daquele tempo.

As primeiras leis

Durante os reinados anteriores não havia leis para todo o país. Cada região ou até cada localidade seguia regras diferentes conforme os seus costumes e tradições, a vontade dos grandes senhores, os registos existentes nas cartas de foral*.

Crimes idênticos não recebiam castigos idênticos. A pena podia ser muito severa numa determinada terra e muito branda na terra vizinha. O mesmo se passava com o pagamento dos impostos, penas judiciais, normas de convívio, etc.

D. Afonso II, no ano em que subiu ao trono – 1211, reuniu cortes* em Coimbra. Chamou elementos do clero e da nobreza e em conjunto com eles aprovou leis destinadas a todo o país. Foi a primeira vez que isto aconteceu em Portugal e teve a maior importância.

Embora os grandes senhores estivessem presentes para darem a sua opinião, o simples facto de passarem a existir leis a que todos se tinham de se submeter representou uma primeira machadada no poder de cada um.

Claro que os hábitos antigos e há muito enraizados nunca se alteram de um dia para o outro só por causa de uma lei. Mas é importante que a lei exista. De início as pessoas até podem não cumprir o estabelecido e parece que nada mudou. Mas é um princípio. Um primeiro passo para melhorar a aplicação da justiça.

Nas cortes de Coimbra aprovaram-se mais de vinte leis. Uma delas, a *lei da ira régia*, torna evidente que o rei D. Afonso II e os seus conselheiros[1] queriam de facto melhorar a aplicação da justiça em Portugal.

Lei da ira régia

Sempre que o rei condenasse um criminoso à pena de morte ou mandasse que lhe cortassem a mão, o braço, a perna, a sentença ficava em suspenso durante vinte dias para que o rei pudesse pensar melhor e verificar se a pena era justa ou tinha sido fruto de cólera momentânea.

D. Afonso II assumiu-se como juiz supremo do país. Mas reconheceu a necessidade de fixar por escrito na lei uma fórmula que lhe limitava o poder e o impedia de cometer algumas injustiças. Isto revela uma mentalidade bastante avançada para o seu tempo.

---

[1] D. Afonso II escolheu para os seus homens cultos, inteligentes e especialistas em leis, como por exemplo o mestre Júlio Pais que já tinha sido conselheiro de seu pai e de seu avô, e ainda Gonçalo Mendes e Pedro Anes da Nóvoa.

O registo dos documentos

Outra medida de D. Afonso II realmente inovadora foi ordenar que se fizesse um registo por escrito de todos os diplomas emitidos pela chancelaria [2].

Isto mostra que se apercebera de como era importante ter os documentos bem organizados para que não se perdessem e para que pudessem ser consultados sempre que necessário. Foi o segundo monarca da Europa a ter esse tipo de iniciativa.

O chanceler* de D. Afonso II – Gonçalo Mendes – dirigiu o serviço com eficácia e só contratou funcionários que possuíssem bonita caligrafia. Exigia que copiassem os documentos com a máxima perfeição.

Neste reinado surgiram também os primeiros notários, que na época se chamavam tabeliães. Cabia-lhes redigir documentos particulares, como, por exemplo, testamentos, doações, contratos, etc. Geralmente eram escritos em latim, mas no tempo de D. Afonso II apareceram alguns redigidos em português.

Lei da desamortização

As ordens religiosas não podiam comprar mais terras para acrescentar às que já possuíam em volta dos seus mosteiros e castelos. Só se admitia uma excepção: podiam efectuar a compra desde que os rendimentos obtidos com as terras fossem empregues em orações por alma do rei.

A lei da desamortização mostra claramente que D. Afonso II quis limitar o poder e a riqueza do clero. A excepção demonstra que não era fácil tomar medidas deste género.

Um rei mais forte

O monarca e os seus conselheiros tomaram outras medidas para tentarem retirar poder e riqueza a quem os tinha em excesso. Isto porque consideravam que só era possível governar bem se o rei dispusesse da máxima autoridade. Divulgara-se a ideia de que o poder real tinha origem divina, isto é, tudo o que o rei fizesse representava a vontade de Deus.

Quem se sentasse no trono devia pois ser poderosíssimo, riquíssimo e mandar em toda a gente.

Sabendo que pensava assim, percebe-se melhor por que motivo D. Afonso II não cumpriu o testamento do pai. Dividir os direitos da coroa com os irmãos? Nunca!

Esta atitude deu origem a um conflito prolongado, que levou os irmãos rapazes a partirem para o estrangeiro e as raparigas a lutarem durante muitos anos pelos seus direitos.

José Mattoso, Ana Maria Magalhães & Isabel Alçada, *in* "Os primeiros reis. História de Portugal", Volume I, pp.127-131. Lisboa: Editorial Caminho, 1993.

*Glossário:

foral *(foro + -al) s. m.* 1. *Hist.* Carta soberana que, regulando a administração de uma localidade, lhe dava certas regalias. 2. Título de aforamentos rurais. 3. Antigo regulamento de repartições públicas.

cortes *s. f. pl.* 1. Parlamento. 2. *Hist.* Assembleia dos procuradores da nobreza, do clero e das cidades e vilas reunida por convocação régia.

chanceler *s. m.* 1. Antigo magistrado que tinha a seu cargo a guarda do selo real. 2. Funcionário encarregado de chancelar documentos ou diplomas. 3. Título dado em alguns países ao primeiro-ministro.

Fonte: http://www.priberam.pt/dlpo.

---

[2] Chancelaria era uma espécie de secretaria real, onde se escreviam todos os documentos que o rei quisesse mandar fazer.

1 – *"Durante os reinados anteriores não havia leis para todo o país".*
Por que razões era problemático que não houvesse leis iguais em todo o país?

2 – Resume o seguinte excerto:

"Durante os reinados anteriores não havia leis para todo o país. Cada região ou até cada localidade seguia regras diferentes conforme os seus costumes e tradições, a vontade dos grandes senhores, os registos existentes nas cartas de foral.

Crimes idênticos não recebiam castigos idênticos. A pena podia ser muito severa numa determinada terra e muito branda na terra vizinha. O mesmo se passava com o pagamento dos impostos, penas judiciais, normas de convívio, etc."

Para elaborares este resumo constrói uma tabela com três colunas. Transcreve para a primeira coluna as expressões ou frases que contêm as ideias principais do excerto. Na segunda coluna escreve as ideias por palavras tuas e, na terceira, deves tentar reduzir ao máximo o número de palavras que utilizaste na tua explicação. Verás que ajuda!

3 – *"Embora os grandes senhores estivessem presentes para darem a sua opinião, o simples facto de passarem a existir leis a que todos tinham de se submeter <u>representou uma primeira machadada no poder de cada um</u>."*
Nesta frase, o que indica a expressão sublinhada?

4 – *"<u>Claro que</u> os hábitos antigos e há muito enraizados nunca se alteram de um dia para o outro só por causa de uma lei."*
O que terá levado as autoras a começarem a frase com a expressão "claro que"?

5 – Lê de novo a lei da ira régia. Quais seriam os objectivos que o rei tinha em mente com esta lei?

6 – Selecciona a opção correcta.

Por que razão a lei da ira régia só se aplicava nos casos de pena de morte ou de ordem para o corte de uma mão, braço ou perna?

1. Porque eram as únicas sentenças que o rei aplicava.
2. Porque eram sentenças que depois de aplicadas não permitiam voltar atrás.
3. Porque os criadores da lei assim o entenderam.
4. Porque eram as sentenças que o rei ditava mais frequentemente.

7 – *"Mas reconheceu a necessidade de fixar por escrito na lei uma fórmula que lhe limitava o poder e o impedia de cometer algumas injustiças. Isto revela uma mentalidade bastante avançada para o seu tempo."*

7.1 – Qual foi a fórmula usada para limitar o poder do rei?

7.2 – Porque indicaria esta lei uma mentalidade avançada para o seu tempo?

8 – *"O chanceler de D. Afonso II – Gonçalo Mendes – dirigiu o serviço com eficácia e só contratou funcionários que possuíssem bonita caligrafia. Exigia que copiassem os documentos com a máxima perfeição."*

Por que razão os funcionários tinham de copiar os documentos com a máxima perfeição?

9 – *"Neste reinado surgiram também os primeiros notários, que na época se chamavam tabeliães. Cabia-lhes redigir documentos particulares, como por exemplo testamentos, doações, contratos, etc."*

9.1 – Qual era a importância de os documentos serem escritos?

9.2 – Como seriam estabelecidos os testamentos, as doações e os contratos antes da criação dos tabeliães?

A resposta a esta pergunta não está escrita no texto. Sabendo que antes da existência de tabeliães não era provável que estes documentos fossem escritos, que meios restavam para fazer saber que alguém deixava, de herança, uma casa a outra pessoa, ou que alguém contratava um trabalho com outra? Ajudei?

10 – Explica por que razão os autores do texto afirmam que se percebe por que motivo D. Afonso II não cumpriu o testamento do pai.
Para tal selecciona a opção correcta.

1. Porque, na época, D. Afonso II não tinha uma boa relação com os irmãos.
2. Porque, na época, se acreditava que o poder real tinha origem divina e representava a vontade de Deus.
3. Porque, na época, D. Afonso II pretendia que os irmãos partissem para o estrangeiro.
4. Porque, na época, se acreditava que só podia ser rei quem fosse riquíssimo e poderoso.

11 – Completa a frase seleccionando a opção correcta.
As medidas tomadas por D. Afonso II permitiram…

1. aumentar o poder do povo.
2. aumentar o poder do clero.
3. aumentar o poder do rei.
4. aumentar o poder da nobreza.

12 – Assinala V (verdadeiro) ou F (falso).
Da leitura do texto podemos concluir que:

Afirmações	V	F
1. D. Afonso II era muito gordo porque comia em excesso.		
2. a relação de D. Afonso II com os seus irmãos foi conflituosa.		
3. a doença de D. Afonso II impediu-o de governar Portugal.		
4. D. Afonso II era um homem inteligente e estratégico.		
5. D. Afonso II pretendia retirar poder aos nobres e ao clero.		

 Vamos confirmar?

12.1 – Transcreve do texto as expressões que te permitiram classificar cada uma das afirmações anteriores como verdadeiras ou falsas.

Afirmações
1.
2.
3.
4.
5.

 Abre o teu livro na página 166. Responde à Prova de Aferição de Língua Portuguesa de 2004.

Avaliação de estratégias de leitura - 2

No início deste programa já respondeste a este questionário, lembras-te? Responde novamente. Atenção! Resiste à tentação. Não tentes lembrar-te das respostas que deste então.

1 - Nunca ou raramente; 2 - Poucas vezes; 3 - Às vezes; 4 - Frequentemente; 5 - Sempre ou quase sempre.

1. Depois de ler o título, penso no que já sei sobre o tema?	1	2	3	4	5
2. Depois de ler o título, costumo imaginar de que tratará o texto?	1	2	3	4	5
3. Antes de iniciar a leitura, dou uma vista de olhos ao texto para ver do que trata?	1	2	3	4	5
4. Antes de iniciar a leitura, dou uma vista de olhos ao texto e leio os subtítulos, os sublinhados e outra informação destacada?	1	2	3	4	5
5. Se o texto tem imagens, antes de começar a ler dou uma vista de olhos pelas mesmas?	1	2	3	4	5
6. Num teste ou ficha de trabalho, costumo ler as perguntas antes de ler o texto?	1	2	3	4	5
7. Tiro notas durante a leitura para facilitar a minha compreensão?	1	2	3	4	5
8. Enquanto leio vou-me lembrando do que sei sobre o tema?	1	2	3	4	5
9. Para me lembrar do que li, costumo sublinhar o texto?	1	2	3	4	5
10. Costumo sublinhar a informação que me parece importante?	1	2	3	4	5
11. Costumo sublinhar as palavras cujo significado desconheço?	1	2	3	4	5
12. Costumo sublinhar as palavras e/ou expressões que não compreendo bem, para depois voltar a ler?	1	2	3	4	5
13. Não interrompo a leitura para ir procurar no dicionário o significado de uma palavra?	1	2	3	4	5
14. Interrompo a leitura quando encontro uma palavra que não compreendo e procuro o seu significado?	1	2	3	4	5
15. Quando encontro uma palavra cujo significado desconheço, tento descobri-lo através das pistas que o texto me dá?	1	2	3	4	5
16. Costumo imaginar as personagens, as paisagens e as imagens que encontro descritas nos textos?	1	2	3	4	5

17. Quando acabo de ler uma frase ou parágrafo que não compreendi, costumo voltar a ler essa parte?	1	2	3	4	5
18. À medida que vou lendo um texto tento pensar em perguntas sobre o mesmo?	1	2	3	4	5
19. À medida que leio uma narrativa costumo imaginar o que vem a seguir?	1	2	3	4	5
20. Às vezes interrompo a leitura e pergunto a mim mesmo: "Percebi tudo o que li?"?	1	2	3	4	5
21. Costumo ler parágrafo a parágrafo e perguntar a mim mesmo "O que é importante aqui?"?	1	2	3	4	5
22. Faço sempre uma primeira leitura para ter uma ideia geral, e só depois leio para tentar perceber?	1	2	3	4	5
23. Enquanto leio um texto de um teste ou de uma ficha de trabalho, costumo perguntar a mim próprio "Que perguntas me poderão fazer sobre este texto?"?	1	2	3	4	5
24. Quando acabo de ler um texto penso nas imagens e nas mensagens que o mesmo dá a ver?	1	2	3	4	5
25. Quando leio as perguntas ou instruções de um teste ou ficha de trabalho, costumo perguntar a mim mesmo "Percebi bem o que me pedem para fazer?"?	1	2	3	4	5
26. Depois de responder a perguntas com resposta de escolha múltipla ou do tipo Verdadeiro/Falso, não as verifico, pois fico confuso e tenho medo de mudar o que está certo para errado?	1	2	3	4	5
27. Depois de responder a perguntas ou realizar tarefas sobre um texto lido, costumo ler o que escrevi para ver se não têm erros?	1	2	3	4	5
28. Depois de responder a perguntas ou realizar tarefas sobre um texto lido, costumo verificar se respondi bem?	1	2	3	4	5

Compara as tuas respostas. O que mudou? Qual foi a estratégia que não usavas e que passaste a usar? E a que usavas e deixaste de usar?

RAÍZES

Quem me dera ter raízes,
que me prendessem ao chão.
Que não me deixassem dar
um passo que fosse em vão.

Que me deixassem crescer
silencioso e erecto,
como um pinheiro de riga,
uma faia ou um abeto.

Quem me dera ter raízes,
raízes em vez de pés.
Como o lodão, o aloendro,
o ácer e o aloés.

Sentir a copa vergar,
quando passasse um tufão.
E ficar bem agarrado,
pelas raízes, ao chão.

Jorge Sousa Braga, *in* "Herbário", pp. 26-27.
Lisboa: Assírio & Alvim, 2007.

 Não digas nada Vicente….Adorei este poema e, por isso, proponho que troquemos os papéis. Posso ser eu o Vicente Inteligente?

 Hmm! Invertemos os papéis? Aceito.

 A palavra raízes aparece quatro vezes (para além de surgir também no título). Existirá alguma relação entre a raiz (parte inferior de uma planta, geralmente enterrada) e as raízes de que fala o sujeito poético?
Enfiando-me na tua pele… começaria por dizer-te:
Sei que sabes o que é uma raiz… ou não fosses Inteligente…, mas… e se fosses ao dicionário? Talvez encontrasses algumas definições que ajudassem a "entrar" no poema?

 OK. Procurei em http://www.priberam.pt/. Escrevo o que encontrei e o que deduzi.

Encontrei	Deduzi
Parte inferior das plantas com que elas se fixam ao solo e dele extraem água e sais minerais.	A água e os sais minerais são imprescindíveis à vida. Sem raízes as plantas não conseguiriam viver. Mantêm-nos presos, fixam-nos a um lugar. Isso pode ser bom ou mau. Por um lado ficar preso pode significar prisão. Por outro pode remeter para outro sentido.
Vínculo.	Estabelecer relações.

Vicente, vamos os dois mergulhar no sentido profundo do texto?

… e viajar pelo mundo da poesia?

1 – *"Quem me dera ter raízes, / que me prendessem ao chão. / Que não me deixassem dar / um passo que fosse em vão".*

1.1 – O sujeito poético afirma *"Quem me dera ter raízes, / que me prendessem ao chão".* **Este chão será terra propriamente dita?**

1. Sim, este chão diz respeito à terra onde as raízes se agarram.
2. Não, este chão é uma metáfora para exprimir o apego à família e aos amigos.
3. Sim, este chão refere-se a toda a terra onde haja árvores.
4. Não, este chão é uma metáfora para descrever o gosto do poeta pelas árvores.

1.2 – O que quereria o sujeito poético dizer com os versos *"Que não me deixassem dar / um passo que fosse em vão"*?

1. Que não o deixassem dar maus passos.
2. Que não o deixassem dar passos grandes.
3. Que não o deixassem crescer.
4. Que não o deixassem cair.

2 – Lê de novo os versos seguintes:
"Que me deixassem crescer / silencioso e erecto, / como um pinheiro de riga, / uma faia ou um abeto."

2.1 – O sujeito poético tem um desejo: crescer como uma árvore. Porquê?
Selecciona a alternativa correcta.

Pensa, Vicente! Eu ajudo (não é assim que tu me dizes?!): Como crescem as árvores? Como são as rigas, as faias e os abetos? Penso que já sei. Lê as alternativas…

1. Quer poder crescer de modo saudável e sem problemas.
2. Quer vir a ser alto como as árvores.
3. Quer crescer como uma árvore sem ter de fazer nada.
4. Quer crescer sozinho, como uma árvore, sem precisar dos outros.

3 – *"Quem me dera ter raízes, / raízes em vez de pés. / Como o lodão, o aloendro, / o ácer e o aloés."*
Da leitura da quadra acima inferimos que o sujeito poético desejava ter raízes em vez de pés. Que sentimentos o levariam a formular este pedido?

Que me dizes a usar uma estratégia idêntica à que propus para a pergunta número 2.1? Pensa nas perguntas que tens de fazer a ti próprio para chegares à resposta correcta.

Lindo! Mesmo! Quando leio os versos abaixo sinto-me mesmo uma árvore a baloiçar ao vento…
Lê-os comigo.
"Sentir a copa vergar,
quando passasse um tufão.
E ficar bem agarrado,
pelas raízes, ao chão."

4 – Será que a palavra "tufão" está a ser usada apenas no sentido literal?

4.1 – A poesia é uma forma diferente de dizer o que sentimos. Desafia-nos a descobrir significados novos e escondidos nas palavras. O que nos quererá dizer o sujeito poético nesta estrofe?
Selecciona a alternativa correcta.

1. Que queria balançar ao sabor do vento.
2. Que gostava de resistir a todos os problemas da vida.
3. Que gostava de resistir aos ventos fortes.
4. Que gostava de experimentar um tufão.

RECOMENDAÇÕES PARA A VISITA AO PARQUE NACIONAL DA PENEDA-GERÊS

O Parque Nacional da Peneda-Gerês (PNPG) é um vasto território que se estende por mais de 69 mil hectares e é distinto nas suas diferentes paragens. Existem, pois, vários motivos de interesse para o visitar e existem também diferentes formas de o fazer.

Para visitar o Parque é aconselhável começar por uma visita às estruturas de recepção de visitantes existentes ou pelo contacto com as mesmas para recolher a informação necessária, nomeadamente sobre a legislação em vigor, uma vez que se trata de uma área especialmente protegida por lei.

Recomendações

- **Proteja o Parque** - Respeite os valores naturais e culturais do Parque: não danifique a flora nem colha amostras de plantas, líquenes, cogumelos, rochas ou minerais; não recolha nem perturbe a fauna;
- Evite barulhos e atitudes que perturbem o meio que o rodeia;
- Siga pelos trilhos e caminhos existentes;
- Respeite a sinalização existente;
- Respeite a propriedade privada e o modo de vida e o trabalho das populações residentes;
- Transporte consigo o seu lixo até poder colocá-lo num local de recolha apropriado;
- Acampe apenas nos locais autorizados e faça os piqueniques apenas nas áreas de merenda devidamente equipadas para o efeito;
- Mantenha o seu cão preso pela trela;
- Comunique ao PNPG ou à GNR/SEPNA (Linha SOS Ambiente e Território: 808 200 520) alguma infracção que presencie;
- Respeite as indicações das entidades oficiais.

Cuidados

Algumas das actividades na Natureza, como é o caso do montanhismo, envolvem diversos riscos. É por isso importante agir com consciência, sobretudo quando o território é desconhecido ou quando não se domina a actividade.

Assim:
- Tenha sempre em atenção as previsões meteorológicas e evite realizar actividades em dias em que se preveja a ocorrência de chuva, trovoadas e nevoeiros;
- Evite ir sozinho para a montanha, mas, se o fizer, informe alguém conhecido ou alguma entidade local da sua partida e do seu regresso;
- Opte por vestuário e calçado simples e confortável. Tenha ainda presente que os imprevistos podem acontecer: previna-se com agasalhos, alimentos, água, protector solar e/ou impermeável. Poderá munir-se também de telemóvel, lanterna e isqueiro;
- Tome precauções especiais quando caminha em zonas húmidas e rochosas, para evitar quedas e não pratique actos que coloquem em risco a sua segurança ou a dos outros. Tenha em atenção que em alguns locais existem minas, pelo que não deve sair dos trilhos e caminhos existentes;
- Caso ocorra algum acidente ou imprevisto contacte o serviço de emergência (112). Seja o mais claro e preciso que puder nas indicações sobre o local onde se encontra e sobre o que se está a passar.

Caso não seja possível o contacto telefónico, mantenha a calma, coloque eventuais vítimas em segurança e protegidas do frio ou do sol e procure ajuda;

- Em caso de mordedura de víbora (o que só acontecerá se o espécime for directamente molestado) deve manter-se calmo (a mordedura de víbora raramente é fatal) e evitar movimentações desnecessárias. Se a parte mordida for um membro, como é frequente, este deve ser imobilizado e deve ser limpa a parte mordida. Deverá contactar o Centro de Informação Anti-venenos (808 250 143) e deslocar-se ao hospital mais próximo logo que possível;

- Se pretende realizar actividades de animação turística e ambiental, recorra, sempre que possível, a uma empresa devidamente certificada pelo Instituto da Conservação da Natureza e da Biodiversidade. Estará assim a contribuir para o benefício de uma empresa que não só cumpre todos os requisitos legais (incluindo os seguros) como paga também uma taxa ambiental para promover actividades no Parque Nacional.

Porque foi classificado

A criação do Parque Nacional da Peneda-Gerês (Decreto-Lei n.º 187/71, de 8 de Maio) visou a realização nessa área montanhosa de um planeamento capaz de valorizar as actividades humanas e os recursos naturais, tendo em vista finalidades educativas, turísticas e científicas.

No fundo, tratava-se de conservar solos, águas, a flora e a fauna, assim como preservar a paisagem nessa vasta região montanhosa do noroeste português.

Retirado do sítio http://portal.icnb.pt/ICNPortal/vPT2007-AP-Geres/Visitar+Area+Protegida/Normas+e+Recomendacoes/ em 8 de Abril de 2010.

1 – No sítio do Parque Nacional da Peneda-Gerês encontramos um conjunto de recomendações para todos aqueles que desejem visitá-lo.
Explica as razões de cada uma.

Aqui pede-se que apontes as razões que levaram à formulação de determinadas recomendações para a visita ao Parque Nacional da Peneda-Gerês. Deves pensar no maior número possível de razões. Pensa nas características que o Parque provavelmente tem e no que sabes sobre visitas a parques e a florestas em geral. Se um dia fores director de um parque natural… já terás o trabalho facilitado!

a) Proteja o Parque - Respeite os valores naturais e culturais do Parque: não danifique a flora nem colha amostras de plantas, líquenes, cogumelos, rochas ou minerais; não recolha nem perturbe a fauna;

b) Evite barulhos e atitudes que perturbem o meio que o rodeia;

c) Siga pelos trilhos e caminhos existentes;

d) Respeite a sinalização existente;

e) Respeite a propriedade privada e o modo de vida e o trabalho das populações residentes;

f) Transporte consigo o seu lixo até poder colocá-lo num local de recolha apropriado;

g) Acampe apenas nos locais autorizados e faça os piqueniques apenas nas áreas de merenda devidamente equipadas para o efeito;

h) Mantenha o seu cão preso pela trela;

i) Comunique ao PNPG ou à GNR/SEPNA (Linha SOS Ambiente e Território: 808 200 520) alguma infracção que presencie;

j) Respeite as indicações das entidades oficiais.

2 – A par das recomendações aos visitantes, aparece também no folheto informativo que acabaste de ler uma lista de cuidados que os mesmos devem ter.
Classifica como verdadeiras (V) ou falsas (F) as afirmações relativas a estes que encontras abaixo.

> Mais uma vez, tenta recordar o que sabes sobre visitas a este tipo de locais. Há uma personagem da *Família Compreensão* que te ensinou que muitas vezes é necessário juntar as pistas do texto ao que já sabemos para encontrar a resposta a algumas perguntas. Sabes qual é? Além de lhe pedires ajuda, aplica também as estratégias que te ensinei para as perguntas com resposta V ou F (verdadeiro ou falso).

Afirmações	V	F
1. Nos dias em que se preveja a ocorrência de chuva e trovoadas devem ser realizadas as actividades de escalada, pois é muito difícil fazer escalada debaixo de sol forte.		
2. As previsões meteorológicas devem ser confirmadas antes da programação das actividades, para que se possam ajustar os materiais necessários à sua realização.		
3. Se formos sozinhos para a montanha, devemos informar alguém da nossa partida mas não é necessário informarmos acerca do nosso regresso se este for feito em segurança.		
4. As caminhadas pela montanha devem ser feitas, preferencialmente, em grupos de média dimensão.		
5. Se formos sozinhos praticar escalada na montanha, é importante advertir pelo menos um familiar acerca do horário previsto de partida e de chegada para que caso nos atrasemos, alguém nos vá buscar a horas.		
6. Nas visitas ao Parque Nacional da Peneda-Gerês, recomenda-se o uso de calçado simples e confortável, para minimizar o risco de ferimentos nos pés.		
7. As pessoas só devem levar agasalhos, alimentos, água e impermeável, se fizerem visitas ao Parque Nacional da Peneda-Gerês no Inverno.		
8. Em alguns locais do Parque Nacional da Peneda-Gerês existem minas, tais como as que são utilizadas nas guerras para combater os inimigos.		
9. A protecção de eventuais vítimas de acidentes, em condições meteorológicas extremas, é importante para não agravar o seu estado de saúde.		
10. As víboras quase sempre atacam de repente e sem que ninguém as provoque.		
11. As mordeduras de víbora levam muitas vezes à morte do animal ou da pessoa mordida.		
12. É importante que se recorra a uma empresa certificada, sobretudo se se pretender realizar actividades em que haja algum risco de acidentes.		

3 – Por que razão se recomenda que as pessoas levem um isqueiro nas visitas que realizarem ao Parque Nacional da Peneda-Gerês?

4 – Transcreve os três principais objectivos que estiveram subjacentes à criação do Parque Nacional da Peneda-Gerês.

COBRAS NOSSAS

São mais que muitas as perguntas que se fazem sobre serpentes. Memórias fugazes desde a infância mostram-nas como seres misteriosos. Afinal quem são e para que servem?

A dificuldade de à partida distinguir as espécies, e saber se são venenosas ou não, é um dos dados que leva a recear esses répteis. A herança cultural é outro problema: vistas as serpentes no Ocidente como sinónimo da traição e do mal, está meio caminho andado para que aquilo que se ignora se transforme num bicho-papão capaz de assustar muitos adultos.

É verdade adquirida - as cobras são elos importantes dos ecossistemas em que se inserem. Se fossem aniquiladas, haveria perdas enormes.

Por exemplo, veja as que se alimentam de ratos. Face à rapidez de propagação destes roedores, tantas vezes portadores de doenças e fonte de outros danos, as cobras são anónimas controladoras, mesmo nas cidades, já que vão buscá-los onde os gatos e as corujas nem em sonhos entram.

Ao todo em Portugal há só uma dezena de espécies. Víboras há apenas duas estando uma confinada ao Gerês e pouco mais. Veja-as no álbum de família que preparámos para si.

COBRAS-DE-ÁGUA

Cobra-de-água-viperina (*Natrix maura*) - De víbora só tem o nome. Quando se excita triangula a cabeça, e apenas confunde maus observadores. É inofensiva e alimenta-se de rãs, sapos, salamandras, peixe, etc. Abundante. Mede pouco mais de um metro e a cor mais vulgar é castanha.

Cobra-de-água-de-colar (*Natrix natrix*) - Igualmente inofensiva. Como a anterior o maior mal que faz a quem lhe deita a mão é lançar pela cloaca um fluido malcheiroso difícil de sair mesmo depois de n lavagens. Alimentação e tamanho idênticos à anterior. Abundante. Cor-padrão: cinza.

COBRAS RATEIRAS NÃO VENENOSAS

Cobra-de-escada (*Elaphe scalaris*) - O nome deriva da fase juvenil, aliás altura em que são bem bonitas: no dorso mostram o desenho de uma escada, cujos degraus se vão esbatendo à medida que crescem. Esta espécie adapta-se bem às cidades, embora seja difícil vê-la. Abundante, em geral castanha, pode medir 1,5m.

Cobra-de-ferradura (*Coluber hippocrepis*) - Pode crescer até 1,8 metros e encontra-se por quase todo o país. O prato forte consiste em ratos e lagartos.

Cobra-lisa-bordalesa (*Coronella girondica*) - Está em todo o país e não vai além dos 80 cm. A ementa engloba outras pequenas cobras, lagartos e ratos.

Cobra-lisa-austríaca (*Coronella austriaca*) - Está na parte a Norte do país e vai à casa dos 70 cm. Aprecia montanhas e o cardápio é o mesmo da espécie anterior.

COBRAS VENENOSAS

Estas deviam ser divididas entre perigosas e quase inofensivas. As eventualmente perigosas são as duas víboras. Quanto às outras, aqui vão:

Cobra-de-montpelier (*Malpolon monspessulanus*) - Eis um «fóssil vivo». Consideram os estudiosos que espécies como esta estão evolutivamente entre as cobras não venenosas e as víboras. Este ofídio, também canibal, além de comer pequenas aves, lagartos e pequenos mamíferos, é a maior cobra da Península Ibérica. A Universidade de Coimbra anotou no passado século um espécime de 2,5 metros.

Cobra-de-capuz (*Macroprotodon cucullatus*) - Centro interior e Sul da Península Ibérica. Como a anterior, possui glândulas de veneno mas, sendo opistóglifa e atingindo apenas meio metro (cabeça pequena), não representa perigo.

Víboras

Víbora-cornuda (*Vipera latastei*) e **Víbora do Gerês** (*Vipera seoanei*). - Distinguem-se sobretudo porque a primeira apresenta um «nariz» francamente arrebitado. A segunda não, e só se encontra na região do Gerês. Ambas são cobras de cerca de meio metro, geralmente de tonalidades acastanhadas. A víbora do Gerês é o único ofídio, entre estas espécies, que apenas existe na Península Ibérica. Deixe-as em paz e elas farão o mesmo consigo.

Revista Parque Biológico, Ano II, n.º 8,
21 de Junho a 22 de Setembro de 2003, pp. 22-23.

1 – Preenche a tabela seguinte, considerando a informação presente no texto.

COBRAS		CARACTERÍSTICAS				
		Tamanho	Cor	Localização	Alimentação	Perigo para o Homem
COBRAS-DE-ÁGUA	Cobra-de-água-viperina					
	Cobra-de-água-de-colar					

90

COBRAS		CARACTERÍSTICAS				
		Tamanho	Cor	Localização	Alimentação	Perigo para o Homem
COBRAS RATEIRAS NÃO VENENOSAS	Cobra-de--escada					
	Cobra-de--ferradura					
	Cobra-lisa--bordalesa					
	Cobra-lisa--austríaca					
COBRAS VENENOSAS	Cobra-de--montpelier					
	Cobra-de--capuz					
	Víbora--cornuda					
	Víbora do Gerês					

O MEU PÉ DE LARANJA LIMA

Tudo ia muito bem quando Godofredo entrou na minha aula. Pediu licença e foi falar com D. Cecília Paim. Só sei que ele apontou a flor no copo. Depois saiu. Ela olhou para mim com tristeza.

Quando terminou a aula, me chamou.

- Quero falar uma coisa com você, Zezé. Espere um pouco.

Ficou arrumando a bolsa que não acabava mais. Se via que não estava com vontade nenhuma de me falar e procurava a coragem entre as coisas. Afinal se decidiu.

- Godofredo me contou uma coisa muito feia de você, Zezé. É verdade?

Balancei a cabeça afirmativamente.

- Da flor? É, sim, senhora.

- Como é que você faz?

- Levanto mais cedo e passo no jardim da casa do Serginho. Quando o portão está só encostado, eu entro depressa e roubo uma flor. Mas lá tem tanta que nem faz falta.

- Sim. Mas isso não é direito. Você não deve fazer mais isso. Isso não é um roubo, mas já é um "furtinho".

- Não é não, Dona Cecília. O mundo não é de Deus? Tudo o que tem no mundo não é de Deus? Então as flores são de Deus também…

Ela ficou espantada com a minha lógica.

- Só assim que eu podia, professora. Lá em casa não tem jardim, flor custa dinheiro… E eu não queria que a mesa da senhora ficasse sempre de copo vazio.

Ela engoliu em seco.

- De vez em quando a senhora não me dá dinheiro para comprar um sonho recheado, não dá?…

- Poderia lhe dar todos os dias. Mas você some…

- Eu não podia aceitar todos os dias…

- Por quê?

- Porque tem outros meninos pobres que também não trazem merenda.

Ela tirou o lenço da bolsa e passou disfarçadamente nos olhos.

- A senhora não vê a Corujinha?

- Quem é a Corujinha?

- Aquela pretinha do meu tamanho que a mãe enrola o cabelo dela em coquinhos e amarra com cordão.

- Sei. A Dorotília.

- É, sim, senhora. A Dorotília é mais pobre do que eu. E as outras meninas não gostam de brincar com ela porque é pretinha e pobre demais. Então ela fica no canto sempre. Eu divido o sonho que a senhora me dá, com ela.

Dessa vez, ela ficou com o lenço parado no nariz muito tempo.

- A senhora de vez em quando, em vez de dar para mim, podia dar para ela. A mãe dela lava roupa e tem onze filhos. Todos pequenos ainda. Dindinha, minha avó, todo o Sábado dá um pouco de feijão e de arroz para ajudar eles. E eu divido o meu sonho porque Mamãe ensinou que a gente deve dividir a pobreza da gente com quem é ainda mais pobre.

As lágrimas estavam descendo.

- Eu não queria fazer a senhora chorar. Eu prometo que não roubo mais flores, e vou ser cada vez mais um aluno aplicado.

- Não é isso, Zezé. Venha cá.

Pegou as minhas mãos entre as dela.

- Você vai prometer uma coisa, porque você tem um coração maravilhoso, Zezé.

- Eu prometo, mas não quero enganar a senhora. Eu não tenho um coração maravilhoso. A senhora diz isso porque não me conhece em casa.

- Não tem importância. Para mim você tem. De agora em diante, não quero que você me traga mais flores, só se você ganhar alguma. Você promete?

- Prometo, sim senhora. E o copo? Vai ficar sempre vazio?

- Nunca esse copo vai ficar vazio. Quando eu olhar para ele, vou sempre enxergar a flor mais linda do mundo. E vou pensar: quem me deu essa flor foi o meu melhor aluno. Está bem?

Agora ela ria. Soltou minhas mãos e falou com doçura.

- Agora pode ir, coração de ouro...

José Mauro de Vasconcelos, *in* "Meu Pé de Laranja Lima", pp. 76-78.
Lisboa: Dinapress, 2008.

1 – Que idade teria o Zezé? Selecciona a resposta correcta.

1. Entre 3 e 5 anos.
2. Entre 6 e 10 anos.
3. Entre 11 e 14 anos.
4. Mais de 14 anos.

Não procures a idade do Zezé no texto. Não a encontras! Pois é... deves procurar as pistas que te ajudem a descobrir a sua idade provável.

Falei em pistas... já te dei uma para saberes qual a personagem da *Família Compreensão* que te ajudará.

2 – Ao longo do texto, a professora vai manifestando comportamentos que exprimem diversas emoções ou sentimentos.

2.1 – A seguir a cada expressão transcrita no quadro da página seguinte, apresenta os motivos pelos quais a professora teve tal comportamento.

2.2 – Na coluna "Como pensaste para obter a resposta?" explica qual foi o raciocínio que utilizaste para formular as respostas.

93

Adoro reflectir sobre a forma como penso, pois entendo tudo melhor. Experimenta fazer o mesmo, "Como pensaste para obter a resposta?". Aqui não há "certos" ou "errados". Na coluna "Como pensaste para obter a resposta?" explica, o melhor que conseguires, o que te faz atribuir aqueles "porquês" aos comportamentos da professora. É isto que eu faço sempre quando respondo a perguntas: digo a mim mesmo "O que me faz dizer que…?". Isto ajuda-me a encontrar mais facilmente as respostas certas.

Transcrição	Porquê?	Como pensaste para obter a resposta?
"…olhou para mim com tristeza…"		
"Ela engoliu em seco."		
"Ela tirou o lenço da bolsa e passou disfarçadamente nos olhos."		
"…ficou com o lenço parado no nariz muito tempo."		
"As lágrimas estavam descendo."		
"Pegou as minhas mãos entre as dela."		
"Agora ela ria."		
"…falou com doçura."		

3 – No texto diz-se que Zezé tem um "coração maravilhoso" e um "coração de ouro". O que é que estas expressões significam?

4 – Classifica como verdadeiras (V) ou falsas (F) as seguintes afirmações:

Afirmações	V	F
1. O Zezé é mentiroso.		
2. O Zezé é inteligente.		
3. O Zezé não gosta muito da professora.		
4. O Zezé é uma pessoa egoísta.		
5. O Zezé obedece sempre aos pais.		

5 – Zezé considerava que roubar as flores era errado?
Transcreve uma frase que justifique a tua resposta.

6 – Que título considerarias mais indicado para este texto? Selecciona a opção correcta.

Quando me dão muitos títulos e me pedem para escolher o melhor fico baralhado pois parece-me sempre que há vários que estão correctos. Muitos dos títulos apresentados têm ideias que estão presentes no texto. Seleccionar "o mais indicado" é difícil, não posso responder ao acaso, tenho de fun-da-men-tar a minha escolha. Adoro esta palavra! Vê como faço: selecciono o que me parece mais adequado, mas não "a olho", isto é, sem critérios. Os títulos devem resumir as ideias principais ou a mensagem do texto a que dizem respeito e devem ser curtos e sugestivos. Consegues agora escolher mais facilmente a resposta para a pergunta 6? Facilitei o trabalho? Ou compliquei?

1. Os meninos pobres do Brasil.
2. A professora bondosa.
3. Flores roubadas.
4. Actos de ternura.

7 – "Nunca esse copo vai ficar vazio. Quando eu olhar para ele, vou enxergar a flor mais linda do mundo. E vou pensar: quem me deu essa flor foi o meu melhor aluno. Está bem?"
De acordo com este parágrafo, será que o copo vai ter uma flor todos os dias?
Responde e justifica.

AQUÁRIO VASCO DA GAMA: EDUCAR HÁ MAIS DE UM SÉCULO

A vida surgiu no Oceano, garantem os cientistas.

Cobrindo a maior parte do Globo, os abismos da profundidade enchem-se de água salgada e esboçam mistérios difíceis de iluminar, até mesmo nos dias que correm.

Apesar de uma avançada tecnologia, se comparada com a de há cem anos, muitos defendem, em tom grave, que se sabe pouco: conhece-se mais do sistema espacial nas imediações da Terra do que o mar profundo.

Tais pensamentos fervilham quando o sol da manhã entra pelas janelas do átrio do Aquário Vasco da Gama, mais ainda quando estamos diante de uma amostra da colecção oceanográfica do rei D. Carlos, recheada de peças singulares.

Paula Leandro, bióloga, guia a visita e começa por acrescentar às legendas que ilustram os artefactos antigos outras informações.

Numa vitrina, duas fisgas, mas não daquelas com que dantes os miúdos andavam aos pardais: "parecem ancinhos, contudo eram utilizadas para apanhar peixes achatados como os linguados". Em baixo, há outros objectos: "Temos aqui uma lupa binocular que era utilizada para observar preparações microscópicas".

Estamos na viragem do século XIX para o século XX: "O rei fazia recolhas de plâncton que era observado em preparações microscópicas", aliás, "as primeiras fotografias de plâncton foram tiradas pelo rei D. Carlos", acentua. De facto, perto, estão algumas em exposição. Mostram crustáceos e larvas de espécies que compõem o plâncton.

Outros aparelhos expostos mediam "a salinidade, a temperatura ou a velocidade das correntes".

A réplica de uma baleia-anã toma conta do espaço central desta sala e nos expositores em volta há inúmeras amostras dos mais variados seres marinhos conservados em meio líquido.

Esta sala surge no início da visita e "apresenta o rei às pessoas que aqui vêm", uma vez que "há muita gente que ignora o importante papel que teve no início da oceanografia em Portugal". Aliás, "o rei D. Carlos foi pioneiro a nível mundial".

Este facto explica-se por ter sido "um apaixonado pelo mar", o que o arrastou para tais estudos: "Em 1896 iniciou a primeira de 12 campanhas oceanográficas que fez ao longo da costa portuguesa". Claro que durante esse trabalho "foi reunindo uma grande quantidade de materiais". O resultado desse esforço de conhecimento "constitui a colecção oceanográfica D. Carlos que, em 1935, foi oferecida ao Aquário Vasco da Gama".

Ainda hoje, "esta colecção é a mais completa de Portugal", o que leva as "pessoas que querem estudar esponjas, crustáceos ou cnidários, entre outros, a encontrarem aqui mais assunto do que em qualquer outro lugar do país".

As peças expostas "têm um valor histórico incalculável", a ponto de "já terem chegado aqui pessoas do estrangeiro para as ver e fotografar".

Se não tivesse sido rei

Estamos diante de um diário de bordo manuscrito, ilustrado por desenhos que não escondem talento. Foi ele próprio? "Sim, D. Carlos desenhava muito bem".

Apesar da quantidade e qualidade do trabalho que deixou, o soberano tinha outros afazeres: "Viveu num tempo agitado e acabou por ser assassinado. As campanhas que fazia ocorriam num espaço de tempo escasso da sua vida".

Como "não queria ficar com o conhecimento que reunia só para si, divulgava-o".

Na altura não havia nem televisão nem internet como hoje. Por isso "organizava exposições e participava em congressos". O seu trabalho ficou também registado "nos diversos livros que publicou. Um deles versava sobre a pesca do atum no Algarve".

Não é esse um dos peixes com valor comercial que já escasseia? Paula Leandro reage e aponta uma evidência: "A maior parte das espécies que consumimos estão ameaçadas do ponto de vista comercial: os stocks estão a diminuir muito".

Naquela época, os temas fortes indicavam "o estudo dos peixes e os problemas da pesca". Houve áreas do conhecimento que despertavam a D. Carlos maior curiosidade: "Procurou saber mais sobre a fauna de grandes profundidades, onde recolhia muitos tubarões. Interessou-se bastante por eles".

No Aquário Vasco da Gama há uma sala dedicada só aos esqualos da nossa costa. Não julgue que são poucos! Há inclusive um tubarão-martelo naturalizado* recolhido em Sesimbra... porém, "não há registo de ataques a pessoas".

*É diferente de embalsamar: ao naturalizar uma peça, a pele do animal é tratada e depois aplica-se na escultura feita a partir das formas do seu corpo.

Jorge Gomes, in Revista "Parques e vida selvagem", Ano X, n.º 28,
21 de Junho a 21 de Setembro de 2009, pp. 50-52.

1 – Atenta no excerto seguinte:
"Cobrindo a maior parte do Globo, os abismos da profundidade enchem-se de água salgada e esboçam mistérios difíceis de iluminar, até mesmo nos dias que correm".
A que se refere o autor com a expressão "abismos da profundidade"?

2 – *"...estamos diante de uma amostra da colecção oceanográfica do rei D. Carlos, recheada de peças singulares."*
Selecciona a opção correcta.
Neste excerto, qual é o significado da expressão "peças singulares"?

1. São peças em que só existe uma amostra de cada uma.
2. São peças que estão expostas longe umas das outras.
3. São peças que possuem características únicas e invulgares.
4. São peças que só existem em Portugal.

3 – Atenta no excerto:
"Estamos na viragem do século XIX para o século XX…".
Completa com a opção correcta. Esta data refere-se…

1. à altura em que o texto foi escrito.
2. à altura em que o rei se dedicou a estudos oceanográficos.
3. à altura em que a colecção de D. Carlos foi oferecida ao Aquário Vasco da Gama.
4. à altura em que o autor do texto viveu.

4 – Faz uma lista das peças da colecção oceanográfica de D. Carlos, em exposição no Aquário Vasco da Gama, referidas no texto.

Para realizares esta tarefa, primeiro lê o texto todo e vai sublinhando a lápis todas as expressões que encontrares e que digam respeito às peças em exposição. Analisa o texto todo e não apenas a parte onde julgas que a informação deverá estar, pois, muitas vezes, ela está "espalhada" por várias partes do texto, pelo que a Conceição Reorganização tem mesmo de dar a sua preciosa ajuda. De seguida, faz uma nova leitura do texto para veres se detectaste todas as expressões importantes e só depois deves escrever a lista pedida. Isto evita que ela fique incompleta.

 5 – O que faz com que Paula Leandro afirme que a sala que surge no início da visita apresenta o rei às pessoas que lá vão?

6 – *"As campanhas que fazia ocorriam num espaço de tempo escasso da sua vida".*
Completa com a opção correcta.
Esta frase significa que…

1. D. Carlos fez muitas campanhas oceanográficas, em concreto, doze.
2. D. Carlos fazia campanhas que duravam só algumas horas.
3. D. Carlos percorria um grande espaço do Oceano em pouco tempo.
4. D. Carlos ocupava a maior parte do seu tempo em actividades que não a exploração dos Oceanos.

Atenta no subtítulo "Se não tivesse sido rei". De seguida, vais ver o subtítulo transformado numa pergunta. Esta é uma estratégia que podes utilizar à medida que lês o texto, para melhorares a tua compreensão. A pergunta que construíste a partir do título ou subtítulo pode orientar a tua leitura e ser respondida posteriormente.

7 – Se não tivesse sido rei, a que se poderia ter dedicado D. Carlos?

8 – Enumera as actividades que D. Carlos realizava no âmbito do estudo dos oceanos.

> A Conceição Reorganização não se cansa! Ela trabalha e põe-nos todos a trabalhar! Lembra-te das estratégias que te ensinei e aplica-as novamente. Mostra que estás à altura dela!

9 – Completa a frase seguinte:

A Joana, uma aluna do 6.º ano, perguntou à professora o que eram esqualos. A professora respondeu que, no texto "Aquário Vasco da Gama: educar há mais de um século", a palavra esqualos se referia aos _____.

10 – Concordas com a afirmação de que a colecção oceanográfica do Rei D. Carlos tem um valor histórico incalculável?
Responde e justifica a tua resposta.

> Abre o teu livro na página 173. Responde à Prova de Aferição de Língua Portuguesa de 2007.

1 – Juvenal Literal; 2 – Durval Inferencial; 3 – Durval Inferencial; 4 – Conceição Reorganização; 5 – Vicente Inteligente; 6 – Durval Inferencial; 7 – Durval Inferencial; 8 – Conceição Reorganização; 9 – Durval Inferencial; 10 – Francisca Crítica.

NELSON MANDELA - A LIBERTAÇÃO

Eram 16h 17m quando Nelson Mandela atravessou os portões da prisão. Ergueu a mão direita com o punho cerrado. Era um homem livre.

Algumas individualidades estavam à sua espera. Nesse Domingo, dia 11 de Fevereiro de 1990, centenas de jornalistas encontravam-se do lado de fora dos portões da prisão Victor Verster para registar o momento da sua libertação. As câmaras de televisão levaram as imagens a muitos milhões de espectadores por todo o mundo. Locutores de rádio descreveram aqueles instantes, com grande emoção, a milhões de ouvintes. Repórteres de jornais tomavam notas, enquanto máquinas fotográficas trabalhavam para os jornais do dia seguinte.

Era a primeira vez que alguém saído da prisão despertava tanta curiosidade. Muitas pessoas, em todo o mundo, esperavam ver pela primeira vez aquele homem cujo nome lhes era familiar, mas de quem nunca tinham visto o rosto nem ouvido a voz. Naquela manhã ele aparecia publicamente, pela primeira vez, depois de mais um quarto de século. Agora todos queriam vê-lo.

Tal como as câmaras o mostravam, era um homem alto, com o cabelo branco, uma cara vincada, mas de costas muito direitas. Pelo andar calmo e seguro parecia não ter 71 anos. Estava vestido com um fato elegante, bem feito, e nada levava a pensar que abandonava a prisão depois de lá ter passado os últimos vinte e sete anos.

Aquela impressão de vitalidade, que o seu aspecto exterior transmitia, confirmou-se duas horas mais tarde quando, na Câmara da Cidade do Cabo, no extremo sul do continente africano, falou ao mundo. Numa voz firme começou: «*Saúdo-vos a todos em nome da paz, da democracia e da liberdade.*»

O facto de Nelson Mandela ter passado todos aqueles anos na prisão por causa das suas convicções políticas, era o que despertava a curiosidade das pessoas. Ainda mais. Várias vezes lhe fora oferecida libertação, que firmemente recusara, pelo ideal que defendia – a liberdade do povo negro da África do Sul e da abolição do «*apartheid*».

O «*apartheid*»

O «*apartheid*», a discriminação de um povo por causa da cor da pele, imposta pelos brancos, é um dos maiores crimes deste século.

A palavra «*apartheid*», que significa separação em língua africanense, apareceu em 1948. O Partido Nacional, que representava os africânderes, foi eleito para governar África do Sul e começou a organizar a segregação racial. Os africanos brancos tinham direito a voto e os de pele mais escura não eram autorizados a votar, embora fossem a maioria.

Benjamin Pogrund, *in* "Nelson Mandela", pp. 5-6.
Lisboa: Editora Replicação, 1991.

"Dediquei toda a minha vida à luta do povo africano. Lutei contra o domínio dos brancos e lutei contra o domínio dos negros. Lutei pelo ideal de uma sociedade democrática e livre, onde todas as pessoas pudessem viver em harmonia e ter igualdade de oportunidades. É um ideal que eu espero ver cumprido. Mas, se necessário, é um ideal pelo qual estou disposto a morrer."

Nelson Mandela, Declarações durante o julgamento em Rivonia, Outubro 1963.

"É difícil dizer, por palavras, tudo o que Nelson Mandela simboliza. Lembro-me ainda do tempo em que ambos fazíamos campanha, quando eu era sacerdote na África do Sul. Admirava, como ainda hoje admiro, as suas qualidades: bom senso, grande coragem e, acima de tudo, uma determinação em libertar o seu povo do 'apartheid'."

Arcebispo Trevor Huddleston, presidente do movimento Anti-*Apartheid*.

Antes de começares a dar resposta às instruções, lê-as com cuidado. Vais encontrar palavras que podes não conhecer. Transcreve-as para o teu caderno e procura o seu significado. Só depois é que deves começar a realizar a tarefa. Só assim terás garantia de o fazer correctamente.

1 – Por que motivo terá começado o autor do texto por indicar a hora a que Nelson Mandela saiu da prisão?

2 – Descobre quais os significados da palavra sublinhada na frase: *"Algumas individualidades estavam à sua espera".*
Assinala a alternativa errada.

Nesta pergunta pede-se que escolhas a alternativa ERRADA e não a correcta. Isto significa que deves analisar todas as alternativas e classificá-las como verdadeiras ou falsas (podes fazer isto a lápis no livro, colocando um F ou V que depois deves apagar). A alternativa a assinalar será aquela que classificaste como falsa. Não te enganes!

1. Pessoas importantes.
2. Personalidades.
3. Pessoas de prestígio.
4. Indivíduos.

3 – Que razões explicam o facto de a saída de Nelson Mandela da prisão ter provocado curiosidade em todo o mundo?
Classifica cada uma das afirmações seguintes como verdadeira (V) ou falsa (F).

Afirmações	V	F
1. Ter estado preso durante muitos anos pelas suas convicções políticas.		
2. Estar elegantemente vestido.		
3. As pessoas admirarem a sua coragem por ter lutado contra o *apartheid*.		
4. Ter recusado ser libertado da prisão.		

4 – No primeiro discurso que fez depois de ter sido libertado, Nelson Mandela começou por dizer *"Saúdo-vos a todos em nome da paz, da democracia e da liberdade".*
O que o terá levado a começar o seu discurso com estas palavras?

101

5 – No julgamento de Rivonia, Nelson Mandela declarou *"Lutei contra o domínio dos brancos e lutei contra o domínio dos negros. Lutei pelo ideal de uma sociedade democrática e livre, onde todas as pessoas pudessem viver em harmonia e ter igualdade de oportunidades. É um ideal que eu espero ver cumprido. Mas, se necessário, é um ideal pelo qual estou disposto a morrer".*

Tendo por referência esta afirmação classifica cada uma das afirmações seguintes como verdadeira (V) ou falsa (F).

Afirmações	V	F
1. Nelson Mandela era um homem com convicções fortes.		
2. Nelson Mandela era corajoso e persistente nas suas ideias.		
3. Nelson Mandela defendia a democracia e a liberdade.		
4. Nelson Mandela era negro e pretendia que o seu país fosse governado por pessoas da sua raça.		

6 – Porque terá Nelson Mandela recusado a libertação da prisão, apesar de a mesma lhe ter sido proposta várias vezes?

_____
_____
_____

7 – Transcreve do texto todas as palavras ou expressões que caracterizavam o sistema político vigente na África do Sul quando Nelson Mandela foi preso.

_____
_____

8 – Quem eram os "africânderes"?
Selecciona a alternativa correcta.

> Esta pergunta exige que descortines o significado de uma palavra que provavelmente desconheces. Mais uma vez, tenta não recorrer ao dicionário. Lê todas as alternativas de resposta e, de seguida, localiza a palavra no texto. De acordo com a informação que o texto te fornece, qual será o significado mais adequado?

1. Eram brancos.
2. Eram negros ou pessoas de pele escura.
3. Não é possível saber a partir do texto.

9 – Em 1993 Nelson Mandela recebeu o Prémio Nobel da Paz. Porque terá sido galardoado com este prémio?

> Já deves saber o que é o Prémio Nobel… Caso não saibas, procura informação na *internet*, mais especificamente sobre o Prémio Nobel da Paz. Conhecendo o que é e como é atribuído o prémio Nobel, deves ser capaz de responder mais facilmente à pergunta.

_____
_____
_____

1 – Durval Inferencial; 2 – Gustavo Significado; 3 – Durval Inferencial; 4 – Durval Inferencial; 5 – Durval Inferencial; 6 – Durval Inferencial; 7 – Juvenal Literal; 8 – Durval Inferencial; 9 – Francisca Crítica.

Como sabes, a *Família Compreensão* foi criada pelas autoras deste programa para te ajudar a compreender melhor o que lês, não só nos textos propriamente ditos, mas também nas perguntas e nas instruções que te são apresentadas. Como já deves ter reparado, todos os membros da *Família Compreensão* têm um nome que rima com o apelido. Na realidade, estes apelidos representam processos de compreensão leitora. Existem vários processos: compreensão literal (Juvenal Literal); compreensão inferencial (Durval Inferencial); reorganização (Conceição Reorganização), compreensão crítica (Francisca Crítica). Se consultares o quadro abaixo poderás ver o que caracteriza cada um deles.

Processos de Compreensão Leitora[1]

TIPO	DEFINIÇÃO E OPERACIONALIZAÇÃO
Compreensão Literal	Reconhecimento de toda a informação explicitamente incluída num texto: • Reconhecimento de ideias principais • Reconhecimento de uma sequência • Reconhecimento de detalhes • Reconhecimento de comparações • Reconhecimento de relações de causa-efeito • Reconhecimento de traços de carácter de personagens
Reorganização	Sistematização, esquematização ou resumo da informação, consolidando ou reordenando as ideias a partir da informação que se vai obtendo de forma a conseguir uma síntese compreensiva da mesma: • Classificar • Esquematizar • Resumir • Sintetizar
Compreensão Inferencial	Activação do conhecimento prévio do leitor e formulação de antecipações ou suposições sobre o conteúdo do texto a partir dos indícios que proporciona a leitura: • Dedução da ideia principal • Dedução de uma sequência • Dedução de detalhes • Dedução de comparações • Dedução de relações de causa-efeito • Dedução de traços de carácter de personagens • Dedução de características e aplicação a uma situação nova • Predição de resultados • Hipóteses de continuidade de uma narrativa • Interpretação de linguagem figurativa

---

[1] Este quadro foi elaborado a partir do livro: Catalá, G., Catalá, M., Molina, E. & Monclús, R. (2001). *Evaluación de la comprensión lectora. PL (1º-6º de primária)*. Barcelona: Graó.

TIPO	DEFINIÇÃO E OPERACIONALIZAÇÃO
Compreensão Crítica	Formação de juízos próprios, com respostas de carácter subjectivo (identificação com as personagens da narrativa e com os sujeitos poéticos, com a linguagem do autor, interpretação pessoal a partir das reacções criadas baseando-se em imagens literárias): • Juízos de actos e de opiniões • Juízos de suficiências e de validade • Juízos de propriedade • Juízos de valor, de conveniência e de aceitação

Achas que me esqueci do Gustavo Significado? Não! Ele é especial. Se não souberes os significados das palavras que lês... dificilmente conseguirás compreender tudo.

Quanto a mim... bem... eu sou uma espécie de "super-processo", ou, numa linguagem científica, represento a metacompreensão. Faço-te pensar sobre os teus pensamentos. Dou-te sugestões, faço-te perguntas, alerto para algumas "armadilhas", ajudo-te a dirigir a atenção quando penso que és capaz de não ter lido algo importante, como uma palavrinha marota... Às vezes até faço a pergunta e dou a resposta! Provavelmente és capaz de me ter achado aborrecido em alguns momentos... Pois bem... chegou a altura de te libertares da ajuda da *Família Compreensão*. Assim sendo, a partir deste texto, após leres uma pergunta ou a instrução de uma tarefa, em vez de pensares, por exemplo, *"Vou pedir ajuda ao Durval Inferencial"*, pensa no processo que esta personagem representa, isto é *"Responder a esta pergunta exige que eu faça uma inferência."*

JARDIM BOTÂNICO DA UNIVERSIDADE DE COIMBRA

Visitar um jardim botânico é como viajar pelo planeta sem sair da cidade. As colecções de plantas que preenchem cada espaço transportam-nos para diferentes latitudes e regiões do mundo, transformando o Jardim num verdadeiro museu vivo.

O Jardim Botânico, localizado no coração da cidade de Coimbra desde 1772, por iniciativa do Marquês de Pombal, estende-se por 13 ha em terrenos que na sua maior parte foram doados pelos frades Beneditinos.

Os jardins botânicos surgem na Europa como consequência da expansão europeia do século XV. O contacto com plantas e animais exóticos despertou o interesse pelo seu estudo. Exemplo disso foi o português Garcia da Orta que no séc. XVI viajou para a Índia e se dedicou ao estudo das propriedades terapêuticas das plantas, publicando dois importantes ensaios.

O século XVIII é marcado por uma revolução de mentalidades e por grandes avanços na ciência, nomeadamente no campo da Medicina. Assim, o Jardim Botânico de Coimbra foi criado com o objectivo de complementar o estudo da História Natural e da Medicina. Podemos destacar neste período o naturalista e botânico Avelar Brotero com várias publicações científicas, entre as quais a primeira Flora Lusitana (1804). Este investigador português deu início à primeira escola prática de Botânica.

A criação do banco de sementes e respectiva publicação do *Index Seminum* (catálogo de sementes) em 1868, até hoje anualmente actualizado, incluiu variedades exóticas e portuguesas muito diversificadas. Este facto permite-nos hoje salvaguardar espécies que se encontram em risco de extinção no seu habitat natural. O jardim ganhou assim novas funções no âmbito da conservação da natureza.

No domínio educativo, o Jardim Botânico de Coimbra promove programas de educação ambiental e cultural, sensibilizando os cidadãos para questões ligadas às temáticas ambientais e à adopção de comportamentos cívicos.

O Jardim é também um espaço de tranquilidade, repleto de recantos que nos convidam simplesmente a um passeio.

Mensagem aos visitantes

[...]
Com esta mensagem nos dirigimos a todos os que querem conhecer ou colaborar connosco, na realização destes ou de outros projectos que enriqueçam e preservem o Jardim. O Lema é: servir-se do Jardim servindo-o! Pura simbiose! Venha usufruir de um património único e que é de todos. Quanto mais não seja para o conhecer. Tem apenas que cumprir as seguintes

Normas de utilização:
NÃO TIRE NADA SENÃO FOTOGRAFIAS
NÃO DEIXE NADA SENÃO PEGADAS
NÃO MATE NADA SENÃO O TEMPO

HORÁRIO/PREÇÁRIO

Jardim	**Horário** **9h00 - 17h30** (todos os dias) - **1 de Outubro a 31 de Março** **9h00 - 20h** (todos os dias) - **1 de Abril a 30 de Setembro** **Acesso Gratuito**
Estufas e Mata	Acesso mediante **marcação prévia** (Visita guiada 6 a 25 pessoas)
Visitas Guiadas carecem de marcação prévia	**Bilhete** **Dias úteis:** normal 2€ estudante / >65 anos 1.5€ grupos de crianças até aos 6 anos 8€/h **Fins-de-semana:** normal 4€ estudantes / >65 anos 3€ grupos de crianças até aos 6 anos 16€/h
Outros: Visita-*Atelier***,** *Peddy-* *-Paper* **e Visita-Aniversário**	**Bilhete** **Dias úteis:** 2€ / participante **Fins-de-semana:** 4€ / participante
Ao longo do ano organizam-se variados programas e actividades.	

Mapa do Jardim

a Departamento de Botânica
b Estufa Grande*/**
c Estufa Victória*/**
d Jardinetas
e Recanto Tropical**
f Quadrado Central
g Estufa Fria**
h Escolas Sistemáticas**
i Escola Médica**
j Terraço com Coníferas**
k Escola das Monocotiledóneas**
l Pomar**
m Bambuzal**
n Mata**

1 Portão dos Arcos
2 Portão Principal
3 Portão das Ursulinas
4 Bilheteira/ Informações
5 Estátua de Júlio Henriques
6 Estátua de Avelar Brotero
7 Baixo-relevo de L. Carrisso
8 Portão de D.Maria I
9 Fontanário
10 Portão de Acesso à Mata
11 Capela de S. Ilídio**
12 Capela de S. Bento**
13 Miradouro**

Retirado do sítio http://www.uc.pt/jardimbotanico, em 11 de Março de 2010.

* acesso com bilhete pré-comprado
** acesso em visita guiada

Processo de compreensão leitora:
<u>Compreensão Literal</u>; Compreensão Inferencial; Reorganização; Compreensão Crítica; Extracção do Significado das Palavras.

1 – Completa a apresentação do Jardim Botânico da Universidade de Coimbra.

O Jardim Botânico da Universidade de Coimbra foi criado pelo _____, no século _____. Possui uma área de _____.

107

Processo de compreensão leitora:

Compreensão Literal; Compreensão Inferencial; <u>Reorganização</u>; Compreensão Crítica; Extracção do Significado das Palavras.

2 – As funções do Jardim Botânico na altura da sua criação não eram as mesmas que ele actualmente possui.
Preenche a tabela seguinte, distinguindo os seus objectivos nestas duas épocas.

 Mais uma pergunta do agrado da Conceição Reorganização! Lembra-te das estratégias que te sugeri.

FUNÇÕES	
Século XVIII	**Século XXI**

Processo de compreensão leitora:

Compreensão Literal; <u>Compreensão Inferencial</u>; Reorganização; Compreensão Crítica; Extracção do Significado das Palavras.

3 – O lema do jardim é "Servir-se do Jardim servindo-o!".
Explica qual a mensagem que o lema pretende transmitir.

 Para responderes a esta pergunta é necessário, em primeiro lugar, que percebas que o lema pode dividir-se em duas partes: a) servir-se do Jardim; b) servindo-o. A palavra-chave aqui é "servir". Procura os vários significados deste verbo e tenta descobrir qual é que se aplica em cada uma das partes do lema.

Processo de compreensão leitora:

Compreensão Literal; <u>Compreensão Inferencial</u>; Reorganização; Compreensão Crítica; Extracção do Significado das Palavras.

4 – No sítio do Jardim Botânico são apresentadas três normas de utilização. Explica qual a mensagem que se pretende transmitir com cada uma delas.

a) NÃO TIRE NADA SENÃO FOTOGRAFIAS

b) NÃO DEIXE NADA SENÃO PEGADAS

c) NÃO MATE NADA SENÃO O TEMPO

Seguem-se várias perguntas cuja resposta obriga a que "leias" o mapa do Jardim Botânico de Coimbra. Eu não era nada bom a ler mapas... até me perder!

A leitura de mapas exige não só que percebas o desenho mas também que sejas capaz de interpretar as legendas e de localizar determinados sinais gráficos (por exemplo, as entradas ou os percursos pedonais).

Por isso, começa por observar o mapa e ver onde fica cada parte do Jardim, recorrendo às legendas. Em seguida, localiza os caminhos interditos, os percursos pedonais, as entradas, os locais com acesso apenas a quem tenha bilhete pré-comprado e os locais para aceder com visita guiada.

Isto funciona como se fosse uma primeira leitura de um texto. Só depois deves ler as perguntas e aplicar as estratégias que achares mais convenientes. Vais precisar da ajuda de várias personagens da *Família Compreensão* para não te perderes.

Processo de compreensão leitora:

<u>Compreensão Literal</u>; Compreensão Inferencial; Reorganização; Compreensão Crítica; Extracção do Significado das Palavras.

5 – Selecciona as opções correctas.
A entrada no Jardim Botânico pode ser feita...

1. pelo Portão dos Arcos.
2. pelo Portão de D. Maria I.
3. pelo Portão Principal.
4. pelo Portão das Ursulinas.
5. pelo Portão de Acesso à Mata.

Processo de compreensão leitora:

<u>Compreensão Literal</u>; Compreensão Inferencial; Reorganização; Compreensão Crítica; Extracção do Significado das Palavras.

6 – Selecciona a opção correcta.

Se entrarmos no Jardim Botânico pelo Portão dos Arcos, qual é a atracção mais próxima que podemos visitar gratuitamente?

1. A Bilheteira/Informações.
2. A Estufa Grande.
3. O Recanto Tropical.
4. A estátua de Júlio Henriques.

Processo de compreensão leitora:

Compreensão Literal; <u>Compreensão Inferencial</u>; Reorganização; Compreensão Crítica; Extracção do Significado das Palavras.

7 – Selecciona a opção correcta.

Se eu estiver na Capela de S. Ilídio e quiser chegar rapidamente ao Portão das Ursulinas, que caminho devo tomar?

1. O caminho das Estufas e a Alameda Central.
2. O caminho do Fontanário e a Alameda das Tílias.
3. O caminho da Mata.
4. O caminho da Estátua de Júlio Henriques.

8 – Classifica como verdadeiras (V) ou falsas (F) as seguintes afirmações:

CL	CI	R	CC	ES	Afirmações	V	F
■	☐	☐	☐	☐	1. Para acedermos ao miradouro é inevitável passarmos pela Mata.		
■	☐	☐	☐	☐	2. Se visitarmos a Capela de S. Bento teremos sempre oportunidade de vermos o Bambuzal e a Mata.		
☐	■	☐	☐	☐	3. Quem estiver no Quadrado Central e quiser passar o Portão de Acesso à Mata pode fazê-lo sem quaisquer custos.		
☐	■	☐	☐	☐	4. Todas as estufas estão interditas a visitas que não sejam feitas na modalidade de visita guiada.		

Processo de compreensão leitora:

Compreensão Literal; Compreensão Inferencial; <u>Reorganização</u>; Compreensão Crítica; Extracção do Significado das Palavras.

9 – Os avós da Joana, ambos com 66 anos, querem fazer-lhe uma surpresa no dia do seu 11.º aniversário que este ano se realiza num sábado. Vão levar a Joana e mais cinco amigos dela ao programa de Visita-Aniversário que o Jardim Botânico da Universidade de Coimbra oferece. Quanto vão os avós da Joana ter de pagar por esta visita?

1. 16 euros.
2. 24 euros.
3. 30 euros.
4. 32 euros.

Cabeça a funcionar …e a calcular. Não tens de fazer cálculo mental. Podes usar papel e lápis para ires anotando a informação de que necessitas. Para responderes a esta pergunta tens de atender, em simultâneo, a várias condições.
- Os avós da Joana querem fazer o programa de Visita-Aniversário;
- A visita será num sábado;
- Os participantes são: a Joana, 5 amigos e os dois avós.

Agora é só procurar no preçário os valores para o programa indicado naquele dia da semana e depois multiplicá-lo pelo número de visitantes. Afinal é fácil. Basta ser metódico e estratégico.

Processo de compreensão leitora:

Compreensão Literal; Compreensão Inferencial; Reorganização; Compreensão Crítica; Extracção do Significado das Palavras.

10 – O João, um aluno do 6.º ano, visitou o Jardim Botânico num domingo, com os seus pais, os seus dois avós, dois tios e um primo de 6 anos. Na visita, entraram pelo Portão das Ursulinas, viram as Jardinetas e seguiram para o Fontanário onde os avós ficaram a descansar. Entretanto, o resto do grupo foi visitar a Estufa Grande, a Estufa Victória e a Estufa Fria. Quanto é que a família gastou nesta visita ao Jardim Botânico?

Prova que és estratégico… e que aprendeste a lição!
Aplica na resposta a esta pergunta a estratégia que te ensinei na anterior.

Processo de compreensão leitora: Metacompreensão

10.1 – Explica como obtiveste a resposta à questão anterior.

Processo de compreensão leitora:

Compreensão Literal; Compreensão Inferencial; Reorganização; Compreensão Crítica; Extracção do Significado das Palavras.

11 – Na tua opinião, qual a importância de uma estátua de Avelar Brotero no Jardim Botânico da Universidade de Coimbra?
Responde e justifica a tua resposta com recurso apenas a informação que encontras no texto.

Atenção! Não te deixes enganar! Embora a pergunta comece com "Na tua opinião…", não te é pedida uma opinião pessoal, mas sim que justifiques com base na informação que é dada no texto.

RECICLAMOS BEM?

AMBIENTE

Vidro

Garrafas, frascos e boiões

Plástico

Garrafas, frascos, sacos, esferovite, latas, tabuleiros de alumínio, embalagens de leite, sumos e vinhos

Papel

Caixas, sacos, papel de escrita, jornais e revistas

Pilhas

Pilhas e acumuladores portáteis

Reciclamos bem?

Em 2008, cada português produziu por dia 1,24kg de resíduos sólidos urbanos (RSU). A reciclagem tem aumentado todos os anos, mas o país ainda está longe das metas estabelecidas para 2011, que implicam a reciclagem de mais de 60% dos resíduos de embalagens de vidro, de papel e cartão e mais de 22,5% do plástico. Para Rui Berkmeier, da Quercus, o principal problema é o plástico, "que inclui embalagens de origem industrial, doméstica e de distribuição, o que dificulta a quantificação." Para a Sociedade Ponto Verde, em 2007, o plástico declarado só pesava 3,26% nos RSU, pelo que dos 4,7 milhões de toneladas anuais de resíduos produzidos, apenas 154 mil toneladas corresponderão a plástico. "A definição da percentagem é essencial para o cumprimento da meta. Conhecemos sistemas de tratamento em que o plástico representa 10% dos RSU, e o primeiro Plano Estratégico para os RSU (1997) até estimava esse valor em 12,7%. No segundo Plano (2006), a estimativa desapareceu!", diz. Sendo assim, as 53 mil toneladas de embalagens de plástico recicladas em 2008 são razoáveis? "Para nós, a realidade foi ajustada para se adequar à meta", diz Berkmeier.

E AS PILHAS?

Segundo a licença da Ecopilhas, deveriam ter sido recolhidas 500 toneladas em 2003 e 1.000 em 2005. Na verdade, só em 2007 foram atingidas as 500 ton., mas a meta de recolha de 25% de resíduos de pilhas e acumuladores até 2011 poderá ser alcançada. Ao contrário de outras classes de resíduos, não há uma entidade para registar as pilhas à venda no mercado, o que dificulta a avaliação do sucesso da rede.

ARTE: NGM-P. FONTES: SOCIEDADE PONTO VERDE (1998/2008); ECOPILHAS (2004/2007); QUERCUS-CENTRO DE INFORMAÇÃO DE RESÍDUOS

Selecciona o processo de compreensão leitora presente nesta tarefa e sublinha-o.
Compreensão Literal; Compreensão Inferencial; Reorganização; Compreensão Crítica; Extracção do Significado das Palavras.

1 – O que representa a sigla RSU?

_____
_____
_____

Selecciona o processo de compreensão leitora presente nesta tarefa e sublinha-o.
Compreensão Literal; Compreensão Inferencial; Reorganização; Compreensão Crítica; Extracção do Significado das Palavras.

2 – Selecciona a opção correcta.
O que são Resíduos Sólidos Urbanos?

1. Os resíduos da indústria urbana.
2. Todo o lixo urbano.
3. O vidro, o papel, o plástico e o metal.
4. Todos os resíduos recicláveis.

Se tiveres dúvidas acerca do que são Resíduos Sólidos Urbanos, digita a expressão num motor de pesquisa da *internet* e procura saber o que estes incluem.

Selecciona o processo de compreensão leitora presente nesta tarefa e sublinha-o.
Compreensão Literal; Compreensão Inferencial; Reorganização; Compreensão Crítica; Extracção do Significado das Palavras.

3 – Quais são as metas que Portugal deve atingir em 2011 na reciclagem de Resíduos Sólidos Urbanos?

_____
_____
_____

Selecciona o processo de compreensão leitora presente nesta tarefa e sublinha-o.
Compreensão Literal; Compreensão Inferencial; Reorganização; Compreensão Crítica; Extracção do Significado das Palavras.

4 – Quem é Rui Berkmeier?

_____

Selecciona o processo de compreensão leitora presente nesta tarefa e sublinha-o.
Compreensão Literal; Compreensão Inferencial; Reorganização; Compreensão Crítica; Extracção do Significado das Palavras.

5 – Rui Berkmeier afirma que *"a realidade foi ajustada para se adequar à meta"*.
O que quer dizer com esta afirmação? Selecciona a resposta correcta.

1. As pessoas diminuíram o consumo de plástico.
2. Foram recicladas mais toneladas de plástico.
3. As metas a atingir foram aumentadas.
4. Como não se conseguiram alcançar as metas previstas, optou-se por omitir as estimativas.

Selecciona o processo de compreensão leitora presente nesta tarefa e sublinha-o.

Compreensão Literal; Compreensão Inferencial; Reorganização; Compreensão Crítica; Extracção do Significado das Palavras.

6 – Selecciona a opção correcta.
A afirmação de Berkmeier é:

1. Um facto.
2. Uma opinião.

Selecciona o processo de compreensão leitora presente nesta tarefa e sublinha-o.

Compreensão Literal; Compreensão Inferencial; Reorganização; Compreensão Crítica; Extracção do Significado das Palavras.

7 – Classifica como verdadeiras (V) ou falsas (F) as seguintes afirmações:

Afirmações	V	F
1. Verificou-se um atraso de 4 anos em alcançar os objectivos de recolha de pilhas.		
2. O atraso na recolha das pilhas até 2002 vai impedir que a meta definida para 2011 seja alcançada.		
3. Não se sabe qual a quantidade de pilhas que existem à venda.		

Selecciona o processo de compreensão leitora presente nesta tarefa e sublinha-o.

Compreensão Literal; Compreensão Inferencial; Reorganização; Compreensão Crítica; Extracção do Significado das Palavras.

8 – Em 2008 quais foram os resíduos em que se recolheram mais toneladas?
Ordena de 1 (MAIOR quantidade) a 4 (MENOR quantidade).

- [ ] Vidro
- [ ] Plástico
- [ ] Papel
- [ ] Pilhas

Selecciona o processo de compreensão leitora presente nesta tarefa e sublinha-o.

Compreensão Literal; Compreensão Inferencial; Reorganização; Compreensão Crítica; Extracção do Significado das Palavras.

9 – *"Ao contrário de outras classes de resíduos, não há uma entidade para registar as pilhas à venda no mercado, o que dificulta a avaliação do sucesso da rede".*
Neste parágrafo o que significa "a avaliação do sucesso da rede"?

_____

_____

_____

HORTAS À PORTA - HORTAS BIOLÓGICAS DA REGIÃO DO PORTO

Regulamento Geral

Considerando a necessidade de promover a qualidade de vida das populações, o contacto com a Natureza, a redução da produção de resíduos, em especial da matéria orgânica, a promoção de hábitos saudáveis e as boas práticas agrícolas, é criado o projecto Horta à Porta – hortas biológicas da região do Porto, que se organiza na base do seguinte regulamento.

1 - Objectivo

Este projecto tem como objectivo articular a disponibilidade de várias entidades (Câmaras Municipais, Lipor, ONGs, Instituições de Ensino, Associações de diversa índole, etc.) de modo a viabilizar uma estratégia comum para a promoção da Compostagem Caseira, da criação de Hortas e da promoção da Agricultura Biológica na Região do Grande Porto.

2 - Definições

No âmbito deste projecto, entende-se por:

Horta Biológica – espaço cultivado sem a utilização de produtos químicos de síntese, em meio de produção biológica e promovendo os ecossistemas naturais.

Utilizador – pessoa que cultiva e mantém um talhão cultivável que lhe foi atribuído, seguindo os princípios da Agricultura Biológica, durante o prazo estabelecido.

Gestor – pessoa ou entidade responsável pelo espaço onde se encontra a horta dividida em talhões, promovendo nomeadamente a selecção dos utilizadores e a gestão do espaço.

Formador – pessoa licenciada em Ambiente, Agricultura ou área relacionada, com experiência na área da formação.

3 - Participantes

Pode candidatar-se a utilizador qualquer cidadão que pretenda ter uma horta biológica para produção de bens para consumo próprio.

4 - Direitos dos utilizadores

a) utilizar a título gratuito ou a custo moderado, um talhão de aproximadamente $25m^2$ de terreno cultivável, inserido num espaço vedado e com ponto de água de utilização comum disponível;

b) aceder a um local colectivo de armazenamento de pequenas alfaias agrícolas;

c) aceder ao compostor comum, do qual podem utilizar o produto final;

d) frequentar, gratuitamente ou a custo moderado, uma acção de formação em Agricultura Biológica.

5 - Deveres dos utilizadores

Os utilizadores devem:

a) frequentar, com aproveitamento, uma acção de formação em Agricultura Biológica com um mínimo de 18 horas;

b) utilizar e zelar pela boa conservação e manutenção do compostor comum - cobrindo sempre os materiais verdes com materiais castanhos;

c) utilizar apenas meios de cultivo biológico;

d) promover a diversidade de cultivos;

e) certificar-se de que as suas culturas não invadem os caminhos nem os talhões vizinhos;

f) fechar sempre os abrigos de ferramentas;

g) cumprir os horários de utilização estabelecidos em cada local;

h) utilizar os produtos da horta para consumo próprio, não podendo os mesmos ser comercializados;

i) divulgar e disseminar as práticas de compostagem caseira, agricultura biológica e do consumo sustentável;

j) garantir o asseio, segurança e bom uso do espaço da horta - cumprindo as regras de limpeza e imagem do local;

k) avisar os responsáveis pelo Projecto de qualquer irregularidade que contrarie os direitos e deveres dos utilizadores;

l) liquidar, se for caso disso, os encargos inerentes à utilização dos espaços.

Os utilizadores não devem:

a) deixar a água ligada;

b) efectuar qualquer tipo de construções nos talhões nem no espaço envolvente;

c) levar animais domésticos para o local;

d) deixar lixo no local;

e) jogar à bola ou andar de bicicleta no local.

6 - Selecção

O gestor de cada local procederá à selecção dos candidatos para utilização dos talhões disponíveis, utilizando os princípios da audição dos interessados e da máxima transparência de procedimentos, seguindo, genericamente, os seguintes critérios:

a) ordem de chegada da inscrição;

b) residência mais próxima do local.

7 - Duração, renovação e rescisão dos contratos de utilização dos talhões

a) o acordo celebrado ao abrigo do presente regulamento será válido por um período de 1 ano a contar da data de assinatura e é passível de renovação por períodos de um ano, a pedido do utilizador;

b) o gestor do espaço pode, em qualquer altura, fundamentadamente, anular a inscrição do utilizador caso considere que não estão a ser cumpridos os deveres previstos;

c) o utilizador pode rescindir o acordo e deixar de utilizar o espaço cedido, devendo informar o gestor do espaço com a antecedência de 30 dias úteis, não podendo reclamar qualquer indemnização por eventuais benfeitorias realizadas no local.

8 - Aceitação

A participação dos utilizadores do projecto Horta à Porta implica a aceitação das normas do presente Regulamento e a assinatura de um Acordo de Utilização, bem como a renúncia a qualquer tipo de indemnização por quaisquer benfeitorias eventualmente introduzidas no talhão conseguido.

9 - Lacunas

As lacunas do presente regulamento serão solucionadas, caso a caso, pelo Conselho de Administração da Lipor.

Baguim do Monte, 28 de Julho de 2007.

Retirado do sítio http://www.hortadaformiga.com, em 26 de Março de 2010.

Processo de compreensão leitora: Metacompreensão

1 – A Ana leu o título do texto – "*Hortas à Porta* – *hortas biológicas da região do Porto*" – e disse: "Este folheto é dirigido à população do Porto".
1.1 – Concordas com a inferência da Ana? Responde e justifica a tua resposta.

Na pergunta pedem-te que penses como outra pessoa! É necessário que te coloques no papel da Ana, ou na sua cabeça, e tentes descobrir o seu raciocínio. Isto significa que deves pensar acerca do pensamento da Ana! Estranho? Não! Diferente!

_____
_____
_____

Selecciona o processo de compreensão leitora presente nesta tarefa e sublinha-o.
Compreensão Literal; Compreensão Inferencial; Reorganização; Compreensão Crítica; Extracção do Significado das Palavras.

2 – Transcreve todas as frases/expressões que traduzam os objectivos do projecto "Hortas à Porta".

Atenção!
Tens de ser cuidadoso. Repara que na pergunta é pedido que transcrevas "**todas**" as frases e expressões e não "**algumas**". Não te esqueças também do que deverás fazer para teres a certeza de que as seleccionas todas.

_____
_____
_____

Selecciona o processo de compreensão leitora presente nesta tarefa, preenchendo a respectiva quadrícula.

3 – Classifica como verdadeiras (V) ou falsas (F) as seguintes afirmações:

CL	CI	R	CC	ES	Afirmações	V	F
☐	☐	☐	☐	☐	1. Além do espaço, o projecto fornece as alfaias agrícolas.		
☐	☐	☐	☐	☐	2. Um engenheiro agrícola tanto pode ser gestor como formador no projecto.		
☐	☐	☐	☐	☐	3. As acções de formação em agricultura biológica são sempre gratuitas.		
☐	☐	☐	☐	☐	4. Se alguém tiver a sua residência muito próxima da horta terá, de certeza, um talhão atribuído.		
☐	☐	☐	☐	☐	5. O acesso às hortas e aos espaços comuns tem um horário pré-estabelecido.		
☐	☐	☐	☐	☐	6. O utilizador só deixará de utilizar o talhão que lhe tenha sido cedido quando o solicitar.		

Como podes ter a certeza de que respondeste correctamente? Confirma as tuas respostas sublinhando no texto, a lápis, as frases ou expressões que podem justificar as tuas opções. Revê as tuas respostas. Assim que acabares apaga o que sublinhaste.

Selecciona o processo de compreensão leitora presente nesta tarefa e sublinha-o.

Compreensão Literal; Compreensão Inferencial; Reorganização; Compreensão Crítica; Extracção do Significado das Palavras.

4 – O Sr. José quer candidatar-se a uma destas hortas para poder ter couves frescas à venda na sua mercearia.
Pode candidatar-se a este programa?
Responde e justifica a tua resposta.

_____
_____
_____

Selecciona o processo de compreensão leitora presente nesta tarefa e sublinha-o.

Compreensão Literal; Compreensão Inferencial; Reorganização; Compreensão Crítica; Extracção do Significado das Palavras.

5 – Selecciona a opção correcta.
O texto tem por título "Hortas à Porta". Eventualmente o sentido do título foi dado para exprimir:

1. hortas dentro de cidades.
2. hortas sem portas a dividir os espaços de cada um.
3. hortas de agricultura biológica.
4. hortas perto das casas dos utilizadores.

Selecciona o processo de compreensão leitora presente nesta tarefa e sublinha-o.

Compreensão Literal; Compreensão Inferencial; Reorganização; Compreensão Crítica; Extracção do Significado das Palavras.

6 – Será que um utilizador pode cultivar um talhão que lhe tenha sido atribuído, ao longo de 5 anos?
Selecciona a resposta correcta.

1. Sim, desde que peça a devida renovação.
2. Não, pois o Acordo de Utilização só é válido por um ano.
3. Sim, e será indemnizado pelas benfeitorias realizadas ao longo dos 5 anos.
4. Não, pois pode haver residentes mais próximos que necessitem daquele talhão.

Selecciona o processo de compreensão leitora presente nesta tarefa e sublinha-o.

Compreensão Literal; Compreensão Inferencial; Reorganização; Compreensão Crítica; Extracção do Significado das Palavras.

7 – Descobre as razões pelas quais os utilizadores das hortas não devem ter determinados comportamentos e preenche a tabela.

Os utilizadores não devem…	Motivo
1. Deixar a água ligada	
2. Efectuar qualquer tipo de construções	
3. Levar animais domésticos para o local	
4. Deixar lixo no local	
5. Jogar à bola ou andar de bicicleta no local	

Selecciona o processo de compreensão leitora presente nesta tarefa e sublinha-o.

Compreensão Literal; Compreensão Inferencial; Reorganização; Compreensão Crítica; Extracção do Significado das Palavras.

8 – Selecciona a alternativa adequada.

Ao obrigar os utilizadores a frequentarem com aproveitamento uma acção de formação, os responsáveis do projecto…

1. querem assegurar-se de que os utilizadores adquirem os conhecimentos suficientes para fazer agricultura biológica.

2. pretendem ganhar dinheiro com a inscrição.

3. pretendem verificar se os utilizadores estão mesmo interessados em cultivar a terra.

4. querem que os utilizadores conheçam os seus direitos e deveres.

9 – **Na alínea 9 do regulamento pode ler-se:** *"As lacunas do presente regulamento serão solucionadas, caso a caso, pelo Conselho de Administração da Lipor".*

Faz uma pergunta sobre o que é dito nesta alínea. Identifica a personagem da *Família Compreensão* **que poderá ajudar a encontrar a resposta certa. Podes usar qualquer um dos tipos de pergunta.**

Pergunta : _____

Personagem da *Família Compreensão:* _____

Resposta: _____
_____

Abre o teu livro na página 181. Responde à Prova de Aferição de Língua Portuguesa de 2005.

CÃO COMO NÓS

Não era um cão como os outros. Já o meu pai o dizia, quando caçávamos as codornizes nos campos de Águeda.

- Este cão é um grande sacana, caça um bocado e depois põe-se a fazer a parte, olha para ele, está-se nas tintas para as codornizes e para nós.

Era uma das suas características, fazer ouvidos moucos, aparentar indiferença, fosse por espírito de independência fosse porque gostava de armar à originalidade. Mais tarde um dos meus filhos diria que o cão tinha apanhado os tiques de certas pessoas da família, numa alusão indirecta ao avô e a mim, esquecendo-se de que era a ele próprio a quem o cão mais imitava.

Mas era, também, um cão capaz do inesperado, como, de repente, levantar uma narceja.

Então o pai comovia-se:

- Este filho da mãe podia ser um bom cão, é pena não estar para isso.

Mas não estava, essa era a questão. Ele nunca estava para aquilo que se dele pretendia. Desobedecer era a sua divisa, a gente a chamar e ele a fazer de conta. Desde que chegou, ainda cachorro.

- De se comer, dizia Mafalda, minha mulher, embevecida.

Mas à noite, logo que se fechou a porta da cozinha, começou o fadário, palavra que minha mulher repetiria durante muitos anos. O fadário tanto podia ser ele raspar a porta até ficar com as unhas em sangue, como uivar até que alguém aparecesse. Mesmo que fosse para lhe dar umas sapatadas. Parece que gostava, pelo menos preferia isso a estar fechado e sozinho. Queria que lhe prestassem atenção, ser o centro, ainda que para tal, mesmo já depois de muito ensinado, tivesse que mijar o chão da cozinha, ou em ocasiões de especial susceptibilidade, o tapete da sala.

Então, a minha mulher dizia como quem carrega uma cruz: Isto é um fadário.

E ele abanava o rabo, todo contente. Tinha conseguido o que queria: a atenção da dona, a quem acho que considerava mãe. Por isso lhe queria tanto e a atormentava tanto até mais não. Mas não só a ela. A todos nós. Era talvez um excesso de paixão misturado com altivez e alguma perversidade.

- Vem cá.

É o vens.

-Vai-te embora.

E ele vinha.

- Fica.

E ele virava as costas.

- Em pé.

E ele deitava-se.

Talvez fosse a raça, *épagneul-breton*, L.O.P., manchas castanhas e uma espécie de estrela branca no meio da cabeça, por sinal muito bonita.

- Puro demais, dizia o meu pai. Este cão tem a mania que é fino.

Fino e fidalgo. Lemos livros e revistas sobre a raça, todos sublinhavam o carácter afectivo destes cães que só são felizes quando estão ao pé do dono.

Esqueciam o resto, a rebiteza, a dificuldade em obedecer, a irrequietude, o exibicionismo. Ou então era este que era diferente. O sonho dele era dormir no mesmo quarto, senão na mesma cama de um de nós. E ter alguém, especialmente a dona, a tratar dele. Queria estar sempre junto de um de nós, principalmente daquele que o não quisesse ao pé de si. E não podia ver uma porta fechada. Começava logo a raspar.

- Este cão tem um problema, disse por fim o meu pai, está convencido de que não é cão.

Manuel Alegre, *in* "Cão como nós", pp. 11-14.
Lisboa: Publicações Dom Quixote, 2002.

Selecciona o processo de compreensão leitora presente nesta tarefa e sublinha-o.

Compreensão Literal; Compreensão Inferencial; Reorganização; Compreensão Crítica; Extracção do Significado das Palavras.

1 – O que é uma narceja?

_____

_____

_____

Selecciona o processo de compreensão leitora presente nesta tarefa e sublinha-o.

Compreensão Literal; Compreensão Inferencial; Reorganização; Compreensão Crítica; Extracção do Significado das Palavras.

2 – Ao longo do texto são várias as expressões que nos referem que este cão era diferente dos outros cães.
Procura-as e transcreve-as.

_____

_____

_____

Selecciona o processo de compreensão leitora presente nesta tarefa e sublinha-o.

Compreensão Literal; Compreensão Inferencial; Reorganização; Compreensão Crítica; Extracção do Significado das Palavras.

3 – Classifica as seguintes afirmações como verdadeiras (V) ou falsas (F).
"Desobedecer era a sua divisa", significa que:

	V	F
1. Desobedecer era o seu lema.		
2. Desobedecer era algo que ocorria ocasionalmente.		
3. Desobedecer era algo que acontecia frequentemente.		

Selecciona o processo de compreensão leitora presente nesta tarefa e sublinha-o.

Compreensão Literal; Compreensão Inferencial; Reorganização; Compreensão Crítica; Extracção do Significado das Palavras.

4 – _"Mais tarde um dos meus filhos diria que o cão tinha apanhado os tiques de certas pessoas da família, numa alusão indirecta ao avô e a mim, esquecendo-se de que era a ele próprio a quem o cão mais imitava"._
Que tiques seriam estes?

_____

_____

_____

Selecciona o processo de compreensão leitora presente nesta tarefa e sublinha-o.

Compreensão Literal; Compreensão Inferencial; Reorganização; Compreensão Crítica; Extracção do Significado das Palavras.

5 – O que podemos concluir acerca do filho do autor?

_____

_____

_____

Selecciona o processo de compreensão leitora presente nesta tarefa e sublinha-o.

Compreensão Literal; Compreensão Inferencial; Reorganização; Compreensão Crítica; Extracção do Significado das Palavras.

6 – Completa a tabela com as semelhanças e diferenças entre o cão referido no texto e os demais cães.

Semelhanças	Diferenças

Selecciona o processo de compreensão leitora presente nesta tarefa e sublinha-o.

Compreensão Literal; Compreensão Inferencial; Reorganização; Compreensão Crítica; Extracção do Significado das Palavras.

7 – Selecciona a opção correcta.
A atribuição da característica "rebiteza" ao cão quererá dizer que...

1. o cão era calmo.

2. o cão não parava quieto.

3. o cão era dorminhoco.

4. o cão era agressivo.

8 – "- Vem cá. / É o vens. / - Vai-te embora. / E ele vinha.
- Fica. / E ele virava as costas. / - Em pé. / E ele deitava-se."

Selecciona o processo de compreensão leitora presente nesta tarefa e sublinha-o.

Compreensão Literal; Compreensão Inferencial; Reorganização; Compreensão Crítica; Extracção do Significado das Palavras.

8.1 – Selecciona a alternativa correcta.
A partir da leitura deste excerto conclui-se que o cão era...

1. inteligente.

2. obediente.

3. desobediente.

4. dócil.

Selecciona o processo de compreensão leitora presente nesta tarefa e sublinha-o.

Compreensão Literal; Compreensão Inferencial; Reorganização; Compreensão Crítica; Extracção do Significado das Palavras.

9 – "...começou o fadário, palavra que a minha mulher repetiria durante muitos anos".
Por que motivo terá a mulher repetido a palavra fadário durante muitos anos?

Selecciona o processo de compreensão leitora presente nesta tarefa e sublinha-o.

Compreensão Literal; Compreensão Inferencial; Reorganização; Compreensão Crítica; Extracção do Significado das Palavras.

10 – Assinala verdadeiro (V) ou falso (F) para completares a frase.
O cão gostava muito…

	V	F
1. da Mafalda.		
2. de companhia.		
3. de liberdade.		
4. de caçar codornizes.		

Selecciona o processo de compreensão leitora presente nesta tarefa e sublinha-o.

Compreensão Literal; Compreensão Inferencial; Reorganização; Compreensão Crítica; Extracção do Significado das Palavras.

11 – Nas afirmações que encontras abaixo assinala (circundando os números que as identificam) as referentes às que exprimem os motivos que terão levado o pai a dizer *"este cão tem um problema… está convencido de que não é cão"*:

Atenção! Mais uma vez se pede que assinales **AS** afirmações e não **A** afirmação. Lembra-te das estratégias que aprendeste para dar resposta a este género de instruções.

1. O cão parecia ter uma personalidade própria pois tanto aparentava indiferença, como fazia de tudo para chamar a atenção.
2. O cão achava que era uma ave.
3. O cão não gostava de estar sozinho, tal como uma grande parte das pessoas.
4. O cão era constantemente desobediente mas também era capaz de coisas inesperadas, ao contrário da maioria dos cães.
5. O cão imitava as pessoas a comer e dormia nas camas dos donos.
6. O cão parecia adoptar trejeitos e comportamentos dos membros da família que o acolheu.
7. O cão tinha um carácter afectivo, tal como os donos.
8. O cão parecia nutrir um afecto especial pela família mas a sua altivez não lhe permitia obedecer às ordens.

Selecciona o processo de compreensão leitora presente nesta tarefa e sublinha-o.

Compreensão Literal; Compreensão Inferencial; Reorganização; Compreensão Crítica; Extracção do Significado das Palavras.

12 – Apresenta, em resumo, as principais características do cão.

Para teres a certeza de que incluis as características principais podes usar a seguinte **estratégia**: a) faz um quadro com duas colunas numa folha de rascunho; b) na primeira coluna regista as características físicas e na segunda as características psicológicas; c) relê o texto e transcreve as palavras ou expressões que contribuem para a caracterização do cão.

Presta atenção, às vezes essas características estão escondidas e tens de as descobrir. Por exemplo, o autor escreveu *"De se comer, dizia Mafalda, minha mulher, embevecida"*; a expressão *"de se comer"* indica que provavelmente era muito bonito, muito *"fofinho"*.

SABES O QUE É UM TUFÃO?

– Um tufão é uma tempestade violentíssima com ventos loucos que sopram em remoinho e formam uma espécie de tubo gigante que vai girando, girando, e arrasta tudo à passagem...

Orlando explicava-se com uma alegria e um entusiasmo nada próprios daquele assunto.

– Conseguem imaginar o efeito de um tufão em cima do mar? É um espectáculo! O tubo de ventos suga a água, engrossa, escurece, transforma-se numa tromba ameaçadora que se contorce, avança a grande velocidade e provoca as ondas mais terríveis!

Em vez de se impressionar com a descrição, entusiasmou-se ainda mais, desatou a abrir gavetas e a remexer em papéis.

– Não encontro, não encontro...

– Não encontra o quê?

– Uma revista científica que mostra bem estas coisas. Ah, está aqui. Olhem!

A capa apresentava uma fotografia impressionante de casas destruídas, carros e barcos desfeitos, árvores enormes arrancadas pela raiz.

– Este tufão formou-se no mar, varreu uma ilha e deixou a cidade neste estado. Foi tremendo, sabem como se chamava?

– Quem? - perguntaram Ana e João em coro.

– O tufão.

– Tinha nome?

– Têm todos, mas só desde que começaram a ser estudados por cientistas. Este é o Betsy. Ao princípio recebiam sempre nomes de mulher.

– Porquê?

– Porque as mulheres são mais explosivas do que os homens - declarou com um sorriso malandro. - Quando se zangam mesmo a sério, gritam, berram, atiram com as portas, arrasam tudo e todos à passagem.

Ana ia reclamar, mas ele atalhou:

– Espera aí que ainda não acabei. Uma mulher contentíssima também arrasta os outros no bom sentido. Transborda de energia, enche a casa de risos e de animação. Para vos falar com franqueza, tenho de confessar que adoro mulheres desse género, tipo ciclone!

Sublinhou o gracejo com uma das suas inconfundíveis gargalhadas roucas e acrescentou:

– Ora digam lá, quando uma rapariga perde a cabeça a pontos de deitar faíscas pelos olhos, não parece uma força da Natureza em plena actividade?

João apressou-se a concordar e a irmã também aderiu à brincadeira, ambos radiantes por estarem ali no laboratório super sofisticado do amigo que não viam há tanto tempo.

– Estávamos com saudades suas, Orlando.

– Também eu, também eu! Mas tenho andado ocupadíssimo com novas investigações.

– E há novidades?

Ele hesitou apenas um instante antes de revelar o grande segredo:

– Eu e vários companheiros da AIVET[1] construímos um aparelho fantástico que ainda por cima cabe num bolso. Pode ser usado em qualquer parte sem ninguém dar por isso.

Enfiou dois dedos na algibeira das calças e retirou lá de dentro aquilo que parecia apenas um relógio de ouro com feitio antiquado.

– Gostam?

---

[1] AIVET: Associação Internacional de Viagens no Espaço e no Tempo.

Acenaram que sim e perguntaram para que servia.

- E um «regulador de tempo» - confidenciou Orlando com orgulho. - Estes ponteiros de ouro, em vez de medirem a passagem das horas e dos minutos como num relógio vulgar, ajustam o ritmo aos nossos desejos.

- Como?

- Nunca vos aconteceu estarem num sítio desagradável ou com pessoas maçadoras e pensarem assim: «Tomara que o tempo passe depressa»?

- Já, claro.

- Pois isto dá solução ao caso. Basta mexer nos ponteiros e as horas esticam ou encolhem à medida da nossa vontade. Os momentos bons podem prolongar-se e os maus esgotam-se em poucos segundos.

- Que maravilha!

- Dizem bem. Para conseguirmos fabricar um objecto assim tivemos que puxar pela cabeça e trabalhar muito. Mas ficámos satisfeitíssimos com o resultado. E decidimos que tínhamos direito a férias. Vamos para a China.

- Todos juntos?

- Sim.

- Então aposto que se põem com novas invenções e não descansam nada.

- Nós não queremos descansar, queremos é divertir-nos. Combinámos encontro numa ilha deserta dos mares da China para usarmos o nosso regulador de tempo numa experiência giríssima e bastante agitada... Tencionamos conhecer vários tufões por dentro. Se correr bem, prolonga-se a exploração, se correr mal, não há problema nenhum. Aceleramos e acaba tudo num instante.

- Leve-nos! - implorou o João. - Adorava ser transportado às nuvens por um cano de ar quente!

- Claro que levo. Por isso os convidei a aparecerem aqui hoje.

A alegria foi tanta que lhe saltaram ao pescoço.

- Que bom, Orlando!

- E quando é que partimos?

- Vamos de avião? Comprou bilhetes para nós?

Para se soltar do abraço Orlando teve que esbracejar.

- Larguem-me, ah! Que doidos!

Recuou dois passos e sem perder o aspecto risonho interpelou-os:

- Vocês atrevem-se a falar-me em avião? Então não sabem que para mim esse meio de transporte já pertence ao passado? Eu só viajo na minha máquina do tempo!

Apontando a porta metálica que rebrilhava ao fundo do compartimento, prosseguiu num tom de confidência:

- E desta vez até lhes faço a vontade e damos um saltinho ao futuro.

- Ao futuro? Palavra?

- Sim. Preparo tudo para chegarmos à tal ilha daqui a... dez minutos?

- Oh! Orlando! - reclamaram quase amuados. - Isso não se faz!

- Pronto, pronto, não se zanguem. Foi um «truque baixo» de cientista!

Enfiou-lhes o braço carinhosamente e avançaram os três para a máquina, que já vibrava emitindo luzinhas porque fora accionada à distância.

- Em férias não devemos pensar nem no passado nem no futuro. Sabem porquê? Porque é altura de gozar o presente. E se o pudermos fazer num sítio exótico, tanto melhor. Ora instalem-se, vá!

Sentou-se ele também, carregou em vários botões, e a sua cara mudou. Debruçado sobre o painel, assumia de novo aquela expressão séria e atenta de cientista em acção. Num ecrã minúsculo iam surgindo fórmulas matemáticas complicadíssimas, que eram afinal as indicações para o gesto seguinte. Carregando aqui, digitando acolá, desencadeava efeitos luminosos e ruídos breves que a pouco e pouco foram sendo substituídos por um zumbido contínuo.

- Estou à espera de ordem para arrancar. Como o ruído se prolongasse, virou-se para trás.
- Temos que aguardar um instante pelo O.K.

Talvez para os entreter, lembrou-lhes pormenores que já sabiam de outras viagens:

- Quando chegarmos à ilha, deixo a máquina do tempo muito arrumadinha e invisível para evitar problemas.
- Porquê? Não disse que era uma ilha deserta?
- Sim. O que não significa que não possa ser visitada. Nestas coisas há que cumprir as regras.

Uma luz vermelha chamou-lhe a atenção para o computador. Seguiram-se mais umas tantas operações e voltou a soar o zumbido.

- Está quase, está quase... e para vos compensar da espera decidi recuar duas horas. Assim seremos os primeiros a chegar e poderemos dar um passeio. Há uma praia estupenda, o mar é límpido, tenho a certeza de que...
- Orlando!
- Hum?

João apontava o ecrã com um sorriso de orelha a orelha. Já não havia luzes nem zumbidos, apenas duas letras gordas: O.K.

- Aí vamos nós, preparem-se!

Ana Maria Magalhães & Isabel Alçada, *in* "Tufão nos mares da China", pp. 7-13. Lisboa: Caminho, 1997.

Selecciona o processo de compreensão leitora presente nesta tarefa e sublinha-o.

Compreensão Literal; Compreensão Inferencial; Reorganização; Compreensão Crítica; Extracção do Significado das Palavras.

1 – *"Orlando explicava-se com uma alegria e um entusiasmo nada próprios daquele assunto"*.
Porque não eram a alegria e o entusiasmo próprios daquele assunto?

_____
_____
_____

Selecciona o processo de compreensão leitora presente nesta tarefa e sublinha-o.

Compreensão Literal; Compreensão Inferencial; Reorganização; Compreensão Crítica; Extracção do Significado das Palavras.

2 – Quem seria o Orlando?

Para responderes acertadamente a esta pergunta deves ter em conta a informação de todo o texto. Alguns dos dados acerca do Orlando estão escritos directamente e basta procurá-los. No entanto, outros descritores podem ser descobertos através das pistas que existem no texto. Tenta identificar essas pistas para teres mais dados acerca desta personagem.

_____
_____

Processo de compreensão leitora: Metacompreensão

2.1 – Explica como obtiveste a resposta que forneceste à pergunta anterior.

 Vais ter de explicar novamente como chegaste à resposta à pergunta anterior. Pensar como obtiveste uma resposta pode ajudar-te a perceber se ela estará correcta ou não. Podes aplicar esta técnica sempre que estiveres a fazer a revisão das tuas respostas em fichas de trabalho ou em testes.

_____
_____
_____

Selecciona o processo de compreensão leitora presente nesta tarefa e sublinha-o.

Compreensão Literal; Compreensão Inferencial; Reorganização; Compreensão Crítica; Extracção do Significado das Palavras.

3 – "- *Este tufão formou-se no mar, varreu uma ilha e deixou a cidade neste estado*".
Selecciona a opção correcta.
Qual o significado que a palavra "varreu" tem nesta frase?

1. Enxotou.
2. Agarrou na vassoura.
3. Atravessou.
4. Destruiu.

Selecciona o processo de compreensão leitora presente nesta tarefa e sublinha-o.

Compreensão Literal; Compreensão Inferencial; Reorganização; Compreensão Crítica; Extracção do Significado das Palavras.

4 – "- *Porque as mulheres são mais explosivas do que os homens - declarou com um sorriso malandro…*".
Por que razão seria este sorriso "malandro"?

_____
_____
_____

Selecciona o processo de compreensão leitora presente nesta tarefa e sublinha-o.

Compreensão Literal; Compreensão Inferencial; Reorganização; Compreensão Crítica; Extracção do Significado das Palavras.

5 – "*Ana ia reclamar, mas ele atalhou…*".
Selecciona as opções correctas.
Que razões teria a Ana para reclamar?

1. Não concordava com a opinião de Orlando sobre as mulheres.
2. Achava que a justificação de Orlando não estava completa.
3. Achava que Orlando estava a brincar.
4. Achava a justificação de Orlando infundada.
5. Achava que os tufões não deviam ter nomes de mulher.
6. Também existem tufões com nomes de homem.

Selecciona o processo de compreensão leitora presente nesta tarefa e sublinha-o.

Compreensão Literal; Compreensão Inferencial; Reorganização; Compreensão Crítica; Extracção do Significado das Palavras.

6 – Pedro, um aluno do 6.º ano, disse que comparar os tufões às mulheres, considerando-as "explosivas" e "causadoras de destruição" quando se zangavam, era uma atitude preconceituosa. O que o terá levado a proferir esta afirmação?

Claro que se não souberes o que significa "preconceituosa" não conseguirás responder. Nada de "preguicite aguda"... Procura num dicionário ou na *internet* o significado da palavra "preconceito".

Selecciona o processo de compreensão leitora presente nesta tarefa e sublinha-o.

Compreensão Literal; Compreensão Inferencial; Reorganização; Compreensão Crítica; Extracção do Significado das Palavras.

7 – A Ana ficou zangada com os comentários do Orlando sobre as mulheres e os tufões? Justifica a tua resposta com uma transcrição do texto.

Selecciona o processo de compreensão leitora presente nesta tarefa e sublinha-o.

Compreensão Literal; Compreensão Inferencial; Reorganização; Compreensão Crítica; Extracção do Significado das Palavras.

8 – Faz o resumo da parte do texto que está sublinhada.

Selecciona o processo de compreensão leitora presente nesta tarefa e sublinha-o.

Compreensão Literal; Compreensão Inferencial; Reorganização; Compreensão Crítica; Extracção do Significado das Palavras.

9 – *"- Leve-nos! - implorou o João."*

O que quereriam as autoras transmitir ao usarem a palavra "implorou"? Selecciona a alternativa correcta.

1. Que o João suplicava sempre que queria ir a algum sítio.
2. Que o João pediu para ir com Orlando.
3. Que o João tinha mesmo muita vontade de ir com Orlando.
4. Que o João exigiu ir com Orlando.

129

Selecciona o processo de compreensão leitora presente nesta tarefa e sublinha-o.

Compreensão Literal; Compreensão Inferencial; Reorganização; Compreensão Crítica; Extracção do Significado das Palavras.

10 – *"- Oh! Orlando! – reclamaram quase amuados. – Isso não se faz!".*

Por que razão terão reclamado a Ana e o João?

_____

_____

_____

Selecciona o processo de compreensão leitora presente nesta tarefa e sublinha-o.

Compreensão Literal; Compreensão Inferencial; Reorganização; Compreensão Crítica; Extracção do Significado das Palavras.

11 – Como se terão sentido a Ana e o João quando apareceu O.K. no ecrã da máquina do tempo?

1. Com medo.
2. Ansiosos por partir.
3. Preocupados.
4. Desconfiados.

A FITA VERMELHA

Eu tinha começado a ensinar. Era muito nova então. Quase tão nova como as meninas que eu ensinava. E tive um grande desgosto. Se recordar tudo quanto tenho vivido (já há mais de vinte anos que ensino), sei que foi o maior desgosto da minha vida de professora. Vida que muitas alegrias me tem dado. Mais alegrias que tristezas.

Se vos conto este desgosto tão grande, não é para vos entristecer. Mas para vos ajudar a compreender, como só então eu pude compreender, o valor da vida. O amor da vida. O valor de um gesto de amor. O seu "preço", que dinheiro algum consegue comprar.

Eu ensinava numa escola velha, escura. Cheia do barulho da rua, dos "eléctricos" que passavam pelas calhas metálicas. Dos carros que continuamente subiam e desciam a calçada. Até das carroças com os seus pacientes cavalos.

A escola era muito triste. Feia. Mas eu entrava nela, ou digo antes, em cada aula, e todo o sol estava lá dentro. Porque via aqueles rostos, trinta meninas, olhando para mim, esperando que as ensinasse.

O quê? Português, francês. Hoje sei, acima de tudo, o amor da vida.

Com toda a minha inexperiência. Com todos os meus erros. Porque um professor tem de aprender todos os dias. Tanto, quase tanto ou até muito mais que os alunos.

Mas, desde o primeiro dia, compreendi que teria nas alunas a maior ajuda. O sol, a claridade que faltava àquela escola de paredes tristes. A música estranha e bela que ia contrastar com os ruídos dos "eléctricos", dos automóveis da calçada onde ficava a escola. Até com o bater das patas dos cavalos que passavam de vez em quando.

Porque, mais que português e francês, havia uma bela matéria a ensinar e aprender. Foi nessa altura que comecei mesmo a aprender essa tal *matéria* ou disciplina – ou antes, a ter a consciência de que a aprendia.

Eu convivia com jovens (seis turmas de trinta alunas são perto de duzentas) que no princípio de Outubro me eram desconhecidas. Cada uma delas representava a folha de um longo livro que no princípio de Outubro me era desconhecido. Todas eram folhas de um longo livro por mim começado a conhecer. Não há ser humano que seja desconhecido de outro ser humano. Só é preciso a *leitura*.

Eu tinha agora ali perto de duzentas amigas. Todas aquelas meninas confiando em mim, esperando que as ensinasse; sorrindo, quando eu entrava, assim me ensinavam quanto lhes devia.

Mas um dia. Eu conto como aconteceu o pior. E conto-o hoje, a vós, jovens, que me podem julgar. Julgar-me sabendo este meu erro. E evitarem, assim, um erro semelhante para vós mesmos.

Já era quase Primavera. Na rua não havia árvores nem flores. Só os mesmos carros com o seu peso e a violência da sua velocidade. Gritos de vez em quando. Uma primavera só no ar adivinhada.

Numa turma uma aluna faltava há dias. Era a Aurora.

Morena, de grandes olhos cheios de doçura. Talvez triste.

A Aurora estava doente. Num hospital da cidade, numa enfermaria. Num imenso hospital.

Olhei o retratinho dela na caderneta.

Retratinho de "passe", num sorriso de nevoeiro de uma modesta fotografia. Tão cheia de doçura a Aurora! Doente, do hospital tinha-me mandado saudades.

- Vou vê-la no próximo domingo – anunciei às companheiras.

E tencionava ir vê-la mesmo no *próximo domingo*.

Mas o *próximo domingo* foi cheio de sol. Sol do próprio astro, quente, luminoso. Igual e diferente, ao mesmo tempo, do sol-sorriso das meninas.

E eu, a professora, ainda jovem, que gostava do sol, fui passear. Ver mar? Campos verdes? Flores?

Já nem me lembro. E da Aurora *me lembraria* se a tivesse ido visitar.

Começava a Primavera.

Adiei a visita naquele *próximo domingo*, para outro dia, para outro *próximo domingo*.

Hoje sei que o amor dos outros se não adia.

Aurora esperou-me toda a tarde de domingo, na sua cama branca, de ferro.

Tinha posto uma fita vermelha a segurar os cabelos escuros. Esperava-me, esperava a minha visita, cuja promessa as companheiras lhe haviam transmitido.

Veio a família: mãe, pai, irmãos, amigos, as colegas.

– Estou à espera da professora…

No dia seguinte a doença foi mais poderosa que a sua juventude, a sua doçura, a sua esperança.

A cabeça escura, sem a fita vermelha, adormeceu-lhe profundamente na almofada, talvez incómoda, do hospital.

Sabemos todos já, amigos, que há vida e morte. Também isso temos de aprender.

Não fiquem tristes por isso. Vejam como as flores nascem quase transparentes da terra, como as podemos olhar à luz do Sol, e morrem, para de novo nascerem.

Lembrem-se como de um ovo de pássaro podem sair asas que voem tão alto em dias de Primavera. E morrem, também, e todas as Primaveras nascem de novo. E, sobretudo, lembrem-se do coração de cada um de nós, desta força imensa.

E não adiem os vossos gestos. Procurar alguém que sofra, que precise de nós, nem sequer é um gesto generoso, deve ser um gesto natural que se *não adia*.

Às vezes até precisamos uns dos outros para dizermos que estamos felizes, contentes. Só para isso. Mesmo felizes precisamos dos outros.

Aurora ensinou-me para sempre esta verdade.

As lágrimas que por ela chorei já não lhe deram aquela visita do *próximo domingo*.

Nem a mim a alegria de a encontrar sorrindo, cheia de doçura, com uma fita vermelha a prender os cabelos escuros. Vermelha de sangue, como a vida. O Sol. Flores vermelhas.

Aurora era o seu nome. E a sua vida uma manhã apenas que, na minha distracção ou egoísmo, não tive tempo de olhar. Uma manhã com uma fita vermelha. Que lágrima nenhuma pode reflectir.

Matilde Rosa Araújo, *in* "O sol e o menino dos pés frios", 2ª edição, pp. 31- 35.

Lisboa: Edições Ática, 1972.

© Matilde Rosa Araújo/SPA 2010

Selecciona o processo de compreensão leitora presente nesta tarefa e sublinha-o.

Compreensão Literal; Compreensão Inferencial; Reorganização; Compreensão Crítica; Extracção do Significado das Palavras.

1 – A história que nos é contada passou-se numa escola localizada numa cidade. Transcreve do texto duas frases que justifiquem a afirmação anterior.

_____

_____

_____

Selecciona o processo de compreensão leitora presente nesta tarefa e sublinha-o.

Compreensão Literal; Compreensão Inferencial; Reorganização; Compreensão Crítica; Extracção do Significado das Palavras.

2 – Em dois parágrafos do texto, a autora refere-se ao ruído das carroças e dos cavalos. Uma vez que a escola está localizada numa cidade, o que podemos concluir sobre a época em que ocorreu a história?

_____

_____

Selecciona o processo de compreensão leitora presente nesta tarefa e sublinha-o.

Compreensão Literal; Compreensão Inferencial; Reorganização; Compreensão Crítica; Extracção do Significado das Palavras.

3 – *"A escola era muito triste. Feia. Mas eu entrava nela, ou digo antes, em cada aula, e todo o sol estava lá dentro. Porque via aqueles rostos, trinta meninas, olhando para mim, esperando que as ensinasse."*
O que significa a expressão "… e todo o sol estava lá dentro"?
Selecciona a alternativa correcta.

1. As alunas eram alegres como o sol.
2. Na sala havia muitas janelas.
3. As alunas davam beleza e alegria à sala de aula.
4. Os rostos das alunas eram redondos como o sol.

Selecciona o processo de compreensão leitora presente nesta tarefa e sublinha-o.

Compreensão Literal; Compreensão Inferencial; Reorganização; Compreensão Crítica; Extracção do Significado das Palavras.

4 – No 9.º parágrafo Matilde Rosa Araújo, a autora deste texto, escreve: *"Cada uma delas representava a folha de um longo livro que no princípio de Outubro me era desconhecido"* **e, mais à frente…** *"Só é precisa a leitura".*
A autora compara as alunas a folhas de livros. O que nos quer dizer quando afirma que *"só é precisa a leitura"?*

_____

_____

_____

Selecciona o processo de compreensão leitora presente nesta tarefa e sublinha-o.

Compreensão Literal; Compreensão Inferencial; Reorganização; Compreensão Crítica; Extracção do Significado das Palavras.

5 – Classifica cada uma das afirmações abaixo como verdadeira (V) ou falsa (F).
Justifica as tuas opções.

Afirmações	V	F	Justificação
1. A professora acha que cometeu um erro.			
2. A professora tinha dito que iria visitar Aurora, mas não disse quando.			
3. A professora não foi ver a Aurora porque teve outras coisas importantes para fazer.			
4. Quando viu a professora, Aurora ficou muito feliz.			

Selecciona o processo de compreensão leitora presente nesta tarefa e sublinha-o.

Compreensão Literal; Compreensão Inferencial; Reorganização; Compreensão Crítica; Extracção do Significado das Palavras.

6 – *"Hoje sei que o amor dos outros não se adia".*

Selecciona a opção correcta. Com esta afirmação a autora quer dizer que:

1. quando gostamos muito de outras pessoas vamos sempre visitá-las.
2. não devemos adiar as nossas obrigações.
3. devemos cumprir as promessas que fazemos.
4. os afectos devem ser prioritários.

Selecciona o processo de compreensão leitora presente nesta tarefa e sublinha-o.

Compreensão Literal; Compreensão Inferencial; Reorganização; Compreensão Crítica; Extracção do Significado das Palavras.

7 – Relê o último parágrafo.

Por que razão terá a autora escolhido dizer *"…e a sua vida uma manhã"*?

Selecciona o processo de compreensão leitora presente nesta tarefa e sublinha-o.

Compreensão Literal; Compreensão Inferencial; Reorganização; Compreensão Crítica; Extracção do Significado das Palavras.

8 – Explica por que razão terá a Aurora colocado uma fita vermelha no cabelo.

Selecciona o processo de compreensão leitora presente nesta tarefa e sublinha-o.

Compreensão Literal; Compreensão Inferencial; Reorganização; Compreensão Crítica; Extracção do Significado das Palavras.

9 – Sublinha, no texto, as frases que indicam que a Aurora terá morrido.

Selecciona o processo de compreensão leitora presente nesta tarefa e sublinha-o.

Compreensão Literal; Compreensão Inferencial; Reorganização; Compreensão Crítica; Extracção do Significado das Palavras.

10 – Porque chorou a professora?

Selecciona a alternativa que consideres corresponder aos sentimentos da professora.

1. Tristeza por ter menos uma aluna na turma.
2. Alegria por Aurora se ter preocupado em pôr-se bonita para receber a sua visita.
3. Remorso por não ter ido visitar Aurora no domingo em que prometera.
4. Vergonha pelo que as alunas iriam pensar dela.

Selecciona o processo de compreensão leitora presente nesta tarefa e sublinha-o.

Compreensão Literal; Compreensão Inferencial; Reorganização; Compreensão Crítica; Extracção do Significado das Palavras.

11 – Pedro, um aluno do 6.º ano comentou: "Acho que esta história é verdadeira, mas o nome da menina não é. Deve ser um nome fictício, escolhido para ter valor simbólico".

O que o terá levado a pensar que o nome escolhido tem um valor simbólico?

FLOR DE MEL

A avó Rosário conta tudo com uma voz ciciada, um murmúrio difícil de entender, como se rezasse velhas e infindáveis ladainhas.

Melinda nunca sabe muito bem se a avó está a responder àquilo que ela lhe pergunta, ou a misturar histórias antigas, inventadas ou por inventar. Mas mesmo quando ela mistura as histórias todas e a confunde com a Bela Adormecida, ela gosta de a ouvir. Palavras que são bocadinhos de música, muito baixinho. E com as histórias da Tontinha-do-Mar e da Onda Mãe, e dos cavalos-marinhos e do esplendor da casa misteriosa, lá vem a história da mãe, de quem a avó Rosário todos os dias lhe dá notícias.

Melinda só conhece a mãe pelas palavras da avó Rosário. Nunca se lembra de a ter visto a seu lado e, se não fossem as notícias que a avó todos os dias lhe dá, ninguém lhe falava nela, nem sequer o pai.

Durante todo o tempo que Melinda viveu na casa da avó Rosário, a mãe foi senhora absoluta do Palácio das Dioneias, rodeado de flores e de árvores que se transformavam em ouro mal se lhes tocava.

Pelo menos era isto que contava a avó Rosário quando o dia acabava e, na penumbra dos candeeiros de pouca luz, ela desfiava histórias pela noite dentro.

O pai é que não achava graça nenhuma a estas histórias. Um dia chegou mesmo a zangar-se com a avó Rosário. Melinda era então muito pequenina mas lembra-se bem:

- Não quero conversas dessas aqui dentro! Não quero que, por sua causa, a miúda cresça com a cabeça cheia de disparates. As coisas são como são, e não há nada a fazer. Não serve de nada inventar palermices. Não é por isso que as coisas mudam.

O pai dizia isso muitas vezes: «as coisas são como são». Era assim uma maneira que ele tinha de acabar as conversas quando não sabia que dizer.

Junto do fogão a avó Rosário ficou a resmonear uma qualquer ladainha, mas nessa noite tudo voltou ao mesmo: as aventuras da mãe no Palácio das Dioneias, à mistura com uns toques de Pele de Burro e de Gata Borralheira. E como o pai chegou tarde a casa nessa noite, não deu por nada, e não houve zanga.

Foi desde esse dia que Melinda percebeu que o pai não pertencia às histórias que a avó Rosário contava, e que se calhar era por isso que às vezes tinha um ar tão infeliz: por não poder estar ao lado da mãe no Palácio das Dioneias. A avó Rosário tinha-lhe dito um dia que, para o Palácio das Dioneias, só iam os «escolhidos», aqueles que desde o seu nascimento tinham sido apontados pelas fadas para nele morarem assim que crescessem e se tornassem adultos. O pai não tinha sido escolhido. Por isso, ele não gostava daquelas histórias, e Melinda percebeu, desde muito cedo, que nunca as devia contar para ele. E que «mãe» era palavra que não devia pronunciar à sua frente.

E teve pena. Muita pena. Olhava para o pai com a garganta engasgada de coisas para lhe dizer, de coisas para lhe perguntar, e acabava por lhe falar apenas da chuva, do frio, do sol, do calor, da ida ao mercado com a avó, dos gritos da vizinha Eulália.

De resto o pai também não falava muito, fosse do que fosse. Saía muito cedo para o trabalho, ainda Melinda dormia, e quando voltava estava cansado: o autocarro demorara muito a chegar à paragem e ele nem sequer arranjara lugar sentado. Apetecia-lhe jantar, deitar os olhos pelas letras gordas do jornal desportivo que às vezes comprava, ver televisão quando calhava.

Nas tardes em que vinha bem-disposto pegava em Melinda ao colo, e ficava algum tempo a fazer-lhe festas no cabelo.

Mas eram muito mais as tardes em que nem sequer se lembrava de olhar para ela.

- A comida demora? – perguntava à avó Rosário.

135

Depois, quase metia a cabeça dentro do prato e levava a colher de sopa à boca com muito barulho. Quando Melinda comia assim a sopa a avó Rosário ralhava com ela, e dizia-lhe que aquilo não eram maneiras. Por isso Melinda olhava para o pai e depois para a avó, sempre à espera de a ouvir dizer-lhe também a mesma coisa. Mas <u>a avó limitava-se a suspirar e a encolher os ombros</u>.

- As coisas são como são – pensava então Melinda.

Terminado o jantar o pai abria a porta da rua e ia até ao café. Pelo menos era o que dizia a avó Rosário, <u>porque o pai saía sem dizer palavra que fosse</u>.

Quando voltava, já Melinda dormia, embalada pelas histórias proibidas da avó Rosário.

Alice Vieira, *in* "Flor de Mel", pp. 23-26.
Lisboa: Caminho, 1986.
© Alice Vieira/SPA 2010

Selecciona o processo de compreensão leitora presente nesta tarefa e sublinha-o.

Compreensão Literal; Compreensão Inferencial; Reorganização; Compreensão Crítica; Extracção do Significado das Palavras.

1 – Relê o primeiro parágrafo.
Que imagem da avó Rosário ele nos fornece? Selecciona a alternativa correcta.

1. A de uma pessoa que não fala correctamente.
2. A de uma pessoa que fala baixo e muito depressa.
3. A de uma pessoa resmungona.
4. A de uma pessoa que parece rezar enquanto fala.

Selecciona o processo de compreensão leitora presente nesta tarefa e sublinha-o.

Compreensão Literal; Compreensão Inferencial; Reorganização; Compreensão Crítica; Extracção do Significado das Palavras.

2 – Da leitura do segundo parágrafo podemos concluir que…

Presta muita atenção ao que te é pedido na pergunta. Deves classificar as afirmações da tabela como verdadeiras ou falsas, mas tendo em conta **APENAS** a informação do segundo parágrafo e não informações que aparecem noutros parágrafos. Não te pedem para justificar, mas lembra-te que esta estratégia te assegura que respondes de forma correcta.

Afirmações	V	F
1. a avó parece confundir o real e a fantasia.		
2. a avó Rosário tem muita imaginação.		
3. a avó Rosário não gosta de contar histórias.		
4. a avó Rosário, por vezes, perde a noção da realidade.		

Selecciona o processo de compreensão leitora presente nesta tarefa e sublinha-o.

Compreensão Literal; Compreensão Inferencial; Reorganização; Compreensão Crítica; Extracção do Significado das Palavras.

3 – Melinda viveu sempre com a avó?
Transcreve a expressão que te permite responder correctamente a esta pergunta.

Selecciona o processo de compreensão leitora presente nesta tarefa e sublinha-o.
Compreensão Literal; Compreensão Inferencial; Reorganização; Compreensão Crítica; Extracção do Significado das Palavras.

4 – Liga cada uma das expressões da coluna da esquerda ao significado que lhe corresponde na coluna da direita.

Já aprendeste as estratégias que deves utilizar nas tarefas em que tens de associar afirmações apresentadas em duas colunas. Também já sabes que são passos imprescindíveis ler as expressões e voltar ao texto para as localizar. Mas esta tarefa é levada da breca, pois as afirmações têm palavras um pouco difíceis. Por isso, depois de sublinhares as expressões no texto, deves identificar as palavras cujo significado não conheces e procurá-lo. Só depois deverás prosseguir para o último passo, isto é, ligar cada expressão ao significado que julgas que lhe corresponde.

Expressão	
"…desfiava histórias pela noite dentro…"	A
"…resmonear uma qualquer ladainha…"	B
"…as coisas são como são…"	C
"…garganta engasgada de coisas para lhe dizer…"	D

	Significado
1	Ter uma coisa na garganta que não deixa falar.
2	Troçar das histórias durante a noite toda.
3	Repetir algo para si próprio, como se resmungasse.
4	Ter vontade de dizer alguma coisa mas não o fazer.
5	O que passou já não pode ser mudado.
6	Contar histórias sucessivamente.
7	As coisas são sempre iguais.

Selecciona o processo de compreensão leitora presente nesta tarefa e sublinha-o.
Compreensão Literal; Compreensão Inferencial; Reorganização; Compreensão Crítica; Extracção do Significado das Palavras.

5 – O pai não gostava que a avó contasse histórias mas ela não tinha em consideração essa opinião.
Transcreve do texto as expressões que ilustrem a opinião de uma e de outra personagem.

6 – "… *o pai não pertencia às histórias que a avó Rosário contava, e que se calhar era por isso que às vezes tinha um ar tão infeliz: por não poder estar ao lado da mãe, no Palácio das Dioneias…*".

Selecciona o processo de compreensão leitora presente nesta tarefa e sublinha-o.

Compreensão Literal; Compreensão Inferencial; Reorganização; Compreensão Crítica; Extracção do Significado das Palavras.

6.1 – Achas mesmo que o pai de Melinda tinha um ar infeliz porque não podia estar ao lado da mãe no Palácio das Dioneias?
Responde e justifica a tua resposta.

Olhos bem abertos! É a tua opinião que é pedida na pergunta, não a de Melinda. Ela acha que o pai tem um ar infeliz por não poder estar ao lado da mãe no Palácio das Dioneias. Concordas com ela? Ou não? Ah! E não te esqueças do porquê, isto é, da justificação.

_____
_____
_____

Selecciona o processo de compreensão leitora presente nesta tarefa e sublinha-o.

Compreensão Literal; Compreensão Inferencial; Reorganização; Compreensão Crítica; Extracção do Significado das Palavras.

7 – Por que razão Melinda apenas fala com o pai acerca "*da chuva, do frio, do sol, do calor, da ida ao mercado com a avó, dos gritos da vizinha Eulália*"?
Selecciona a afirmação que responde à pergunta.

1. Porque o pai não consegue falar sobre sentimentos e sobre a história familiar.
2. Porque são os assuntos de que Melinda gosta.
3. Porque o pai só gostava de ver televisão e ler o jornal.
4. Porque são os temas mais importantes para os dois.

Selecciona o processo de compreensão leitora presente nesta tarefa e sublinha-o.

Compreensão Literal; Compreensão Inferencial; Reorganização; Compreensão Crítica; Extracção do Significado das Palavras.

8 – A partir das expressões sublinhadas no texto, o que poderemos concluir acerca da relação entre o pai e a avó de Melinda?

_____
_____
_____

Selecciona o processo de compreensão leitora presente nesta tarefa e sublinha-o.

Compreensão Literal; Compreensão Inferencial; Reorganização; Compreensão Crítica; Extracção do Significado das Palavras.

9 – O que teria acontecido à mãe de Melinda?
Apresenta duas possíveis hipóteses e justifica-as.

Algumas perguntas podem ter mais do que uma resposta e, em alguns casos, podemos mesmo não conseguir ter a certeza de qual é a correcta. O que fazer nestes casos? Procurar a informação disponível no texto e tirar uma ou mais conclusões! Estamos habituados a que cada pergunta tenha sempre uma resposta correcta, mas nem sempre é assim. Procura no texto as pistas que te podem ajudar a perceber o que aconteceu à mãe de Melinda.

_____
_____
_____

Selecciona o processo de compreensão leitora presente nesta tarefa e sublinha-o.

Compreensão Literal; Compreensão Inferencial; Reorganização; Compreensão Crítica; Extracção do Significado das Palavras.

10 – Supõe que a mãe de Melinda terá morrido. Como explicarias o comportamento do pai de Melinda? Selecciona a alternativa correcta.

1. O seu comportamento deve-se ao facto de a morte ter acontecido há muito tempo.
2. O seu comportamento deve-se ao sofrimento e à revolta que a morte da mãe de Melinda lhe causou.
3. O seu comportamento deve-se à insistência da avó em contar histórias.
4. O seu comportamento deve-se ao facto de não poder ir para o Palácio das Dioneias.

Processo de compreensão leitora: Metacompreensão

10.1 – Justifica a tua escolha.

_____
_____
_____

Chegamos ao fim do programa. Vais fazer agora a última Prova de Aferição. Abre o teu livro na página 191.
Surpresa! Já respondeste a esta prova, mas vais repeti-la. Porquê?
Para verificares o que mudou antes de teres feito comigo o programa "*Aprender a compreender. Do saber... ao saber fazer*".
Lembra-te de TUDO o que aprendeste e... bom trabalho!

Avaliação de estratégias de leitura - 3

 Agora que chegamos ao fim, lembras-te do que falámos sobre estratégias? Volta a responder ao questionário.

1 - Nunca ou raramente; 2 - Poucas vezes; 3 - Às vezes; 4 - Frequentemente; 5 - Sempre ou quase sempre.

1. Depois de ler o título, penso no que já sei sobre o tema?	1	2	3	4	5
2. Depois de ler o título, costumo imaginar de que tratará o texto?	1	2	3	4	5
3. Antes de iniciar a leitura, dou uma vista de olhos ao texto para ver do que trata?	1	2	3	4	5
4. Antes de iniciar a leitura, dou uma vista de olhos ao texto e leio os subtítulos, os sublinhados e outra informação destacada?	1	2	3	4	5
5. Se o texto tem imagens, antes de começar a ler dou uma vista de olhos pelas mesmas?	1	2	3	4	5
6. Num teste ou ficha de trabalho, costumo ler as perguntas antes de ler o texto?	1	2	3	4	5
7. Tiro notas durante a leitura para facilitar a minha compreensão?	1	2	3	4	5
8. Enquanto leio vou-me lembrando do que sei sobre o tema?	1	2	3	4	5
9. Para me lembrar do que li, costumo sublinhar o texto?	1	2	3	4	5
10. Costumo sublinhar a informação que me parece importante?	1	2	3	4	5
11. Costumo sublinhar as palavras cujo significado desconheço?	1	2	3	4	5
12. Costumo sublinhar as palavras e/ou expressões que não compreendo bem, para depois voltar a ler?	1	2	3	4	5
13. Não interrompo a leitura para ir procurar no dicionário o significado de uma palavra?	1	2	3	4	5
14. Interrompo a leitura quando encontro uma palavra que não compreendo e procuro o seu significado?	1	2	3	4	5
15. Quando encontro uma palavra cujo significado desconheço, tento descobri-lo através das pistas que o texto me dá?	1	2	3	4	5
16. Costumo imaginar as personagens, as paisagens e as imagens que encontro descritas nos textos?	1	2	3	4	5
17. Quando acabo de ler uma frase ou parágrafo que não compreendi, costumo voltar a ler essa parte?	1	2	3	4	5

18. À medida que vou lendo um texto tento pensar em perguntas sobre o mesmo?	1	2	3	4	5
19. À medida que leio uma narrativa costumo imaginar o que vem a seguir?	1	2	3	4	5
20. Às vezes interrompo a leitura e pergunto a mim mesmo: "Percebi tudo o que li?"?	1	2	3	4	5
21. Costumo ler parágrafo a parágrafo e perguntar a mim mesmo "O que é importante aqui?"?	1	2	3	4	5
22. Faço sempre uma primeira leitura para ter uma ideia geral, e só depois leio para tentar perceber?	1	2	3	4	5
23. Enquanto leio um texto de um teste ou de uma ficha de trabalho, costumo perguntar a mim próprio "Que perguntas me poderão fazer sobre este texto?"?	1	2	3	4	5
24. Quando acabo de ler um texto penso nas imagens e nas mensagens que o mesmo dá a ver?	1	2	3	4	5
25. Quando leio as perguntas ou instruções de um teste ou ficha de trabalho, costumo perguntar a mim mesmo "Percebi bem o que me pedem para fazer?"?	1	2	3	4	5
26. Depois de responder a perguntas com resposta de escolha múltipla ou do tipo verdadeiro/falso, não as verifico, pois fico confuso e tenho medo de mudar o que está certo para errado?	1	2	3	4	5
27. Depois de responder a perguntas ou realizar tarefas sobre um texto lido, costumo ler o que escrevi para ver se não têm erros?	1	2	3	4	5
28. Depois de responder a perguntas ou realizar tarefas sobre um texto lido, costumo verificar se respondi bem?	1	2	3	4	5

Compara agora as respostas com as que deste na primeira e na segunda vez que preencheste esta escala.

Quais são as estratégias que não usavas ou que usavas pouco e passaste a usar com frequência?

Qual a razão de a(s) teres passado a usar?

Consideras-te agora um leitor estratégico? Porquê?

Não te esqueças… Compreender o que se lê pode implicar que o teu cérebro trabalhe em várias direcções: é preciso saber o significado das palavras, é preciso inferir, é preciso reorganizar a informação, é preciso juntar a informação nova com os conhecimentos que já temos… Vivemos no que se chama uma "sociedade da informação", porque temos cada vez mais informação disponível. Só que isto exige de nós uma posição crítica sobre o que lemos e, em alguns casos, uma distinção entre o que é real e o que não é. Em todas estas tarefas, o teu cérebro lá estará a coordenar informações e a ajudar-te a utilizar as estratégias mais eficazes. Ser Inteligente é isto mesmo. Não só saber, mas saber fazer.

Gostei muito de estar aqui contigo… Espero que a *Família Compreensão* te tenha ajudado a ser um leitor estratégico.

AVALIAÇÃO DE PROGRESSO

AVALIAÇÃO INICIAL (1)

Vais fazer uma prova para testar a tua compreensão leitora. Lê com atenção as instruções e trabalha com cuidado.

PROVA DE AFERIÇÃO DE LÍNGUA PORTUGUESA, 2.º CICLO DO ENSINO BÁSICO (PARCIAL) - 2006 [1]

INSTRUÇÕES GERAIS SOBRE A PROVA

1.ª PARTE

Vais responder a questões sobre cada um dos textos que te são apresentados para leitura.
Dispões de 50 minutos para realizares a prova.

Deves respeitar as instruções que a seguir te são dadas.

• Responde na folha da prova, a caneta ou esferográfica, de tinta azul ou preta.

• Não podes usar corrector.

• Numas questões, terás de escolher e assinalar a(s) resposta(s) correcta(s); noutras, terás de escrever a resposta.

• Nas questões em que apenas tens de assinalar a(s) resposta(s) correcta(s), se te enganares e puseres um X no quadrado errado, risca esse quadrado e coloca o sinal no lugar que consideres certo.

• Nas outras questões, se precisares de alterar alguma resposta, risca-a e escreve à frente a nova resposta.

---

[1] Extraído da Prova de Aferição de Língua Portuguesa, 2.º Ciclo do Ensino Básico, 2006 http://www.gave.min-edu.pt. A folha de cálculo para lançamento das respostas está disponível no ficheiro *"Prova de Aferição 2006 – 6.º ano"*.

1.ª Parte

Lê o texto com muita atenção.

A VISITA À MADRINHA

1   Agora, agora mesmo quase à beirinha do sono da noite, dou comigo a colocar uma cassete especial no vídeo da minha vida e a preparar-me para assistir a certas coisas que me aconteceram por volta dos meus 5 anos de idade!

    (...) Um dia, por alturas da Páscoa desse ano, a nossa mãe olhou para mim e para
5 as minhas duas irmãs, mais novas do que eu e, apontando apenas para mim, anunciou em voz solene: «Amanhã vamos todos fazer uma visita à tua Madrinha!»

    (...) A minha Madrinha era nossa tia-avó. Pequenina e delicada, não parecia muito preparada para viver neste mundo. Digo isto porque andava muito devagarinho, como se tivesse medo de pisar o chão e de ele se queixar. E passava por entre os móveis e
10 as cadeiras, e de porta em porta, com muita cerimónia, assim como que a pedir licença para passar. E o seu cabelo era só caracolinhos muito brancos à roda da cabeça. A Madrinha morava no Porto, junto da Rua Sá da Bandeira, numa moradia muito bonita. Quando no dia seguinte lá chegámos, a mãe e o pai, e nós três muito bem arranjadas, de luvas e chapéu, com os ouvidos cheios de «Não façam isto, não façam aquilo»...
15 «Portem-se bem»... «Não batam os pés»... «Não mexam em nada»..., já sabíamos que a Madrinha estava à nossa espera, pois esta visita anual era sempre anunciada com a devida antecedência. Tocámos à campainha, alguém veio abrir a porta e pegar nos nossos casacos e chapéus e luvas, que não vi onde penduraram. À nossa frente, num vasto chão imaculadamente branco, uma passadeira de veludo vermelho parecia não
20 ter fim. Lá muito ao fundo, numa sala cheia de quadros e de esculturas, e de muitos, muitos livros, estavam a Madrinha e o Padrinho, de braços abertos. O Padrinho, o nosso tio-avô Alberto Villares, «era um sábio» – dizia sempre o meu pai, «e que até era um cientista ilustre, tinha um Observatório de Astronomia no telhado da casa, onde estudava os mistérios do céu, e que do Observatório de Paris estavam sempre a pedir
25 a opinião dele»..., e por tudo isto, embora ele fosse sempre muito delicado e muito simpático para nós, eu tinha imenso medo de dizer os meus costumados disparates ao pé dele.

    Ora, neste dia, ele quis saber se eu já sabia ler, e eu, sem querer, disse que sim, mas a verdade é que ainda não sabia. Então, ele foi buscar um livrinho com desenhos.
30 Em cada página havia um lindo e colorido desenho muito grande, que tinha por baixo, escrita, o que eu já percebia que era uma palavra. E foi assim: numa página vi uma grande maçã e... apontando com um dedo a palavra que estava debaixo, fingi que, a muito custo, lia a palavra MAÇÃ. Na página a seguir, vi um pato e fingi que lia, a custo, a palavra que estava por baixo: PATO.
35   Como a vida me estava a correr bem, fiquei mais calma. Até que apareceu uma página com um desenho que era mesmo mesmo uma grande mão. Sem hesitar nem

um bocadinho, apontei para a palavra em baixo e, muito lampeira, quase gritei: MÃO!
Foi uma risota. Os meus pais e os padrinhos riam com gosto, e eu sem perceber
porquê! Até que a minha mãe, devagarinho e docemente, me disse: – «Não, filha, o que
40   aqui está escrito não é MÃO. O que está escrito é LUVA». Fiquei tão envergonhada que
nunca mais me esqueci daquele momento. A seguir, já nem o lanche me soube a nada,
nem o bolo de chocolate, nem os docinhos, nem as torradinhas com manteiga, nem os
rebuçados de tantas cores. E foi nesse momento que resolvi que tinha de aprender a
ler de verdade. Mesmo que ninguém tivesse paciência para me ensinar, havia de
45   aprender a ler sozinha! E assim foi. Sozinha e às escondidas, aprendi a ler à minha
moda, pouco tempo depois, já nos campos de um Ribatejo com extremas para o
Alentejo, em terras da minha mãe, onde passámos a viver. Só aos 9 anos fui pela
primeira vez para um Colégio, em Lisboa. E nessa altura já eu era tu cá-tu lá com todas
as historinhas que apanhava à mão e com toda a experiência boa que uma Natureza
50   campestre e sábia tinha posto à minha disposição.

Maria Alberta Menéres, *Contos da Cidade das Pontes*,
Porto, Editorial Âmbar, 2001

Depois de teres lido todo o texto, responde ao que te é pedido, segundo as orientações que te são dadas.
Relê o texto sempre que precisares de procurar informação para responderes às perguntas.

1. Assinala com X a opção correcta, de acordo com o sentido do texto.
Com a frase «… dou comigo a colocar uma cassete especial no vídeo da minha vida…» (linhas 1 e 2), a narradora pretende dizer-nos que

☐ antes de dormir, foi ver, no vídeo, um filme sobre a sua vida.

☐ antes de adormecer, recordou acontecimentos do seu passado.

☐ antes de se deitar, viu uma cassete sobre o seu quinto aniversário.

☐ quando adormeceu, sonhou com factos vividos aos cinco anos.

2. Lê a seguinte frase (linhas 4 a 6).
«Um dia, por alturas da Páscoa desse ano, a nossa mãe (…) anunciou em voz solene…»
Assinala com X a opção correcta, de acordo com o sentido do texto.
O tom solene da voz da mãe significava que ela

☐ ia dizer uma coisa importante.

☐ estava aborrecida com as filhas.

☐ queria ser imediatamente obedecida.

☐ estava cansada de repetir o mesmo.

3. Relê a frase (linha 6).

«Amanhã vamos todos fazer uma visita à tua Madrinha!»

3.1 Neste contexto, a palavra «todos» refere os elementos de uma família constituída por cinco pessoas.

Transcreve do texto a frase ou a expressão que comprova esta afirmação.

_____

_____

3.2 Assinala com X a opção correcta, de acordo com o sentido do texto.

As visitas a casa da Madrinha aconteciam:

☐ uma vez por semana.

☐ uma vez por quinzena.

☐ uma vez por mês.

☐ uma vez por ano.

4. Os pais prepararam com cuidado a visita a casa dos padrinhos.

Por que razão as meninas iam tão bem vestidas e os pais lhes faziam tantas recomendações?

_____

_____

_____

_____

5. Lê com atenção a seguinte frase (linhas 13 e 14).

«Quando no dia seguinte lá chegámos (...) com os ouvidos cheios...»

Na coluna A estão listadas quatro expressões em que entra a palavra «ouvidos». Relaciona cada uma delas com o significado correspondente, escrevendo 1, 2, 3 e 4 nas hipóteses adequadas da coluna B.

A	
1	*ter os ouvidos cheios...*
2	*fazer ouvidos de mercador...*
3	*ser todo ouvidos...*
4	*entrar por um ouvido e sair pelo outro...*

B
ouvir com muita atenção…
não ouvir absolutamente nada…
esquecer logo o que se ouve…
fingir que não se ouve…
ouvir com dificuldade…
estar farto de ouvir o mesmo...

6. Relê o terceiro parágrafo do texto (linhas 7 a 27).

6.1 Assinala com X as afirmações verdadeiras (V) e as falsas (F), de acordo com o sentido do texto.

Afirmações	V	F
Os padrinhos residiam no Porto.		
A rua onde moravam chamava-se Sá da Bandeira.		
A Madrinha veio abrir a porta.		
As meninas arrumaram os casacos e as luvas.		
O vermelho da passadeira contrastava com o branco do chão.		
A sala onde entraram só tinha livros e esculturas.		
Os padrinhos receberam-nos de forma carinhosa.		

6.2 No terceiro parágrafo, a narradora faz a descrição dos padrinhos.
Escreve, à frente de cada característica, uma palavra, uma expressão ou uma frase, retirada do texto, que confirme que:

– a Madrinha era uma pessoa
• idosa _____

• frágil _____

– o Padrinho era uma pessoa
• culta _____

• amável _____

147

7. Lê novamente a seguinte passagem do texto (linhas 28 e 29).

«Ora, neste dia, ele quis saber se eu já sabia ler, e eu, sem querer, disse que sim, mas a verdade é que ainda não sabia.»

Por que razão deu a menina essa resposta?
Assinala com X a opção correcta, de acordo com o sentido do texto.

☐ Pensou que as irmãs fariam troça dela.

☐ Teve medo de que a mãe lhe ralhasse.

☐ Já era habitual a menina mentir.

☐ Quis fazer boa figura perante os padrinhos.

8. Apesar dos esforços da menina, rapidamente os pais e os padrinhos perceberam que ela estava a fingir. Explica como foi que eles perceberam.

_____

_____

_____

_____

9. Enquanto esteve em casa dos padrinhos, a menina foi tomando várias atitudes e experimentando diferentes emoções e sentimentos.

Associa cada um dos momentos da história (coluna A) às atitudes, emoções e sentimentos que, na tua opinião, lhe correspondem.

Para resolveres a questão, escreve 1, 2, 3 e 4 nas hipóteses correspondentes da coluna B.

	A	B	
1	*«… eu tinha imenso medo de dizer os meus costumados disparates…»* (linha 26)		Nervosismo e irritação
			Humilhação e vergonha
2	*«… Sem hesitar nem um bocadinho (…) quase gritei…»* (linhas 36 e 37)		Arrogância e vaidade
			Entusiasmo e confiança
3	*«Os meus pais e os padrinhos riam com gosto, e eu sem perceber porquê!»* (linhas 38 e 39)		Surpresa e incompreensão
			Calma e indiferença
4	*«… nunca mais me esqueci daquele momento. A seguir, já nem o lanche me soube a nada…»* (linha 41)		Insegurança e receio

**10. Assinala com X a opção correcta, de acordo com o sentido do texto.
Depois do que lhe aconteceu, a menina tomou a decisão de**

☐ para a próxima fingir melhor.

☐ nunca mais visitar os padrinhos.

☐ aprender a ler nem que fosse sozinha.

☐ pedir à mãe que a ensinasse a ler.

Lê e observa com atenção o seguinte Roteiro Turístico sobre a zona da cidade do Porto, onde viviam os padrinhos da menina.

Caminhemos até à Praça D. João I. Esta praça, de forma quadrangular, foi construída já nos nossos dias. Nela se destacam dois belos edifícios: o Palácio Atlântico e o Teatro Rivoli.

Atravessando a Praça D. João I, temos em frente o Palácio Atlântico, que faz esquina com a Rua Sá da Bandeira. Começando a subir esta rua, encontramos, à direita, o famoso Mercado do Bolhão, o mais típico dos mercados portuenses. Logo depois, se virarmos à direita para a Rua Fernandes Tomás, chegamos à Rua de Santa Catarina, paralela à Rua Sá da Bandeira e uma das artérias comerciais mais conhecidas da Cidade Invicta.

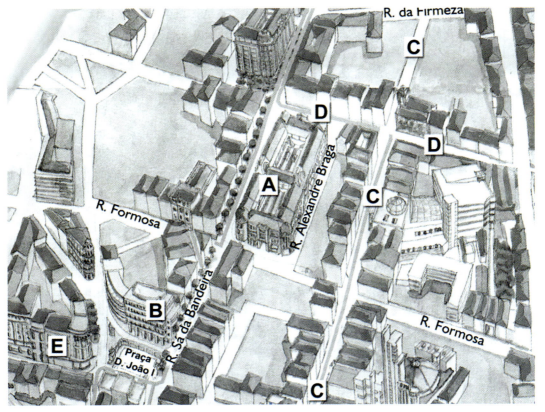

In Guia Expresso, Porto 2001, 4.º fascículo (adaptado)

11. Baseando-te nas informações do texto e observando atentamente o mapa, faz a sua legenda. Para responderes à questão, escreve Palácio Atlântico, Teatro Rivoli, Mercado do Bolhão, Rua Fernandes Tomás e Rua de Santa Catarina, à frente da letra (A, B, C, D e E) que corresponde à respectiva localização.

Legenda do Mapa

A – _____

B – _____

C – _____

D – _____

E – _____

Lê, agora, os textos A e B sobre a autora do texto «A Visita à Madrinha».

TEXTO A - Maria Alberta MENÉRES

Natural de Vila Nova de Gaia, onde nasceu a 25/8/1930, Maria Alberta Rovisco Garcia Menéres licenciou-se em Ciências Histórico-Filosóficas na Faculdade de Letras de Lisboa. Poetisa, escritora e professora, foi ainda funcionária da RTP. Estreou-se na poesia com o livro *Intervalo*, publicado em 1952. Colaborou em várias publicações de que salientamos: «Jornal do Fundão», «Diário de Notícias», «Cadernos do Meio-Dia», «Távola Redonda».

Maria AIberta Menéres é uma das mais destacadas figuras da literatura infantil portuguesa, à qual tem dedicado muito do seu saber e talento. A sua obra é vasta neste domínio e atravessada por histórias originais, recolha tradicional, versão de obras clássicas, teatro infantil e poesia para crianças.

TEXTO B - Obras de Maria Alberta Menéres

Literatura Infantil: *Conversas com Versos*, 1968; *Figuras Figuronas*, 1969; *O Poeta Faz-se aos Dez Anos*, 1973; *Lengalenga do Vento*, 1976; *Hoje Há Palhaços*, 1976 (com António Torrado); *A Pedra Azul da Imaginação*, 1977; *Semana Sim, Semana Sim*, 1978; *A Água que Bebemos*, 1981; *O Ouriço Cacheiro Espreitou Três Vezes*, 1981; *Dez Dedos Dez Segredos*, 1985; *O Retrato em Escadinha*, 1985; *Histórias de Tempo Vai Tempo Vem*, 1988; *À Beira do Lago dos Encantos*, 1988; *Ulisses*, 1989 (adaptação); *No Coração do Trevo*, 1992; *Uma Palmada na Testa*, 1993; *Pêra Perinha*, 1993; *A Gaveta das Histórias*, 1995; *Sigam a Borboleta*, 1996; *O Cão Pastor*, 2001.

António Garcia Barreto, *Dicionário de Literatura Infantil Portuguesa*,
Porto, Campo das Letras Editores, 2002 (adaptado).

12. Preenche o quadro com dados sobre Maria Alberta Menéres, retirando a informação necessária dos textos que acabaste de ler.

Nome completo	
Naturalidade	
Idade	
Licenciatura	
Duas publicações em que colaborou	
Duas actividades profissionais que desenvolveu	
Obras publicadas em 1993	

AVALIAÇÃO 2

O objectivo desta avaliação é o de verificar se melhoraste desde a última avaliação até agora. Para quem tem medo de avaliações é uma boa maneira de perdê-lo pois só se perde o medo enfrentando-o.

Antes de começares a responder respira fundo, fecha os olhos e tenta lembrar-te de todas as estratégias que já aprendeste.

Anota o tempo que gastaste a fazer a prova. Se o tempo concedido não chegar terás de fazer um esforço para pensares um pouco mais depressa.

MANTÉM A CALMA E USA A CABEÇA. CONSELHO DE VICENTE INTELIGENTE!

Estamos todos contigo!

Para te assegurares de que compreendes bem o texto e de que as tuas respostas estão correctas e completas podes usar as seguintes estratégias:

1) Ler o texto com atenção.

2) Quando começares a ler as perguntas, lembra-te das estratégias a usar para responder a cada tipo de pergunta.

3) Verifica se o texto é acompanhado de um glossário. Lê-o. Porquê? Porque sabendo o que querem dizer estas palavras compreenderás mais facilmente o texto.

4) Experimenta começar por ler as perguntas antes de leres o texto. Porquê? A resposta é simples. As perguntas dão-te pistas sobre o tema do texto. Quando começares a ler já tens alguma informação que te pode ajudar a compreender melhor o que vais ler. À medida que vais lendo vais encontrando as respostas para algumas das perguntas. Quando isso acontecer sublinha-as, mas não pares a leitura. Se paras, terás mais dificuldade em compreender o texto.

5) Não confies demasiado na memória. Relê o texto as vezes que forem precisas para te certificares de que estás a dar respostas certas e completas.

6) Repara nas personagens da *Família Compreensão* que te podem ajudar. E pensa bem antes de responder.

São muitas instruções? Talvez. Mas à medida que fores avançando vais ver que consegues usar estas estratégias automaticamente. Depois de bem aprendidas, é como andar de bicicleta – NÃO SE ESQUECE!

PROVA DE AFERIÇÃO DE LÍNGUA PORTUGUESA, 2.º CICLO DO ENSINO BÁSICO (PARCIAL) - 2002 [2]

INSTRUÇÕES GERAIS SOBRE A PROVA

1.ª PARTE

Vais responder a questões sobre cada um dos textos que te são apresentados para leitura.

Dispões de 50 minutos para realizares a prova.

Deves respeitar as instruções que a seguir te são dadas.

• Responde na folha da prova, a caneta ou esferográfica, de tinta azul ou preta.

• Não podes usar corrector.

• Numas questões, terás de escolher e assinalar a(s) resposta(s) correcta(s); noutras, terás de escrever a resposta.

• Nas questões em que apenas tens de assinalar a(s) resposta(s) correcta(s), se te enganares e puseres um X no quadrado errado, risca esse quadrado e coloca o sinal no lugar que consideres certo.

• Nas outras questões, se precisares de alterar alguma resposta, risca-a e escreve à frente a nova resposta.

---

[2] Extraído da Prova de Aferição de Língua Portuguesa, 2.º Ciclo do Ensino Básico, 2002 http://www.gave.min-edu.pt.
A folha de cálculo para lançamento das respostas está disponível no ficheiro *"Prova de Aferição 2002 – 6.º ano"*.

1.ª Parte

Lê o texto com muita atenção.

1   Um dia, quando o mar estava encapelado e ameaçador, veio uma onda e atirou para terra uma bela sereia de escamas reluzentes na metade inferior do corpo e pele muito branca e macia na metade superior. Fosse como peixe, fosse como mulher, era uma criatura invulgarmente estranha e atraente.

5   Quando recuperou os sentidos, a sereia descobriu que estava deitada em cima de uma rocha, não tendo qualquer forma de regressar ao mar, que era o seu meio natural. Fora dele não teria muito tempo de vida.

    Apareceu então na praia um jovem pescador que era pobre e triste e que nem dinheiro tinha para comprar um barco e se aventurar nas águas. Como não podia 10 encher as redes de peixe, andava pelas rochas a apanhar mexilhões e caranguejos. Quando cumpria essa monótona tarefa de todos os dias, levantou ligeiramente a cabeça e viu a bela sereia que o olhava, implorando ajuda.

    – Quem és tu e o que fazes aqui? – quis saber o pescador, entre fascinado e amedrontado com tão inesperada visão.

15   – Eu sou uma sereia do mar e fui atirada para cima desta rocha por uma onda grande e feia que tinha inveja da minha beleza. Agora estou aqui presa e se não voltar à água acabarei por morrer. […] Se me puseres depressa dentro de água, eu virei todas as semanas, num dia certo, aqui à praia, para trazer-te ouro e prata. Será essa a recompensa do favor que me vais fazer.

20   O jovem pescador, que era pobre e tinha irmãos mais novos para sustentar, não pensou duas vezes: pegou na sereia ao colo e lançou-a à água, não sem que antes combinasse o dia e a hora em que ela o visitaria todas as semanas.

    Durante anos, a bela sereia cumpriu o que prometera. Sempre que se encontrava na praia com o pescador, entregava-lhe quantidades consideráveis de metais preciosos, que 25 ele ia aplicando em negócios vários. Não foram necessários muitos encontros para que ele pudesse considerar-se um homem rico.

    Os anos passaram, e o pescador sentiu no corpo o peso da idade. Envelhecera. A sereia, porém, mantinha-se inalteravelmente jovem e bela, demonstrando pertencer ao mundo das coisas eternas.

30   Um dia, o pescador, que já possuía casas, barcos, automóveis e outros bens que lhe dariam para viver regaladamente o tempo de várias vidas, interrogou-se: «Será que eu venho à praia todas as semanas para receber a minha recompensa ou para ver a sereia?» Não tardou a perceber que era a presença da sereia e a sua beleza que o faziam percorrer aquele caminho, fizesse chuva ou sol. Ao ouro e à prata, já pouca 35 atenção dedicava. Se um dia ela desaparecesse, a sua vida deixaria de ter sentido.

    Apesar de ter muitas pretendentes, o pescador nunca chegou a casar-se, e no dia em que a sereia, considerando cumprida a sua promessa, deixou de aparecer na praia, sentiu que se apoderava dele uma grande tristeza e que nem toda a riqueza do mundo o voltaria a fazer feliz. Para a recordar, mandou erguer sobre a rocha, onde muitos anos 40 antes a encontrara, uma bela estátua de bronze, que ali permaneceria como homenagem à sua beleza.

José Jorge Letria, *Lendas do Mar*, Lisboa, Terramar Editores, 2000

Responde, agora, às questões seguintes, de acordo com as orientações que te são dadas.

1. Onde se encontraram pela primeira vez as personagens da história que acabaste de ler?

_____

2. Ao ser atirada para terra, o que aconteceu à sereia?
Assinala com X a resposta correcta.

☐ Feriu-se.

☐ Chorou.

☐ Desmaiou.

☐ Libertou-se.

3. Completa a frase seguinte, assinalando com X a opção correcta, de acordo com o texto.
A sereia pensava que, em terra, não teria muito tempo de vida, porque

☐ sozinha não podia regressar ao mar.

☐ estava cheia de fome e de sede.

☐ sentia saudades do fundo do mar.

☐ alguém lhe podia fazer mal.

4. Assinala com V as frases verdadeiras e com F as falsas, de acordo com o texto (linhas 8 a 12).

Personagem da *Família Compreensão*	Afirmações	V	F
DI	O pescador andava a passear na praia por acaso.		
JL	O pescador era ainda novo, mas triste.		
JL	Ele não tinha barco, porque era pobre.		
JL	O pescador aventurava-se nas águas profundas.		
JL	Ele apanhava diariamente mexilhões e caranguejos.		
DI	O pescador tinha um trabalho muito repetitivo.		
JL	Ele andava a apanhar algas quando encontrou a sereia.		
DI	O pescador viu que a sereia estava sem sentidos.		

155

5. Identifica a expressão que pode substituir «fascinado e amedrontado» (linhas 13 e 14). Assinala com X a opção correcta.

☐ atraído e assustado.

☐ admirado e confuso.

☐ surpreendido e revoltado.

☐ ansioso e infeliz.

6. Refere os dois motivos que levaram o pescador a aceitar a proposta da sereia.

_____

_____

_____

7. Completa a frase seguinte, assinalando com X a opção correcta, de acordo com o texto.

Depois de rico, o pescador continuava a ir todas as semanas à praia, porque

☐ se sentia verdadeiramente feliz a contemplar o mar.

☐ era atraído pela presença e pela beleza da sereia.

☐ considerava que ainda tinha pouco dinheiro.

☐ tinha também de cumprir uma promessa.

8. Um dia, a sereia deixou de aparecer na praia. Porquê?

_____

_____

9. Completa a frase a seguir, assinalando com X a opção correcta.

De acordo com o que o texto nos sugere, o pescador não se casou, porque

☐ pensava apenas nos negócios.

☐ precisava de sustentar os irmãos.

☐ tinha poucas pretendentes.

☐ gostava muito daquela sereia.

10. «...nem toda a riqueza do mundo o voltaria a fazer feliz.» (linhas 38 e 39)
Em tua opinião, por que pensava assim o pescador?

_____
_____

11. Forma frases completas, relacionadas com diferentes momentos da história, ligando os elementos da coluna A aos sete elementos da coluna B que lhes correspondem. Escreve apenas os números à frente das letras. Segue o exemplo.

	A		B
a)	Um dia, uma tempestade	1)	andava a apanhar mexilhões e caranguejos.
b)	Foi assim que uma sereia	2)	quase se afogava.
c)	Um pobre pescador	3)	pediu-lhe que a ajudasse.
d)	A sereia, aflita,	4)	foi à vila pedir ajuda.
e)	Para a salvar, o pescador	5)	prometeu casar com ela.
f)	Como recompensa, a sereia	6)	rebentou no mar.
g)	Passados anos, ela	7)	deixou de encontrar-se com o pescador.
h)	O pescador, embora muito rico,	8)	veio parar a terra.
		9)	pediu-lhe que a deixasse fugir.
		10)	ficou inconsolável.
		11)	atirou-a de novo ao mar.
		12)	trazia-lhe riquezas.

a) _6_   e) ___
b) ___   f) ___
c) ___   g) ___
d) ___   h) ___

12. Que título te parece mais adequado ao texto que leste?
Assinala com X a tua escolha.

☐ Aventura no Mar.
☐ Encontro Inesquecível.
☐ A Sereia Distraída.
☐ Um Pescador sem Medo.

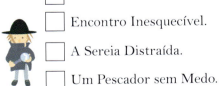

13. Muitas pessoas gostam de coleccionar objectos relacionados com o mar.
Lê, com atenção, o texto seguinte. Preenche o quadro com as informações que te são pedidas.

Conchas

Material: um saco (a tiracolo ou em mochila) e uma faca.

Recolha: Podemos encontrar conchas na areia seca das praias, mas a maior parte delas estarão quebradas. Se as quisermos intactas, devemos proceder metodicamente: ir na baixa-mar às rochas e explorar tanto as poças de água como as anfractuosidades* cobertas de algas. Devem tomar-se certas precauções: tomar nota do horário da maré para não se ser surpreendido pelas ondas; usar calçado com solas que não escorreguem nas algas; ao trepar aos rochedos, fazê-lo com prudência; nunca saltar, e ter sempre três pontos fixos de apoio; finalmente, não destruir inutilmente a fauna marítima: poupar as pequenas algas e os pequenos moluscos de que se alimentam os animais do mar e preferir, sempre que possível, a concha vazia ao animal vivo.

Atelier das Quatro Estações, Verbo, 1977 (adaptado).

Material Necessário	
Locais de Recolha	
Três Precauções a Tomar	

* cavidades; saliências.

Será que usaste as estratégias que aprendeste para confirmar se as respostas estavam correctas e completas? Não queres confirmar?
Verifica o tempo que demoraste.

Na página 216, estão as respostas. Podes corrigir o teu teste.

A pontuação máxima era de 17 pontos. Se a obtiveste... PARABÉNS. Se não a obtiveste... nada de desanimar. Devagar se vai ao longe, como diz o ditado! O importante é não desistir.
Escreve aqui a nota que obtiveste _____. Calcula a percentagem de sucesso.
Multiplica a nota que obtiveste por 100 e, de seguida, divide o resultado por 17.

AVALIAÇÃO 3

PROVA DE AFERIÇÃO DE LÍNGUA PORTUGUESA, 2.º CICLO DO ENSINO BÁSICO (PARCIAL) - 2003[3]

INSTRUÇÕES GERAIS SOBRE A PROVA

1.ª PARTE

Vais responder a questões sobre cada um dos textos que te são apresentados para leitura.

Dispões de 50 minutos para realizares a prova.

Deves respeitar as instruções que a seguir te são dadas.

• Responde na folha da prova, a caneta ou a esferográfica, de tinta azul ou preta.
• Não uses corrector.
• Numas questões, terás de escolher e assinalar a(s) resposta(s) correcta(s).
• Nas questões em que apenas tens de assinalar a(s) resposta(s) correcta(s), se te enganares e puseres X no quadrado errado, risca esse quadrado e coloca o sinal no lugar que consideres certo.
• Nas outras questões, se precisares de alterar alguma resposta, risca-a e escreve à frente a nova resposta.

Nesta prova, além de responderes às perguntas, tens de indicar quem são as personagens da *Família Compreensão* que lhes estão associadas. Lembra-te das estratégias que temos aprendido. Atenção às perguntas. Lê-as com cuidado e, se necessário, sublinha o que é pedido. Não confies demasiado na memória. **RELÊ** o texto sempre que for necessário, a fim de confirmares se estás no bom caminho.

---

[3] Extraído da Prova de Aferição de Língua Portuguesa, 2.º Ciclo do Ensino Básico, 2003 http://www.gave.min-edu.pt.
A folha de cálculo para lançamento das respostas está disponível no ficheiro *"Prova de Aferição 2003 – 6.º ano"*.

1ª Parte

Lê o texto com muita atenção.

1   Naquele tempo, o meu pai contava-me muitas histórias de gigantes. Eu não queria adormecer sozinho, de maneira que ele sentava-se na minha cama e entretinha-me, enquanto não chegava o João Pestana(1). A verdade é que o meu pai não sabia as histórias de cor e ia inventando, à medida que ia contando. Algumas histórias, que

5   começavam sempre com «Era uma vez um gigante», desconfio que ele as inventou de uma ponta à outra.

    Mas a partir do momento em que a história era contada eu não admitia variantes. Queria ali todos os pormenores. Acho que todos os miúdos têm esta atenta memória que contradiz e mete na ordem os adultos contadores, quando são distraídos.

10   Pois naquela altura saltitava lá por casa um coelhito malhado. Não era um desses coelhos anões, cinzentos e cheios de peneiras, armados em fidalgos, que se vendem agora nos centros comerciais. Não. Era um robusto coelho do campo, muito curioso, de narizito sempre a farejar, grande apreciador de cenouras.

    Houve alguém que nos ofereceu aquele coelho, no pressuposto de que o

15   destinaríamos à panela, com batatas e ervas cheirosas. Mas naquela nossa casa não havia ninguém capaz de sacrificar um animal, para mais simpático e dado ao convívio.

    De início, ficou numa marquise. Todas as manhãs, quando se abria a porta da marquise vinha cumprimentar-nos, farejando-nos os pés e empinando-se a olhar para nós. Não tardou que circulasse por toda a casa e me fizesse companhia naquelas

20   brincadeiras que demoravam o dia inteiro.

    Era um coelho extremamente asseado. Tinha lá o seu sítio de recolhimento e fez questão de nunca deixar noutro lado aquelas bolinhas pretas e redondinhas que os coelhos costumam distribuir. E bom companheiro que ele era. Tinha imenso jeito para andar nos carrinhos, ajudava a descarrilar o comboio de brinquedo, e admirava, com sinceridade, as

25   maravilhosas obras de engenharia que eu construía com o meu «Meccano».

    Eu já deixara de invejar os outros miúdos que tinham cães e gatos nos quintais. Nenhum se comparava ao meu coelho, nem sabia brincar com tanta classe.

    Os homens são ingratos. Quando crescem, ainda mais. Imaginem que eu me esqueci completamente do nome do meu coelhinho. Certo é que ele acudia aos

30   chamamentos e vinha de onde estivesse, saltitão, com o tufo peludo do rabito no ar. Eu podia agora improvisar um nome e fazer de conta que o bicho se chamava, por exemplo, «Pinóquio» ou «Lanzudo». Mas não quero inventar nada. Quero contar tudo como era. Esqueci-me do nome, passou-me, pronto!

    Mas... um dia comecei a ouvir os adultos a segredar, lá em casa. Desconfiei logo

35   que se tratava do meu coelho, e era mesmo. Um amigo, possuidor duma quinta, tinha--se oferecido para instalar o bicho no campo e os meus pais – com aquele irritante bom senso que compete aos mais crescidos – haviam considerado a proposta interessante. Sempre era melhor para o animal andar em liberdade, ao ar livre, entre arvoredos, na

160

(1) João Pestana – sono; em especial, o sono das crianças.

companhia dos seus iguais e das aves de capoeira... E quando eu protestava, com muita
40   força, limitavam-se a abraçar-me e sorrir.
       E lá levaram o coelhinho, aproveitando uma distracção minha. O que eu barafustei!
Foi um tremendo desgosto. Ao deitar, não quis ouvir histórias de gigantes. Durante toda
a noite chorei e exigi a devolução do meu companheiro. Em vão.
       Espero que ele tenha sido feliz lá na tal quinta. Ainda hoje, quando vejo um orelhudo
45   malhado a saltitar, pataludo, com os olhos vivos e o nariz sempre em acção, consolo-me
sempre com a ideia de que pode ser um dos descendentes daquele saudoso coelhinho
da minha infância. E quando contar aos meus netos histórias de gigantes, talvez
introduza nos contos as peripécias de um herói orelhudo.

Mário de Carvalho, *«O Coelho e os Gigantes»*, *in* Boletim Cultural – Memórias da Infância,
Lisboa, Fundação Calouste Gulbenkian, 1994

Nas questões 1. a 6., assinala com X a resposta correcta, de acordo com o sentido do texto.

1. O narrador começa por recordar o tempo em que o pai lhe contava histórias, relatando, depois, algo que se passou na mesma época da sua vida. O quê?

☐ Os pais ofereceram-lhe um «Meccano» no seu aniversário.

☐ Um coelho tornou-se o seu companheiro de brincadeiras.

☐ A mãe ofereceu-lhe um robusto coelho malhado.

☐ O pai começou a inventar histórias sobre coelhos.

2. O narrador não gostava que o pai

☐ lhe contasse histórias de gigantes.

☐ lhe lesse as histórias, saltando partes.

☐ começasse as histórias com «Era uma vez...».

☐ alterasse as histórias que lhe contava.

3. O narrador desta história é um

☐ rapazinho apreciador de histórias de gigantes.

☐ menino que é amigo de um coelho.

☐ adulto que revive episódios da infância.

☐ pai contador de histórias infantis.

4. *«Nenhum se comparava ao meu coelho, nem sabia brincar com tanta classe.»* (linha 27)
No texto, a expressão «*brincar com tanta classe*» significa

☐ brincar com brinquedos tão caros.

☐ brincar com tanta habilidade.

☐ brincar com brinquedos tão diferentes.

☐ brincar com tanta disciplina.

5. O narrador acha que foi ingrato, porque

☐ se esqueceu do nome do coelho.

☐ permitiu que levassem o coelho.

☐ obrigou o coelho a brincar com ele.

☐ descuidou o bem-estar do coelho.

6. Qual a justificação dada pelos pais para mandarem o coelho embora?

☐ O coelho, em casa, incomodava toda a gente.

☐ O filho perdia tempo a brincar com ele.

☐ O coelho podia viver em liberdade, no campo.

☐ Os pais queriam dar um presente ao amigo.

Responde, agora, às questões seguintes, de acordo com as orientações que te são dadas.

7. Perante a hipótese de ficar sem o coelho, o menino «protestava com muita força». (linhas 39-40)
Que razões terá ele apresentado aos pais, para os convencer a não mandarem o coelho para a quinta?
Apresenta duas dessas razões.

_____

_____

_____

_____

8. As frases a seguir apresentadas resumem a parte final da história.

Segue o exemplo e numera-as, de acordo com a ordem dos acontecimentos narrados.
O 1 corresponde ao primeiro acontecimento, o 2 deve corresponder ao segundo e assim sucessiva-
mente.

☐ O coelhinho acabou por ser levado para a quinta.

☐ 1 ☐ Certo dia, os adultos começaram a segredar lá por casa.

☐ Apesar dos protestos, os pais não lhe trouxeram o coelho de volta.

☐ Um amigo dos pais tinha-se oferecido para levar o coelho para o campo.

☐ Toda a noite, o menino chorou por causa da partida do coelho.

☐ O menino, desconfiado, suspeitou que ia ficar sem o amigo.

9. No futuro, como pensa o narrador prestar uma homenagem ao coelho?

_____

_____

_____

162

Lê, agora, estes dois textos informativos sobre o coelho e a lebre.

COELHO

Habitat
O coelho é abundante em regiões herbáceas, florestas, e mesmo zonas próximas de sapais(1), dunas e costa rochosa. Em Portugal prefere as zonas de influência mediterrânica, nomeadamente montados de azinho(2), estepes cerealíferas(3) e zonas de cultura e regadio.

Distribuição geográfica geral
Deve ser, em Portugal, o mamífero de porte médio mais bem representado, estando presente, em relativa abundância, em todo o país.

Modo de vida
Os coelhos são sobretudo crepusculares(4), mas, se não forem incomodados, apresentam também actividade durante o dia. Vivem em grandes famílias, regra geral de um macho com várias fêmeas, que habitam verdadeiras cidades subterrâneas compostas por um sistema de galerias, alargado nos cruzamentos e com um grande número de saídas.

Quando se sentem em perigo, fogem em ziguezague para despistar o predador. Tal como as lebres, possuem, quando em posição vertical, um ângulo de visão de 360 graus, de forma que nunca perdem o perseguidor de vista.

LEBRE

Habitat
A lebre é um animal típico da planície, que habita preferencialmente terrenos planos, sobretudo junto a áreas agrícolas, chegando a penetrar em aldeias pouco movimentadas. Também pode surgir em pequenas florestas de árvores de folha caduca, evitando os pinhais.

Distribuição geográfica geral
Até aos anos 40, a lebre era muito comum em todo o nosso país, sendo actualmente mais rara, preferencialmente concentrada no Sul e no Interior.

Modo de vida
É uma espécie fundamentalmente nocturna, embora também possa ter actividade durante o dia. Quando em repouso, permanece deitada numa cavidade pequena à superfície do solo, introduzindo os membros na depressão e deitando a cabeça sobre a terra solta que acumulou à sua volta. Em corrida, atinge caracteristicamente grandes velocidades, deslocando-se aos saltos, e com a cauda estendida, funcionando como estabilizador. Quando assustada, emite um «choro» particular, ou reage com ataques à dentada.

Clara Pinto Correia, *Portugal Animal*, Lisboa, Editora Dom Quixote, 1991 (texto com adaptações).

---

(1) *sapais* – terras alagadas de água, normalmente junto da foz de alguns rios. (2) *montados de azinho* – terrenos de azinheiras. (3) *estepes cerealíferas* – regiões planas onde se cultivam cereais. (4) *animais crepusculares* – os que só aparecem ao anoitecer.

10. Segue os exemplos e preenche o quadro seguinte, comparando algumas das particularidades específicas do coelho e da lebre, referidas nos textos informativos que leste.

ASPECTOS	COELHO	LEBRE
Ambiente específico em que vive	*O coelho é abundante em:*	*A lebre habita preferencialmente:* – *em planícies;* – *junto de terrenos agrícolas;* – *em pequenas florestas de árvores de folha caduca.*
Locais onde se encontra, em Portugal	*Está presente em todo o país.*	
Período diário de actividade		*Fundamentalmente nocturno.*
Comportamento face ao perigo	*Foge em ziguezague para despistar o predador.*	
Ângulo de visão	*Em posição vertical,*	*Em posição vertical,*

11. Na tua opinião, viver dentro de uma casa será adequado às características destes animais? Justifica a tua resposta, com base nos textos informativos que leste.

Se deixaste alguma tarefa ou pergunta por fazer, talvez seja melhor voltar de novo a ela. Confirma se as tuas respostas estão correctas e completas. Na página 216 encontrarás as soluções.

164

A pontuação máxima era de 15 pontos. Qual foi a tua pontuação? _____ pontos.

Calcula agora a percentagem de sucesso. Multiplica a nota que obtiveste por 100 e, de seguida, divide o resultado por 15.

Se não tiveste a pontuação máxima, como explicas o teu resultado? Responde ao questionário abaixo. Marca com "x" as razões abaixo descritas que explicam o que aconteceu contigo. Podes acrescentar outras razões. Por exemplo, se achaste que o texto era muito difícil, deves escrever: "o texto era muito difícil".

	Sim
Não respondi a todas as perguntas.	
Não sabia responder.	
Não percebi a pergunta.	
Enganei-me a responder. Queria dar uma resposta e dei outra.	
As respostas estavam incompletas.	
As respostas estavam erradas.	

AVALIAÇÃO 4

PROVA DE AFERIÇÃO DE LÍNGUA PORTUGUESA, 2.º CICLO DO ENSINO BÁSICO (PARCIAL) - 2004[4]

INSTRUÇÕES GERAIS SOBRE A PROVA

1.ª PARTE
Vais responder a questões sobre cada um dos textos que te são apresentados para leitura.
Dispões de 50 minutos para realizares a prova.

Deves respeitar as instruções que a seguir te são dadas.

- Responde na folha da prova, a caneta ou a esferográfica, de tinta azul ou preta.
- Não uses corrector.
- Numas questões, terás de escolher e assinalar a(s) resposta(s) correcta(s).
- Nas questões em que apenas tens de assinalar a(s) resposta(s) correcta(s), se te enganares e puseres X no quadrado errado, risca esse quadrado e coloca o sinal no lugar que consideres certo.
- Nas outras questões, se precisares de alterar alguma resposta, risca-a e escreve à frente a nova resposta.

---

[4] Extraído da Prova de Aferição de Língua Portuguesa, 2.º Ciclo do Ensino Básico, 2004 http://www.gave.min-edu.pt. A folha de cálculo para lançamento das respostas está disponível no ficheiro *"Prova de Aferição 2004 – 6.º ano"*.

1.ª Parte

Lê o texto com muita atenção.

ROMANCE DE D. JOÃO

1 Foi-se D. João,
foi à sua vida,
sem dificuldade
saltou pelo muro,
5 não voltou senão
quando ao outro dia
já fazia escuro.
Vinha enfarruscado,
partida a viola,
10 o boné ao lado,
rasgado o calção
e a camisola.
Fiz-lhe uma carícia,
não me respondeu,
15 foi-se encafuar
perto do borralho[1]
arrastando o pé.
Percebi então
que não vinha bem.
20 Que desgosto teve?
Com quem se bateu?
Disputas de gatos
em pleno janeiro?

Ou foi antes
25 cão que o filou primeiro?
Nada perguntei
por delicadeza,
mas que fora coça[2],
da rija, da boa,
30 da que deixa mossa
para a vida toda,
isso bem se via.
Queria ajudá-lo,
não só por carinho:
35 custa tanto vê-lo
metido na fossa
da melancolia[3]!
E para acabar
quase me atrevia
40 a pedir que guardem
muito bem guardado
tudo isto em segredo.
E muito obrigado.

Eugénio de Andrade, *Aquela Nuvem e Outras*,
Campo das Letras Editores S.A., Porto, 1999

Nas questões 1.1, 2. e 3., assinala com X a opção correcta, de acordo com o sentido do texto. Nas restantes, responde ao que te é pedido, segundo as orientações que te são dadas.

1. À medida que se lê o texto, percebe-se que D. João não é uma pessoa, mas, na verdade, um animal personificado.

1.1 D. João é

☐ um cão de raça.

☐ um gato bravo.

☐ um cão vadio.

☐ um gato doméstico.

---

1 *borralho* – lareira.
2 *coça* – tareia, sova.
3 *melancolia* – tristeza

1.2 Transcreve do texto seis palavras ou expressões que personificam D. João.

_____ _____

_____ _____

_____ _____

2. *«Foi-se D. João, / foi à sua vida»* (versos 1 e 2).
De acordo com o sentido do texto, a expressão *«foi à sua vida»* significa que D. João

☐ foi tratar de gozar a vida.

☐ saiu de casa para não voltar.

☐ foi cuidar da sua saúde.

☐ resolveu mudar de vida.

3. No texto, ficamos a saber que o narrador é amigo de D. João, porque

☐ o aconselha e lhe faz perguntas.

☐ lhe dá mimos e respeita a sua dor.

☐ trata os seus ferimentos e o consola.

☐ o protege e o ajuda a defender-se.

4. Nos versos 13 a 17, conta-se como D. João reagiu à carícia do narrador.
Por que razão terá D. João reagido assim?

_____

_____

_____

_____

5. Relê os versos 28 a 32.
Explica, por palavras tuas, o que pensa o narrador que pode ter acontecido a D. João.

_____

_____

_____

_____

6. Na tua opinião, por que razão o narrador quase se atreve a pedir segredo aos leitores do que aconteceu a D. João?

_____

_____

_____

_____

Lê agora o seguinte texto.

COMPORTAMENTOS E HÁBITOS DOS GATOS

Hierarquia social[1]

Quando dois gatos inesperadamente se cruzam, o que se encontra no ponto mais elevado do terreno passa a ter o poder nessa ocasião. O mesmo pode não se verificar no encontro seguinte.

A importância no grupo é também influenciada pela saúde e pelo cheiro. É vulgar um gato ser imediatamente atacado por um gato saudável, quando regressa a casa após ter sido hospitalizado ou ter recebido tratamento médico. No entanto, nas casas onde habitam muitos gatos, as lutas são muito raras depois de estabelecida a hierarquia.

O caçador solitário

Todos os gatos caçam. Os donos de gatos urbanos e de «raças novas» têm tendência para esquecer que o gato é o predador[2] terrestre mais pequeno e eficaz[3] do mundo e que precisa de caçar, necessidade essa que nada tem a ver com fome.

Mesmo um gato caro, criado em condições ideais, bem alimentado e meigo, gosta de caçar, devido à sua necessidade de perseguir e de saltar sobre as presas[4].

Como caçam os gatos

Embora os sentidos do gato o levem a caçar de madrugada, ao anoitecer ou em noites de Lua cheia, os gatos também caçam nas noites quentes de Verão ou a meio do dia, no Inverno. Isto pode estar relacionado com alterações nas actividades das presas.

O gato é atraído a determinado local por cheiros, como o da urina de rato. A estratégia[5] utilizada é aguardar junto a um caminho normalmente percorrido por um pequeno mamífero. Os gatos vadios são melhores caçadores do que os de companhia, mas os melhores de todos os caçadores são as gatas que amamentam as crias.

Dr. Bruce Fogle, _Gato – Cuidados, Saúde e Relacionamento_, Dorling Kindersley, Civilizações Editores, Lda., Porto, 2003.

(texto com adaptações)

---

1 _Hierarquia Social_ – importância que cada indivíduo tem no grupo e que marca as suas relações com os outros indivíduos do mesmo grupo.
2 _predador_ – animal cujo instinto o leva a perseguir e a caçar outros animais.
3 _eficaz_ – que consegue atingir os resultados esperados.
4 _presas_ – animais que são caçados pelos predadores e que lhes servem de alimento.
5 _estratégia_ – plano de acção usado para atingir um fim ou um objectivo.

7. Faz corresponder a cada um dos segmentos numerados na coluna esquerda um dos segmentos apresentados na coluna da direita, construindo afirmações que estejam de acordo com o texto que acabaste de ler.

	A
1	Um gato que tenha estado doente…
2	Nas habitações onde vivem vários gatos…
3	O impulso que os gatos sentem para caçar…
4	Um gato de luxo e carinhoso…
5	Um gato que caça habitualmente de madrugada ou ao anoitecer…
6	O cheiro da urina dos ratos…
7	Uma gata que tenha tido crias há pouco tempo…

	B
a)	… é frequentemente atacado por gatos vadios.
b)	… é também levado a caçar pelo seu instinto.
c)	… é uma atracção para os gatos.
d)	… é frequentemente esquecido pelos seus donos.
e)	… é raro haver lutas, se não houver um chefe.
f)	… é uma estratégia usada na caça.
g)	… é mais eficaz a caçar do que um gato vadio.
h)	… é frequentemente atacado por um gato de boa saúde.
i)	… é também capaz de perseguir as crias a meio do dia.
j)	… é raro haver disputas, depois de estabelecida a hierarquia.

1 - h)   4 - ___   6 - ___

2 - ___   5 - ___   7 - ___

3 - ___

8. Imagina que, com a tua turma, na Área de Projecto, estudas o comportamento dos gatos e decides elaborar um folheto de divulgação, para ser distribuído numa loja de animais.
O teu objectivo é transmitir informações úteis aos clientes interessados em gatos, sob a forma de perguntas e respostas.

Baseando-te no texto anterior e nos exemplos dados, completa o folheto com as respostas correctas.

COMPORTAMENTO DOS GATOS

De que depende a importância que os gatos têm relativamente a outros gatos?
_____
_____
_____

Por que razão os gatos sentem necessidade de caçar?
Os gatos são predadores e, por isso, sentem necessidade de perseguir e de caçar as presas.

Quando caçam os gatos?
_____
_____
_____

O que fazem os gatos para caçar?
Os gatos são atraídos por cheiros e aguardam junto a um caminho habitualmente percorrido por um pequeno mamífero.

9. O senhor Antunes, que mora no Entroncamento e tem um gato, precisa de se deslocar a Coimbra, numa sexta-feira, para o levar ao veterinário.

Antes de efectuar a viagem, tem de se informar sobre os horários das consultas e dos comboios, que a seguir te apresentamos.

HORÁRIO DAS CONSULTAS

Segundas, Quartas e Sextas – das 14h às 19h
Terças, Quintas e Sábados – das 9h às 13h

Estações	Horário dos comboios Alfa • LISBOA - PORTO						
	Horas						
Lisboa – Santa Apolónia	7.55	10.55	13.55	15.55	16.55	17.55	**Partida**
Lisboa – Oriente	8.04	11.04	14.04	16.04	17.04	18.04	Paragem nas diversas estações
Santarém	8.38	11.40	......	......	......	18.17	
Entroncamento	8.56	11.59	......	16.55	......	19.00	
Pombal	9.40	12.38	......	17.35	......	19.43	
Coimbra	10.05	13.04	15.57	18.02	18.57	20.12	
Aveiro	10.30	13.30	16.23	18.27	19.23	20.46	
Espinho	10.58	......	......	18.58	......	21.17	
Vila Nova de Gaia	11.10	14.10	17.00	19.10	20.00	21.30	
Porto – Campanhã	11.15	14.15	17.05	19.15	20.05	21.35	**Chegada**

Regista, em baixo, os horários dos comboios que o senhor Antunes poderá apanhar, na estação do Entroncamento, para ir à consulta do veterinário, numa sexta-feira.

HORÁRIOS SELECCIONADOS: _____
_____

> Desculpa se sou um "chato"!
> Confirmaste se as tuas respostas estavam correctas e completas?
> Respondeste a todas as perguntas?
> Na página 217 encontrarás as soluções.

A pontuação máxima era de 21 pontos. Escreve aqui a nota que obtiveste _____
Calcula agora a percentagem de sucesso. Multiplica a nota que obtiveste por 100 e, de seguida, divide o resultado por 21.

Se não tiveste a pontuação máxima, como explicas o teu resultado? Responde ao questionário abaixo. Marca com "x" as razões abaixo descritas que explicam o que aconteceu contigo. Podes acrescentar outras razões. Por exemplo, se achaste que o texto era muito difícil, deves escrever: "o texto era muito difícil".

	Sim
Não respondi a todas as perguntas.	
Não sabia responder.	
Não percebi a pergunta.	
Enganei-me a responder. Queria dar uma resposta e dei outra.	
As respostas estavam incompletas.	
As respostas estavam erradas.	

172

AVALIAÇÃO 5

PROVA DE AFERIÇÃO DE LÍNGUA PORTUGUESA, 2.º CICLO DO ENSINO BÁSICO (PARCIAL) - 2007[5]

INSTRUÇÕES GERAIS SOBRE A PROVA

1.ª PARTE
Vais responder a questões sobre cada um dos textos que te são apresentados para leitura.
Dispões de 50 minutos para realizares a prova.

Deves respeitar as instruções que a seguir te são dadas.

- Responde na folha da prova, a caneta ou a esferográfica, de tinta azul ou preta.
- Não uses corrector.
- Numas questões, terás de escolher e assinalar a(s) resposta(s) correcta(s).
- Nas questões em que apenas tens de assinalar a(s) resposta(s) correcta(s), se te enganares e puseres X no quadrado errado, risca esse quadrado e coloca o sinal no lugar que consideres certo.
- Nas outras questões, se precisares de alterar alguma resposta, risca-a e escreve à frente a nova resposta.

---

[5] Extraído da Prova de Aferição de Língua Portuguesa, 2.º Ciclo do Ensino Básico, 2007 http://www.gave.min-edu.pt.
A folha de cálculo para lançamento das respostas está disponível no ficheiro *"Prova de Aferição 2007 – 6.º ano"*.

1.ª Parte

Lê o texto com muita atenção.

A CAIXINHA DE MÚSICA

1   Catarina não gostava da cara que tinha. Achava-se feia, com o seu nariz arrebitado, a boca grande e os olhos muito pequeninos.

    Na escola, as crianças não queriam brincar com ela. Preferiam outras companhias. Corriam pelo pátio, muito alegres, fazendo jogos em que Catarina nunca conseguia

5   entrar.

    Quando a campainha tocava, no fim das aulas, pegava na pasta de cabedal castanho, punha-a às costas e ia sem pressa para casa, colada às paredes, com medo das sombras, dos gracejos dos rapazes mais crescidos. Com medo de tudo que pudesse tornar ainda mais triste a sua vida.

10   «Tens mesmo cara de bolacha.» - dissera-lhe, dias antes, uma rapariga da sua turma.

    Ficou muito magoada com aquelas palavras que lhe acertaram em cheio, como uma pedrada, em pleno coração.

    E lá andava ela com os seus olhos pequeninos e tristes, com os pés para o lado, a

15   ver se descobria alguém que conseguisse gostar dela, nem que fosse só um bocadinho.

    No caminho para casa encontrava todos os dias o homem do realejo.[1]

    Era muito velho e estava sempre a sorrir. Trazia, poisado no ombro, um grande papagaio de muitas cores que passava o tempo todo a dormitar.

    Quase ninguém reparava no velho que tocava cantigas muito antigas, à esquina de

20   duas ruas sem sol. Era um homem solitário.[2]

    Quando fez anos, Catarina levou-lhe uma fatia de bolo de aniversário, com cerejas cristalizadas e algumas velas em cima. O velho ficou muito comovido, guardou o bolo dentro de um saco branco e foi-se embora, para ela não ver a sua cara enrugada cheia de lágrimas.

25   Um dia, quando saiu da escola, foi procurar o seu amigo. Deixou que ele lhe agarrasse na mão e ouviu-o dizer numa voz muito sumida:

    «Vim hoje aqui com muito sacrifício só para te dizer adeus. Vou partir para muito longe, mas gostava de te deixar uma recordação minha». Meteu a mão no bolso do sobretudo e tirou uma pequena caixa de música.

30   «Esta caixinha é muito, muito velha. Nem se sabe ao certo a sua idade. Sempre que a abrires e tiveres um desejo ele há-de realizar-se imediatamente».

    Catarina ficou muito contente a olhar para a caixa e quando quis agradecer ao amigo já não o encontrou.

    Catarina levou para casa a caixinha de música e escondeu-a com muito cuidado

35   para ninguém a descobrir. O desejo não demorou a surgir: queria deixar de ser feia. Pôs-se à frente do espelho, abriu a caixa e pensou no seu desejo com quanta força tinha. Da caixinha saía uma música muito bonita. Catarina olhou para o espelho cheia

174

de receio de que o sonho não se tivesse tornado realidade. Mas não. Ninguém iria acreditar quando a visse com a sua nova cara, o ar alegre e bem disposto.

40   A sua vida modificou-se completamente. Passou a ter amigos. Já ninguém falava da sua cara, da sua maneira esquisita de andar.

Um dia perdeu a caixinha de música. Ao fim de uns dias, a magia começou a desaparecer lentamente. A boca alargou, os olhos voltaram a ficar muito pequenos. Sentiu de novo uma grande tristeza e apeteceu-lhe fugir para muito longe ou nunca
45 mais sair de casa.

Ao fim de algum tempo, acabou por se decidir: começou a sair à rua, a ir à escola.

E, com grande surpresa sua, os companheiros de escola, os amigos falavam-lhe como se nada tivesse acontecido, como se a sua cara não tivesse voltado ao que era dantes.
50   A tristeza desapareceu e Catarina percebeu que o importante não é a cara que as pessoas têm mas a forma como são na vida, no mundo, como sabem ser solidárias[3] com os outros.

José Jorge Letria, Histórias quase Fantásticas, Cacém, Edições Ró, 1981 (adaptado)

---

1 *realejo* - instrumento musical mecânico movido a manivela, como o que se pode observar na figura ao lado.
2 *solitário*, -a, adj. 1 - que está sem companhia, só; 2 - que vive na solidão, que se afasta da convivência com os outros.
3 *solidário*, -a, adj. 1 - que é capaz de estabelecer com alguém relações de ajuda mútua, de entreajuda; 2 - que revela disponibilidade para apoiar, defender ou consolar alguém em circunstâncias de necessidade.

Depois de teres lido todo o texto, responde ao que te é pedido, segundo as orientações que te são dadas.

1. Uma história começa quase sempre pela apresentação de uma situação inicial, a que se seguem o desenvolvimento e o desfecho ou conclusão. Das frases dadas, assinala com X a que não faz parte da situação inicial desta história.

☐ Catarina não gostava da cara que tinha.
☐ Achava a sua vida muito triste.
☐ Ia todos os dias sozinha para casa.
☐ A sua vida modificou-se completamente.
☐ Tinha medo de tudo, até das sombras.
☐ Queria descobrir alguém que gostasse dela.

2. Catarina é a personagem principal desta história.

Completa o quadro seguinte, indicando as características de Catarina, antes da sua primeira transformação.

Catarina	
Características físicas	• Boca _____ _____ • Olhos _____ _____ • Nariz _____ _____ • Pés _____
Características psicológicas	• _____ • _____

3. Assinala com X a expressão equivalente a «cara de bolacha».

«Tens mesmo cara de bolacha.» (linha 10)

☐ Cara de pau.

☐ Cara de poucos amigos.

☐ Cara de lua cheia.

☐ Cara de caso.

4. Assinala com X a opção correcta, de acordo com o sentido do texto.

De início, Catarina isolava-se dos colegas, porque

☐ gostava de estar sozinha na escola.

☐ era convencida e muito antipática.

☐ queria ser sempre bem comportada.

☐ tinha medo de que gozassem com ela.

176

5. Assinala com X as afirmações verdadeiras (V) e as falsas (F), de acordo com o sentido do texto.

Personagem da *Família Compreensão*	Afirmações	V	F
	Na escola, ao princípio, ninguém ligava à Catarina.		
	Os seus colegas andavam sempre tristes.		
	O tocador de realejo era velho e sorridente.		
	O velho do realejo tornou-se amigo de Catarina.		
	Catarina foi simpática com ele.		
	Havia sempre muita gente à volta do tocador.		
	O tocador de realejo tinha um pombo.		

6. Onde é que Catarina costumava encontrar o velho tocador de realejo?

7. Assinala com X a opção correcta, de acordo com o sentido do texto.
Catarina tornou-se amiga do velho músico, porque ele

- [ ] também era um solitário.
- [ ] tocava músicas antigas.
- [ ] já tinha muita idade.
- [ ] falava baixinho.

8. Nesta como em muitas histórias – *A Lâmpada de Aladino*, **por exemplo – o leitor encontra situações que são impossíveis no mundo real. Tal como nos contos maravilhosos, em que intervêm objectos mágicos, nesta história há também um objecto que tem, supostamente, poderes especiais. Identifica e descreve:**

• esse objecto «mágico»:

• o poder desse objecto «mágico»:

9. Relê a passagem «Catarina olhou para o espelho cheia de receio de que o sonho não se tivesse tornado realidade. Mas não.» (linhas 37-38)

Assinala com X a frase que exprime por completo o sentido que se pode retirar do texto.

☐ Mas não gostou do que viu.

☐ Mas não, o seu sonho concretizou-se.

☐ Mas não quis fiar-se em magias.

☐ Mas não, tudo continuou como antes.

10. Repara na frase:

«Ninguém iria acreditar quando a visse com a sua nova cara, o ar alegre e bem disposto.» (linhas 38-39)

Indica duas consequências positivas desta transformação de Catarina.

- _____
- _____

11. Ordena as seguintes frases de 1 a 10, de acordo com a sequência da história.

Repara que a primeira frase da sequência já está assinalada.

Um dia, o velho deu uma caixa de música à Catarina.	
No caminho para casa, ia com medo de tudo.	
A partir desse momento, na escola, todos começaram a brincar com ela.	
Na escola, ninguém queria brincar com a Catarina.	1
Catarina pediu um desejo à caixa de música.	
Ela levou uma fatia de bolo ao seu amigo.	
Encontrou um velho que tocava músicas antigas num realejo.	
Catarina descobriu que não era preciso ser bonita para que gostassem dela.	
O velho sentiu-se muito comovido com a oferta da Catarina.	
Catarina perdeu a caixa de música.	

12. Indica tudo o que Catarina sentiu quando a «magia» da caixa começou a desaparecer.

- _____
- _____
- _____

13. Completa a frase, assinalando com X a opção correcta.

No entanto, Catarina acabou por se aperceber de que os seus novos amigos continuaram a tratá-la do mesmo modo, porque o importante é ser

☐ belo.

☐ solidário.

☐ corajoso.

☐ calmo.

14. A receita de um bolo indica as quantidades, os ingredientes e o modo de o fazer.
Imagina que Catarina vai fazer um bolo de aniversário. Lê a receita do bolo com atenção.

Bolo de Cerejas

Batem-se duas gemas de ovos com duzentos e cinquenta gramas de açúcar e cinquenta gramas de manteiga. Depois de tudo muito bem batido, juntam-se doze colheres de sopa de leite, duzentos e setenta e cinco gramas de farinha e uma colher de sopa de fermento. Continua-se a bater a massa e, por fim, juntam-se-lhe duas claras batidas em castelo. Coze-se em forma lisa ou em tabuleiro alto. Logo que sai do forno, cobre-se com xarope de cerejas *q.b.*

Laura Santos, *O Mestre Cozinheiro*,
Lisboa, Editorial Lavores, s/d. (texto adaptado)

Lista de Ingredientes

- _____
- _____
- _____
- _____
- _____
- _____
- _____

14.1 Preenche a coluna ao lado do texto apenas com os ingredientes da receita.

14.2 Na massa do bolo não entram cerejas. Explica, então, por que razão a receita se chama *Bolo de Cerejas*.

_____

_____

14.3 Relê com atenção o último parágrafo do texto da receita e assinala com X a opção correcta.
As iniciais *q.b.* significam:

☐ quase branco.

☐ quatro bocados.

☐ quanto baste.

☐ qualquer bolo.

Já acabaste? Confirma se as tuas respostas estão correctas e completas e se respondeste a todas as perguntas.
Na página 218 encontrarás as soluções.

A pontuação máxima era de 25 pontos. Escreve aqui a nota que obtiveste _____

Calcula agora a percentagem de sucesso. Multiplica a nota que obtiveste por 100 e, de seguida, divide o resultado por 25.

Se não tiveste a pontuação máxima, como explicas o teu resultado? Responde ao questionário abaixo. Marca com "x" as razões abaixo descritas que explicam o que aconteceu contigo. Podes acrescentar outras razões. Por exemplo, se achaste que o texto era muito difícil, deves escrever: "o texto era muito difícil".

	Sim
Não respondi a todas as perguntas.	
Não sabia responder.	
Não percebi a pergunta.	
Enganei-me a responder. Queria dar uma resposta e dei outra.	
As respostas estavam incompletas.	
As respostas estavam erradas.	

AVALIAÇÃO 6

PROVA DE AFERIÇÃO DE LÍNGUA PORTUGUESA, 2.º CICLO DO ENSINO BÁSICO (PARCIAL) - 2005[6]

INSTRUÇÕES GERAIS SOBRE A PROVA

1.ª PARTE

Vais responder a questões sobre cada um dos textos que te são apresentados para leitura.

Dispões de 50 minutos para realizares a prova.

Deves respeitar as instruções que a seguir te são dadas.

- Responde na folha da prova, a caneta ou a esferográfica, de tinta azul ou preta.
- Não uses corrector.
- Numas questões, terás de escolher e assinalar a(s) resposta(s) correcta(s).
- Nas questões em que apenas tens de assinalar a(s) resposta(s) correcta(s), se te enganares e puseres X no quadrado errado, risca esse quadrado e coloca o sinal no lugar que consideres certo.
- Nas outras questões, se precisares de alterar alguma resposta, risca-a e escreve à frente a nova resposta.

---

[6] Extraído da Prova de Aferição de Língua Portuguesa, 2.º Ciclo do Ensino Básico, 2005 http://www.gave.min-edu.pt.
A folha de cálculo para lançamento das respostas está disponível no ficheiro *"Prova de Aferição 2005 – 6.º ano"*.

1.ª Parte

Lê o texto com muita atenção. Em caso de necessidade, consulta o vocabulário que é apresentado, por ordem alfabética, a seguir ao texto.

HISTÓRIA DA BALEIA

1   Há muito, muito, muito tempo, vivia no mar a baleia que comia peixes. Ainda ela, nesse tempo, podia comer peixes. Comia sardinhas e tainhas, gorazes e roazes, bugios e safios, pescadas e douradas, bacalhaus e carapaus.

    A todos os peixes que ia encontrando deitava-lhes a boca – ão! Por fim, só havia no
5 mar um salmonete vermelhete, que nadava sempre atrás da orelha esquerda da baleia, para ela não lhe fazer mal. Um dia, a baleia pôs-se a pensar, muito séria, e disse assim:

    – Tenho fome!

    E o salmonete vermelhete, com a sua voz muito agudita, disse à baleia:

    – Nobre e generoso Cetáceo: já experimentou comer homens?
10   – Não – respondeu a baleia. – A que sabe? Como é?

    – Bom, mas traquinas – respondeu o salmonete vermelhete.

    – Então, vai-me buscar três dúzias deles – ordenou a baleia.

    – Basta um de cada vez – disse o salmonete vermelhete. – Se for à latitude 60 graus norte e à longitude 40 graus oeste (isto, amigos, são umas palavrinhas mágicas que o
15 salmonete lá sabia), encontrará uma jangada feita de tábuas e sobre a jangada um marinheiro náufrago, com calças de ganga azul, uma faca de ponta aguda e suspensórios encarnados (não se esqueçam dos suspensórios!). O marinheiro, devo dizer-lhe, é arguto, astuto e resoluto.

    A baleia, então, foi aonde lhe disse o salmonete vermelhete e encontrou a jangada
20 e o marinheiro. Aproximou-se, abriu a bocarra imensa e engoliu a jangada e o marinheiro, com as calças de ganga azul, com a faca de ponta aguda e com os suspensórios encarnados (nunca se esqueçam dos suspensórios!).

    O marinheiro (que era arguto, astuto e resoluto), mal se viu dentro da baleia, na despensa escura, quentinha e fofazinha, pulou, saltou, rebolou, cambaleou, espinoteou,
25 dançou, sapateou, fandangueou, esperneou, gritou, berrou, cantou, estrondeou tanto, tanto, tanto que a baleia se sentiu com enjoos, engulhos e soluços (já se esqueceram dos suspensórios?). E disse a baleia ao salmonete vermelhete:

    – O teu homem é muito traquinas e dá-me engulhos. Que hei-de eu fazer?

    – Diga-lhe que saia cá para fora – respondeu o salmonete vermelhete.
30   E a baleia gritou pela garganta abaixo:

    – Saia cá para fora, homenzinho, e veja se tem juízo!

    – Isso é que eu não saio – respondeu o homem. – Leve-me primeiro para a minha terra e depois veremos o que se poderá fazer.

    E pôs-se outra vez a saltar, a pular, a espinotear e a rebolar.
35   – O melhor é levá-lo para casa – aconselhou o salmonete vermelhete. – Eu já tinha prevenido a senhora baleia de que o marinheiro era arguto, astuto e resoluto.

E a baleia nadou, nadou, nadou, dando à cauda e às barbatanas, mas sempre com soluços e muito enjoada. Quando avistou a terra do marinheiro, nadou para a praia, pôs a boca sobre a areia, abriu-a muito e disse:

40 — Cá chegámos à sua terra!

O marinheiro, que era na verdade arguto, astuto e resoluto, tinha durante a viagem puxado da sua faca de ponta aguda e cortado as tábuas da jangada em fasquiazinhas muito estreitas, que ligou muito bem com tiras dos suspensórios (bem lhes dizia eu que não se esquecessem dos suspensórios!) e fez com elas uma grade que empurrou, ao

45 sair, contra a garganta da baleia.

E, deixando a grade bem presa na garganta da baleia, saltou para terra e foi ter com a mãe, com a qual viveu muito contente.

A baleia foi-se embora também muito contente, assim como o salmonete vermelhete; mas a grade é que nunca mais saiu da garganta da baleia. E por isso é que

50 a baleia nunca mais pôde comer homens, nem meninos, nem peixes – nem sardinhas nem tainhas, nem gorazes nem roazes, nem bugios nem safios, nem pescadas nem douradas – porque os peixes não podem passar pelas grades da garganta, mas só bichinhos pequeninos como, por exemplo, as pulgas do mar.

António Sérgio, *Na Terra e no Mar*,
Lisboa, Livraria Sá da Costa Editora, 1995 (adaptado)

VOCABULÁRIO:

arguto – que tem argúcia, inteligente, inventivo.

astuto – que tem astúcia, manhoso.

Cetáceo – categoria de animais mamíferos a que pertencem a baleia, o cachalote, o golfinho, etc.

engulhos – vómitos, náuseas.

resoluto – que toma resoluções, decidido, desembaraçado.

Nas questões 1., 2., 4. e 9., assinala com X a opção correcta, de acordo com o sentido do texto que acabaste de ler.

Nas restantes, responde ao que te é pedido, segundo as orientações que te são dadas.

Selecciona o processo de compreensão leitora presente nesta tarefa e sublinha-o.

Compreensão Literal; Compreensão Inferencial; Reorganização; Compreensão Crítica; Extracção do Significado das Palavras.

1. A baleia era muito comilona e devorava todos os peixes que lhe apareciam pela frente. No entanto, um dia, disse ao salmonete que tinha fome.
Por que razão tinha ela fome?

☐ Há muitos dias que não comia nadinha.

☐ Estava farta de se alimentar só de peixe.

☐ Já não havia peixes por aquelas bandas.

☐ Os peixes fugiam todos mal a viam.

Selecciona o processo de compreensão leitora presente nesta tarefa e sublinha-o.

Compreensão Literal; Compreensão Inferencial; Reorganização; Compreensão Crítica; Extracção do Significado das Palavras.

2. Apesar de andar esfomeada, a baleia não tinha comido o salmonete vermelhete, porque

☐ era alérgica a salmonetes.

☐ o salmonete era o seu melhor amigo.

☐ o salmonete não se deixava apanhar.

☐ só gostava de comer outros peixes.

Selecciona o processo de compreensão leitora presente nesta tarefa e sublinha-o.

Compreensão Literal; Compreensão Inferencial; Reorganização; Compreensão Crítica; Extracção do Significado das Palavras.

3. Que ideia deu o salmonete à baleia para ela matar a fome?

_____

_____

_____

Selecciona o processo de compreensão leitora presente nesta tarefa e sublinha-o.

Compreensão Literal; Compreensão Inferencial; Reorganização; Compreensão Crítica; Extracção do Significado das Palavras.

4. Quando encontrou uma jangada e um marinheiro, a baleia engoliu-os.
Na barriga da baleia, o marinheiro não parava quieto, nem se calava, para

☐ vencer o medo de ser digerido.

☐ incomodar fisicamente a baleia.

☐ se divertir com aquela aventura.

☐ ser ouvido por outros marinheiros.

Selecciona o processo de compreensão leitora presente nesta tarefa e sublinha-o.

Compreensão Literal; Compreensão Inferencial; Reorganização; Compreensão Crítica; Extracção do Significado das Palavras.

5. O marinheiro _«pulou, saltou, rebolou, cambaleou, espinoteou, dançou, sapateou, fandangueou, esperneou, gritou, berrou, cantou, estrondeou»_ **(linhas 24-25).**

Selecciona, na frase anterior, quatro palavras que sugiram principalmente movimento e quatro que indiquem sobretudo produção de sons.

Escreve-as no quadro que se segue, nas respectivas linhas.

Movimento

Produção de Sons

Selecciona o processo de compreensão leitora presente nesta tarefa e sublinha-o.

Compreensão Literal; Compreensão Inferencial; Reorganização; Compreensão Crítica; Extracção do Significado das Palavras.

6. Completa a seguinte afirmação, de acordo com o sentido do texto.

Na frase *«E a baleia nadou, nadou, nadou…»* (linha 37), a repetição de *«nadou»* dá a ideia de que

---

Selecciona o processo de compreensão leitora presente nesta tarefa e sublinha-o.

Compreensão Literal; Compreensão Inferencial; Reorganização; Compreensão Crítica; Extracção do Significado das Palavras.

7. O marinheiro mostrou ser, realmente, *«arguto, astuto e resoluto»* (linha 41).
Apresenta duas razões que comprovem esta afirmação.

Selecciona o processo de compreensão leitora presente nesta tarefa e sublinha-o.

Compreensão Literal; Compreensão Inferencial; Reorganização; Compreensão Crítica; Extracção do Significado das Palavras.

8. Apesar de continuar esfomeada, a baleia foi-se embora *«muito contente»* (linha 48).
Explica a razão desse contentamento.

Selecciona o processo de compreensão leitora presente nesta tarefa e sublinha-o.

Compreensão Literal; Compreensão Inferencial; Reorganização; Compreensão Crítica; Extracção do Significado das Palavras.

9. Relê com atenção as frases que, nas linhas 17, 22 e 26-27, estão entre parênteses.
Com estas frases, o narrador pretende

☐ desvendar de antemão o final da história.

☐ dar pistas que identifiquem o náufrago.

☐ manter sempre viva a curiosidade do leitor.

☐ fornecer dados sobre o desenrolar da história.

Selecciona o processo de compreensão leitora presente nesta tarefa e sublinha-o.

Compreensão Literal; Compreensão Inferencial; Reorganização; Compreensão Crítica; Extracção do Significado das Palavras.

10. Embora seja em prosa, o texto apresenta diferentes séries de palavras que rimam entre si.
Transcreve do último parágrafo do texto (linhas 48-53) três exemplos dessas rimas.

Exemplo 1	Exemplo 2	Exemplo 3

Selecciona o processo de compreensão leitora presente nesta tarefa e sublinha-o.

Compreensão Literal; Compreensão Inferencial; Reorganização; Compreensão Crítica; Extracção do Significado das Palavras.

11. Volta a ler o primeiro parágrafo (linhas 1-3) e o último parágrafo do texto (linhas 48-53).

Agora, considera que há baleias com dentes, que podem alimentar-se de seres marinhos de tamanhos variáveis, e que há baleias que, em vez de dentes, têm barbas que formam um filtro, alimentando-se, portanto, quase só de pequenos seres semelhantes aos camarões.

Em qual dos dois tipos de baleias se inspirou o autor para escrever as aventuras e as desventuras da baleia comilona? Justifica a tua resposta.

Lê atentamente este anúncio, publicado numa revista.

In *Visão*, n.º 576, de 18 a 24 de Março de 2004 (adaptado)

Responde, agora, às seguintes questões, segundo as orientações que te são dadas.

Selecciona o processo de compreensão leitora presente nesta tarefa e sublinha-o.

Compreensão Literal; Compreensão Inferencial; Reorganização; Compreensão Crítica; Extracção do Significado das Palavras.

12. Volta a ler as afirmações de Edivaldo Júnior.

Baseando-te apenas na interpretação dessas frases, assinala com X, na coluna corresponden-te, as afirmações verdadeiras (V) e aquelas que não se sabe se são verdadeiras (NS).

Afirmações	V	NS
Os rios brasileiros são muito longos.		
Os rios brasileiros têm maior caudal do que os rios portugueses.		
Os rios portugueses são mais navegáveis do que os rios brasileiros.		
Junto aos rios portugueses, há muitos vestígios do passado.		
Em Portugal, Edivaldo só visitou terras à beira-rio.		
Edivaldo conheceu locais históricos portugueses.		

Selecciona o processo de compreensão leitora presente nesta tarefa e sublinha-o.

Compreensão Literal; Compreensão Inferencial; Reorganização; Compreensão Crítica; Extracção do Significado das Palavras.

13. Relê agora, na parte inferior do anúncio, as *«5 formas de conhecer a nossa cultura».*

Transcreve das frases cinco palavras ou expressões diferentes que indiquem que Portugal tem *«séculos de História».*

_____

_____

_____

_____

_____

Selecciona o processo de compreensão leitora presente nesta tarefa e sublinha-o.

Compreensão Literal; Compreensão Inferencial; Reorganização; Compreensão Crítica; Extracção do Significado das Palavras.

14. Assinala com X a resposta correcta.

As frases *«Milhões de turistas já descobriram Portugal. Agora, chegou a sua vez.»* **mostram que este anúncio pretende sobretudo**

☐ fazer publicidade à cultura portuguesa no estrangeiro.

☐ trazer a Portugal maior número de turistas brasileiros.

☐ motivar os portugueses para conhecerem melhor Portugal.

☐ dar a conhecer aos estrangeiros os rios portugueses.

Consulta o Boletim Meteorológico, publicado num jornal diário.

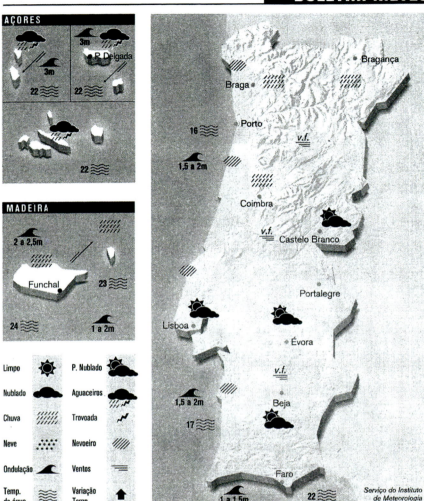

In *Correio da Manhã* de 7 de Outubro de 2004 (adaptado).

Selecciona o processo de compreensão leitora presente nesta tarefa e sublinha-o.

Compreensão Literal; Compreensão Inferencial; Reorganização; Compreensão Crítica; Extracção do Significado das Palavras.

15. Assinala com X, de acordo com as informações do Boletim Meteorológico, as afirmações verdadeiras (V) e as falsas (F).

Afirmações	V	F
Em Lisboa, o céu vai estar pouco nublado, sendo a temperatura mínima de 15 graus centígrados.		
A temperatura da água do mar na costa de Faro vai variar entre 1 a 1,5 graus centígrados.		
Na Madeira, não haverá nevoeiro.		
Vai chover em Ponta Delgada, no Funchal e em Castelo Branco.		
Haverá algum vento em praticamente todo o continente.		
O Sol mostrar-se-á em algumas zonas, como as de Portalegre e de Beja.		
As cidades mais quentes do país serão Lisboa, Beja e Porto.		
Em Portugal continental, vai nevar nas terras altas.		
Na Madeira, a ondulação não será superior a 2,5 metros.		

Já te ouço… "Já sei o que vais dizer… relê, confirma, verifica!" Ok, não digo mais nada!
Na página 218 encontras as soluções.

A pontuação máxima era de 23 pontos. Obtiveste _____ pontos.

Calcula agora a tua percentagem de sucesso. Lembras-te de como se faz?[7] Se não obtiveste a pontuação máxima como explicas o teu resultado?

Responde ao questionário seguinte:

	Sim
Não respondi a todas as perguntas.	
Não sabia responder.	
Não percebi a pergunta.	
Enganei-me a responder. Queria dar uma resposta e dei outra.	
As respostas estavam incompletas.	
As respostas estavam erradas.	

---

[7] Multiplica a nota que obtiveste por 100 e, de seguida, divide o resultado por 23.

AVALIAÇÃO FINAL (7)

PROVA DE AFERIÇÃO DE LÍNGUA PORTUGUESA, 2.º CICLO DO ENSINO BÁSICO (PARCIAL) - 2006 [8]

INSTRUÇÕES GERAIS SOBRE A PROVA

1.ª PARTE
Vais responder a questões sobre cada um dos textos que te são apresentados para leitura.
Dispões de 50 minutos para realizares a prova.

Deves respeitar as instruções que a seguir te são dadas.

- Responde na folha da prova, a caneta ou esferográfica, de tinta azul ou preta.
- Não podes usar corrector.
- Numas questões, terás de escolher e assinalar a(s) resposta(s) correcta(s); noutras, terás de escrever a resposta.
- Nas questões em que apenas tens de assinalar a(s) resposta(s) correcta(s), se te enganares e puseres um X no quadrado errado, risca esse quadrado e coloca o sinal no lugar que consideres certo.
- Nas outras questões, se precisares de alterar alguma resposta, risca-a e escreve à frente a nova resposta.

---

[8] Extraído da Prova de Aferição de Língua Portuguesa, 2.º Ciclo do Ensino Básico, 2006 http://www.gave.min-edu.pt. A folha de cálculo para lançamento das respostas está disponível no ficheiro *"Prova de Aferição 2006 – 6.º ano"*.

1.ª Parte

Lê o texto com muita atenção.

A VISITA À MADRINHA

1   Agora, agora mesmo quase à beirinha do sono da noite, dou comigo a colocar uma cassete especial no vídeo da minha vida e a preparar-me para assistir a certas coisas que me aconteceram por volta dos meus 5 anos de idade!

    (...) Um dia, por alturas da Páscoa desse ano, a nossa mãe olhou para mim e para 5 as minhas duas irmãs, mais novas do que eu e, apontando apenas para mim, anunciou em voz solene: «Amanhã vamos todos fazer uma visita à tua Madrinha!»

    (...) A minha Madrinha era nossa tia-avó. Pequenina e delicada, não parecia muito preparada para viver neste mundo. Digo isto porque andava muito devagarinho, como se tivesse medo de pisar o chão e de ele se queixar. E passava por entre os móveis e 10 as cadeiras, e de porta em porta, com muita cerimónia, assim como que a pedir licença para passar. E o seu cabelo era só caracolinhos muito brancos à roda da cabeça. A Madrinha morava no Porto, junto da Rua Sá da Bandeira, numa moradia muito bonita. Quando no dia seguinte lá chegámos, a mãe e o pai, e nós três muito bem arranjadas, de luvas e chapéu, com os ouvidos cheios de «Não façam isto, não façam aquilo»... 15 «Portem-se bem»... «Não batam os pés»... «Não mexam em nada»..., já sabíamos que a Madrinha estava à nossa espera, pois esta visita anual era sempre anunciada com a devida antecedência. Tocámos à campainha, alguém veio abrir a porta e pegar nos nossos casacos e chapéus e luvas, que não vi onde penduraram. À nossa frente, num vasto chão imaculadamente branco, uma passadeira de veludo vermelho parecia não 20 ter fim. Lá muito ao fundo, numa sala cheia de quadros e de esculturas, e de muitos, muitos livros, estavam a Madrinha e o Padrinho, de braços abertos. O Padrinho, o nosso tio-avô Alberto Villares, «era um sábio» – dizia sempre o meu pai, «e que até era um cientista ilustre, tinha um Observatório de Astronomia no telhado da casa, onde estudava os mistérios do céu, e que do Observatório de Paris estavam sempre a pedir 25 a opinião dele»..., e por tudo isto, embora ele fosse sempre muito delicado e muito simpático para nós, eu tinha imenso medo de dizer os meus costumados disparates ao pé dele.

    Ora, neste dia, ele quis saber se eu já sabia ler, e eu, sem querer, disse que sim, mas a verdade é que ainda não sabia. Então, ele foi buscar um livrinho com desenhos. 30 Em cada página havia um lindo e colorido desenho muito grande, que tinha por baixo, escrita, o que eu já percebia que era uma palavra. E foi assim: numa página vi uma grande maçã e... apontando com um dedo a palavra que estava debaixo, fingi que, a muito custo, lia a palavra MAÇÃ. Na página a seguir, vi um pato e fingi que lia, a custo, a palavra que estava por baixo: PATO.

35   Como a vida me estava a correr bem, fiquei mais calma. Até que apareceu uma página com um desenho que era mesmo mesmo uma grande mão. Sem hesitar nem

um bocadinho, apontei para a palavra em baixo e, muito lampeira, quase gritei: MÃO!
Foi uma risota. Os meus pais e os padrinhos riam com gosto, e eu sem perceber
porquê! Até que a minha mãe, devagarinho e docemente, me disse: – «Não, filha, o que
40 aqui está escrito não é MÃO. O que está escrito é LUVA». Fiquei tão envergonhada que
nunca mais me esqueci daquele momento. A seguir, já nem o lanche me soube a nada,
nem o bolo de chocolate, nem os docinhos, nem as torradinhas com manteiga, nem os
rebuçados de tantas cores. E foi nesse momento que resolvi que tinha de aprender a
ler de verdade. Mesmo que ninguém tivesse paciência para me ensinar, havia de
45 aprender a ler sozinha! E assim foi. Sozinha e às escondidas, aprendi a ler à minha
moda, pouco tempo depois, já nos campos de um Ribatejo com extremas para o
Alentejo, em terras da minha mãe, onde passámos a viver. Só aos 9 anos fui pela
primeira vez para um Colégio, em Lisboa. E nessa altura já eu era tu cá-tu lá com todas
as historinhas que apanhava à mão e com toda a experiência boa que uma Natureza
50 campestre e sábia tinha posto à minha disposição.

Maria Alberta Menéres, *Contos da Cidade das Pontes*,
Porto, Editorial Âmbar, 2001

Depois de teres lido todo o texto, responde ao que te é pedido, segundo as orientações que te são dadas.
Relê o texto sempre que precisares de procurar informação para responderes às perguntas.

1. Assinala com X a opção correcta, de acordo com o sentido do texto.
Com a frase «… *dou comigo a colocar uma cassete especial no vídeo da minha vida…*» **(linhas 1 e 2), a narradora pretende dizer-nos que**

☐ antes de dormir, foi ver, no vídeo, um filme sobre a sua vida.

☐ antes de adormecer, recordou acontecimentos do seu passado.

☐ antes de se deitar, viu uma cassete sobre o seu quinto aniversário.

☐ quando adormeceu, sonhou com factos vividos aos cinco anos.

2. Lê a seguinte frase (linhas 4 a 6).
«*Um dia, por alturas da Páscoa desse ano, a nossa mãe (…) anunciou em voz solene…*»
Assinala com X a opção correcta, de acordo com o sentido do texto.
O tom solene da voz da mãe significava que ela

☐ ia dizer uma coisa importante.

☐ estava aborrecida com as filhas.

☐ queria ser imediatamente obedecida.

☐ estava cansada de repetir o mesmo.

3. Relê a frase (linha 6).

«*Amanhã vamos todos fazer uma visita à tua Madrinha!*»

3.1 Neste contexto, a palavra «todos» refere os elementos de uma família constituída por cinco pessoas.

Transcreve do texto a frase ou a expressão que comprova esta afirmação.

_____

_____

3.2 Assinala com X a opção correcta, de acordo com o sentido do texto.

As visitas a casa da Madrinha aconteciam

☐ uma vez por semana.

☐ uma vez por quinzena.

☐ uma vez por mês.

☐ uma vez por ano.

4. Os pais prepararam com cuidado a visita a casa dos padrinhos.

Por que razão as meninas iam tão bem vestidas e os pais lhes faziam tantas recomendações?

_____

_____

_____

5. Lê com atenção a seguinte frase (linhas 13 e 14).

«*Quando no dia seguinte lá chegámos (...) com os ouvidos cheios...*»

Na coluna A estão listadas quatro expressões em que entra a palavra «ouvidos». Relaciona cada uma delas com o significado correspondente, escrevendo 1, 2, 3 e 4 nas hipóteses adequadas da coluna B.

A	
1	*ter os ouvidos cheios...*
2	*fazer ouvidos de mercador...*
3	*ser todo ouvidos...*
4	*entrar por um ouvido e sair pelo outro...*

B
ouvir com muita atenção…
não ouvir absolutamente nada…
esquecer logo o que se ouve…
fingir que não se ouve…
ouvir com dificuldade…
estar farto de ouvir o mesmo...

6. Relê o terceiro parágrafo do texto (linhas 7 a 27).

6.1 Assinala com X as afirmações verdadeiras (V) e as falsas (F), de acordo com o sentido do texto.

Afirmações	V	F
Os padrinhos residiam no Porto.		
A rua onde moravam chamava-se Sá da Bandeira.		
A Madrinha veio abrir a porta.		
As meninas arrumaram os casacos e as luvas.		
O vermelho da passadeira contrastava com o branco do chão.		
A sala onde entraram só tinha livros e esculturas.		
Os padrinhos receberam-nos de forma carinhosa.		

6.2 No terceiro parágrafo, a narradora faz a descrição dos padrinhos.
Escreve, à frente de cada característica, uma palavra, uma expressão ou uma frase, retirada do texto, que confirme que:

– a Madrinha era uma pessoa
• idosa _____

• frágil _____

– o Padrinho era uma pessoa
• culta _____

• amável _____

7. Lê novamente a seguinte passagem do texto (linhas 28 e 29).

«Ora, neste dia, ele quis saber se eu já sabia ler, e eu, sem querer, disse que sim, mas a verdade é que ainda não sabia.»

Por que razão deu a menina essa resposta?
Assinala com X a opção correcta, de acordo com o sentido do texto.

☐ Pensou que as irmãs fariam troça dela.

☐ Teve medo de que a mãe lhe ralhasse.

☐ Já era habitual a menina mentir.

☐ Quis fazer boa figura perante os padrinhos.

8. Apesar dos esforços da menina, rapidamente os pais e os padrinhos perceberam que ela estava a fingir. Explica como foi que eles perceberam.

_____
_____
_____
_____

9. Enquanto esteve em casa dos padrinhos, a menina foi tomando várias atitudes e experimentando diferentes emoções e sentimentos.

Associa cada um dos momentos da história (coluna A) às atitudes, emoções e sentimentos que, na tua opinião, lhe correspondem.

Para resolveres a questão, escreve 1, 2, 3 e 4 nas hipóteses correspondentes da coluna B.

A	
1	*«…eu tinha imenso medo de dizer os meus costumados disparates…»* (linha 26)
2	*«…Sem hesitar nem um bocadinho (…) quase gritei…»* (linhas 36 e 37)
3	*«Os meus pais e os padrinhos riam com gosto, e eu sem perceber porquê!»* (linhas 38 e 39)
4	*«…nunca mais me esqueci daquele momento. A seguir, já nem o lanche me soube a nada…»* (linha 41)

B
Nervosismo e irritação
Humilhação e vergonha
Arrogância e vaidade
Entusiasmo e confiança
Surpresa e incompreensão
Calma e indiferença
Insegurança e receio

10. Assinala com X a opção correcta, de acordo com o sentido do texto.
Depois do que lhe aconteceu, a menina tomou a decisão de

☐ para a próxima fingir melhor.

☐ nunca mais visitar os padrinhos.

☐ aprender a ler nem que fosse sozinha.

☐ pedir à mãe que a ensinasse a ler.

Lê e observa com atenção o seguinte Roteiro Turístico sobre a zona da cidade do Porto, onde viviam os padrinhos da menina.

Caminhemos até à Praça D. João I. Esta praça, de forma quadrangular, foi construída já nos nossos dias. Nela se destacam dois belos edifícios: o Palácio Atlântico e o Teatro Rivoli.

Atravessando a Praça D. João I, temos em frente o Palácio Atlântico, que faz esquina com a Rua Sá da Bandeira. Começando a subir esta rua, encontramos, à direita, o famoso Mercado do Bolhão, o mais típico dos mercados portuenses. Logo depois, se virarmos à direita para a Rua Fernandes Tomás, chegamos à Rua de Santa Catarina, paralela à Rua Sá da Bandeira e uma das artérias comerciais mais conhecidas da Cidade Invicta.

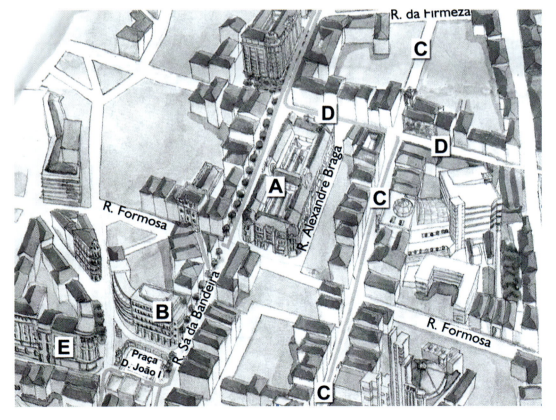

In Guia Expresso, Porto 2001, 4.º fascículo (adaptado)

11. Baseando-te nas informações do texto e observando atentamente o mapa, faz a sua legenda. Para responderes à questão, escreve Palácio Atlântico, Teatro Rivoli, Mercado do Bolhão, Rua Fernandes Tomás e Rua de Santa Catarina, à frente da letra (A, B, C, D e E) que corresponde à respectiva localização.

Legenda do Mapa

A – _____

B – _____

C – _____

D – _____

E – _____

Lê, agora, os textos A e B sobre a autora do texto «A Visita à Madrinha».

TEXTO A - Maria Alberta MENÉRES

Natural de Vila Nova de Gaia, onde nasceu a 25/8/1930, Maria Alberta Rovisco Garcia Menéres licenciou-se em Ciências Histórico-Filosóficas na Faculdade de Letras de Lisboa. Poetisa, escritora e professora, foi ainda funcionária da RTP. Estreou-se na poesia com o livro *Intervalo*, publicado em 1952. Colaborou em várias publicações de que salientamos: «Jornal do Fundão», «Diário de Notícias», «Cadernos do Meio-Dia», «Távola Redonda».

Maria Alberta Menéres é uma das mais destacadas figuras da literatura infantil portuguesa, à qual tem dedicado muito do seu saber e talento. A sua obra é vasta neste domínio e atravessada por histórias originais, recolha tradicional, versão de obras clássicas, teatro infantil e poesia para crianças.

TEXTO B - Obras de Maria Alberta Menéres

Literatura Infantil: *Conversas com Versos*, 1968; *Figuras Figuronas*, 1969; *O Poeta Faz-se aos Dez Anos*, 1973; *Lengalenga do Vento*, 1976; *Hoje Há Palhaços*, 1976 (com António Torrado); *A Pedra Azul da Imaginação*, 1977; *Semana Sim, Semana Sim*, 1978; *A Água que Bebemos*, 1981; *O Ouriço Cacheiro Espreitou Três Vezes*, 1981; *Dez Dedos Dez Segredos*, 1985; *O Retrato em Escadinha*, 1985; *Histórias de Tempo Vai Tempo Vem*, 1988; *À Beira do Lago dos Encantos*, 1988; *Ulisses*, 1989 (adaptação); *No Coração do Trevo*, 1992; *Uma Palmada na Testa*, 1993; *Pêra Perinha*, 1993; *A Gaveta das Histórias*, 1995; *Sigam a Borboleta*, 1996; *O Cão Pastor*, 2001.

António Garcia Barreto, *Dicionário de Literatura Infantil Portuguesa*,
Porto, Campo das Letras Editores, 2002 (adaptado)

12. Preenche o quadro com dados sobre Maria Alberta Menéres, retirando a informação necessária dos textos que acabaste de ler.

Nome completo	
Naturalidade	
Idade	
Licenciatura	
Duas publicações em que colaborou	
Duas actividades profissionais que desenvolveu	
Obras publicadas em 1993	

Vamos corrigir a prova. A grelha de correcção está na página 219.
Há diferenças em relação aos resultados que obtiveste quando realizaste esta prova no início do programa?

ANEXOS

Anexo 1 - Grelhas de correcção

UMA AVENTURA NOS AÇORES	
Pergunta	**Resposta**
1	As autoras comparam a cratera do vulcão à garganta aberta de um monstro gigante e descrevem este monstro como sendo marinho uma vez que o vulcão se situa numa ilha e, por conseguinte, visto de cima, pode assemelhar-se a um enorme monstro no meio do oceano.
2	2.1. A Luísa descreve a cidade utilizando a expressão "riso aberto sobre o mar" porque esta se situa numa baía em forma de concha e esta configuração assemelha-se à de um grande sorriso. 2.2. A frase refere-se à cidade da Horta.
3	Ficar imóvel, como uma pedra.
4	Provavelmente Tony é um adulto pois: 1) este é sócio, presumivelmente de negócios, de dois adultos; e 2) tem um sobrinho que viaja com ele, e geralmente os tios são mais velhos do que os sobrinhos.
5	Um dos dois velejadores.
6	3 As gémeas partilham com os amigos as suas dúvidas. 5 O grupo de amigos observa os sócios de Tony. 1 O grupo acompanhado por Tony sobrevoa o vulcão dos Capelinhos. 4 Tony encontra-se com os seus sócios. 6 As gémeas concluem que os sócios de Tony poderão ser as mesmas pessoas que as fecharam no contentor. 2 As gémeas julgam ter identificado o homem tatuado.
7	7.1. Aos dois velejadores. 7.2. O grupo das gémeas deveria ter medo dos "recém-chegados" pois estes estavam com o homem que presumivelmente as fechou num contentor no dia anterior, o que permite antever que seriam pessoas perigosas.
8	A chegada quase simultânea de grupos que tenham o mesmo ponto de partida mas que viajam em dois meios de transporte diferentes é possível, desde que o grupo que viaja no meio de transporte mais lento parta mais cedo do que o outro.
9	Faial.

UM LONGO PASSEIO LUNAR	
Pergunta	Resposta
1	Esta entrevista foi conduzida por Luís Tirapicos e teve Eugene Cernan como entrevistado.
2	O Último Homem na Lua.
3	V/F/F/V.
4	Não, pois Eugene Cernan acha que a exploração por *robots* e a exploração feita por Homens são complementares. Acrescenta ainda que a exploração através de *robots* não pode substituir a humana, dado que em locais novos de exploração é impossível programar adequadamente os *robots* uma vez que não se sabe que questões se colocam e que condições se vão encontrar.
5	Eugene Cernan queria transmitir a ideia de que se as primeiras tentativas de lançamento - tanto na Terra como na Lua - falhassem, isso seria fatal para os homens da expedição e não haveria hipótese de outras tentativas.
6	Esta comparação surge com o intuito de mostrar que ambas as expedições - a ida à Lua e os Descobrimentos Portugueses - foram motivadas por razões semelhantes, tais como a curiosidade, a vontade de desvendar o desconhecido ou o desejo de superar obstáculos por parte dos Homens. Ambos permitiram a descoberta de novos mundos e constituíram grandes avanços para a humanidade.
7	Porque nesse lado a visibilidade das estrelas é maior.
8	O entrevistador não parece acreditar, pois designa estas suposições "teorias da conspiração lunar" e "manifestações de ignorância da ciência básica".
9	------

UM PÁSSARO NO PSICÓLOGO

Pergunta	Resposta
1	V/V/F/V/F/V/V/V.
2	"Abaixo as redacções! Abaixo os professores! Viva a fantasia! Viva eu, viva eu, viva eu! EU!" "A família e a escola chegaram a tais extremos que eu já nem sei bem o que sou." "… um mar de papelada que desaba sobre este pobre ser de nome Pedro, aluno, cobaia, e mártir da terna ferocidade dos mais velhos." "Julgam que horrores, tragédias, e massacres só acontecem à hora de jantar, na versão do Telejornal? Qual quê! Esses ainda se digerem, misturados entre duas colheres de sopa e uma garfada de arroz, ante o silêncio mastigado do bigode do meu pai e a atarefação aflita do avental da mãe. Pior, muito pior que as tragédias que a TV mostra, é o interrogatório a seguir ao jantar."
3	O diálogo dos pais sobre a escola é comparado a um massacre e a um interrogatório porque são muitas e consecutivas as perguntas feitas pelos pais.
4	Ideia geral: Apesar de o Pedro considerar as perguntas dos pais como um "bombardeamento" ou como "invasão de privacidade", estas são entendidas como manifestações da preocupação deles sobre o seu percurso académico e a sua saúde.
5	Os pais não respeitam a sua privacidade.
6	a) As respostas são curtas, com poucas palavras, como nos telegramas, em que se escreve o mínimo, mas de forma a que o receptor entenda o texto, pois paga-se conforme o número de palavras; b) Como os pais sentem que responder com poucas palavras é uma forma de fugir à resposta, ficam ainda mais zangados.
7	a) Gostam de ver televisão em particular o telejornal e as telenovelas; b) Preocupam-se com o trabalho escolar do(s) filho(s); c) Controlam os estudos do(s) filho(s); d) Zangam-se com o Pedro quando o apanham distraído no quarto; e) Não se deixam enganar com facilidade.
8	-------

FOLHETO INFORMATIVO DA MEBOCAÍNA FORTE

Pergunta	Resposta
1	<u>Conteúdo da embalagem</u>: 20 pastilhas. <u>Como deve ser tomado</u>: as pastilhas devem ser chupadas. <u>Efeitos do medicamento</u>: 1 – combate as bactérias; 2 – é anti-séptico; 3 – tem efeito analgésico. <u>Substâncias que entram na composição do medicamento</u>: 1 – tirotricina; 2 – cloreto de cetilpiridínio; 3 – cloreto de oxibuprocaína; 4 – sorbitol; 5 – mentol. <u>Situações em que o medicamento pode ser tomado</u>: 1 – infecções da cavidade buco-faríngea; 2 – inflamações associadas a gripe ou resfriamento; 3 – dores de garganta; 4 – deglutição dolorosa; 5 – faringites; 6 – rouquidão; 7 – gengivites; 8 – estomatites. <u>Situações em que o medicamento não deve ser tomado</u>: 1 – alergias às substâncias que entram na composição do medicamento; 2 – presença de feridas na cavidade bucofaríngea.
2	F/V/F/V/V.
3	Estes nomes não interferem com a compreensão no sentido em que o objectivo principal não é conhecer a composição química mas sim conhecer quando se deve usar um medicamento, quais as consequências indesejáveis, quando não deve ser tomado, entre outros argumentos que indiquem a finalidade dos folhetos informativos sobre os medicamentos.
4	<u>Substâncias activas</u>: Substâncias usadas para produzir uma alteração no organismo. Um medicamento, alimento ou planta podem ter diversas substâncias na sua composição, porém somente uma ou algumas destas produzem alterações no organismo. <u>Isentas de açúcar</u>: As pastilhas de Mebocaína não contêm açúcar. <u>É um medicamento não sujeito a receita médica</u>: Não é necessária uma receita médica para comprar o medicamento. <u>Se tiver alguma questão não hesite em perguntar ao seu médico ou farmacêutico</u>: Se tiver alguma dúvida, não deve ter vergonha ou inibir-se. Deve esclarecê-la rapidamente junto de um médico ou farmacêutico. <u>Deglutição dolorosa</u>: Existência de dor ao engolir.

FOLHETO INFORMATIVO DA MEBOCAÍNA FORTE

	Gengivite: Inflamação das gengivas.
	Estomatite: Inflamação da membrana mucosa da boca.
	Tolerância excelente: Pode apresentar dois significados. A palavra excelente pode sugerir que não há efeitos secundários. O conceito de tolerância pode, também, referir-se aos efeitos que resultam do uso prolongado de um medicamento, o qual conduz a uma adaptação do organismo à presença da droga, com a redução do seu efeito.
	Não são conhecidas interacções com outros medicamentos: Os efeitos da Mebocaína não são alterados pela presença de outros fármacos.

ANNE FRANK – UMA JOVEM SONHADORA

Pergunta	Resposta
1	Os Van Pels.
2	O autor terá dito que "o mal" foi atrás dos Frank, referindo-se ao governo e ao exército de Hitler que invadiu a Holanda, depois de os Frank terem fugido para este país e de terem lá vivido livres e em segurança. O autor descreve o governo e o exército de Hitler como sendo "o mal" devido às crueldades que estes cometiam contra os judeus: retirada de direitos, obrigação da utilização de uma estrela na roupa, envio de judeus para campos de concentração, entre outros.
3	A afirmação é uma opinião, uma vez que a mesma reflecte a ideia do autor de que o conhecimento sobre os factos que ocorreram nessa época poderá constituir uma forma de evitar a sua repetição no futuro.
4	"Ser chamado" significava ser notificado, por parte do governo alemão, para regressar à Alemanha.
5	O diário de Anne.
6	6.1. Todos os cuidados eram poucos pois os habitantes do anexo tinham de ter várias precauções para que ninguém descobrisse que estavam escondidos naquele local, porque isso poderia levar à sua descoberta ou a uma denúncia às autoridades. 6.2. Exemplos de possíveis cuidados: - Não acender a luz em divisões com janelas viradas para a rua; - Não se aproximar de janelas que eventualmente existissem; - Não fazer barulho; - Falar baixo sempre que estivesse alguém do lado de fora da porta do anexo; - Abrir a porta do anexo apenas aos amigos que lhes levavam comida e notícias.
7	A palavra encontra-se entre aspas porque é utilizada com um sentido figurado. Na realidade, Anne não fugia, nem saía para lado nenhum. O termo é aplicado na frase para explicar que a escrita e o estudo eram a forma que Anne tinha para "fugir" da realidade, ou seja, para não pensar nos problemas que atravessava, para não pensar que a qualquer momento podiam ser descobertos e enviados para um campo de concentração.
8	1. Os Frank e os Van Pels viveram durante dois anos no anexo, até que foram denunciados por alguém cuja identidade nunca se conheceu. 2. Apenas um habitante do anexo sobreviveu aos campos de concentração: o pai de Anne.
9	15 anos.

O PAI QUE SE TORNOU MÃE

Pergunta	Resposta
1	São formas afectuosas de tratamento.
2	Saltam cá para fora – para a luz: as crianças nascem. O mar, para eles, era um imenso jardim: o mar era muito bonito, colorido, um bom espaço para viver. Como um par de sapatos acabados de estrear: o mundo era muito novo, estávamos nos primórdios da vida na terra. Paisagens perdidas: se tratava de paisagens que ainda ninguém tinha conhecido ou encontrado. Bailavam lentamente: nadavam vagarosamente. Desapareciam nas ondas: se confundiam com as ondas do mar. Feitas apenas de água e de luz: eram transparentes e brilhantes. Águas-vivas: pareciam-se com a água, por serem transparentes, mas eram criaturas vivas. Grandes como montanhas: as baleias eram enormes. Amarelo iluminado: tinha uma cor brilhante.

O PAI QUE SE TORNOU MÃE

	Baça e transparente: estava a adoecer. Maria tornava-se menos existente – desaparecia: estava a morrer.
3	Maria e/ou Mário: Andavam, gostavam, descobrir, olha, disse-lhe, explicou-lhe, abraçava-se, sentia-se, consultar, pediu-lhe, espantada, suspiro, pena. Medusas: Bailavam. Baleias: Delicadas, cantavam. Golfinho: Inteligente.
4	Textos que indiquem: os dois cavalos-marinhos gostavam um do outro, de estar juntos, e que no momento da morte de Maria, esse acontecimento foi vivido com angústia por ambos, preocupando-se cada um com o outro.
5	A mudança ocorre pelo facto de os sentimentos do Mário terem mudado. Sem a Maria, sentia-se só. triste e com saudades, pelo que não conseguia ver alegria à sua volta.
6	6.1. A afirmação é parcialmente verdadeira pois o contacto das alforrecas com o ser humano origina uma reacção alérgica parecida com a de uma queimadura.
7	7.1. Seria necessário procurar informação científica sobre o sistema reprodutivo dos cavalos-marinhos. 7.2. Maria adorava o mar e queria que eles também descobrissem e apreciassem a sua beleza, para além de, sendo criaturas marinhas, o mar ser o seu habitat natural.
8	a) A escolha é simbólica, é uma explicação no domínio da fantasia para a reprodução única desta espécie animal; **ou** b) O pai substituiu a mãe no papel de incubação dos ovos.

MÚSICA DEBAIXO DE ÁGUA

Pergunta	Resposta
1	Porque fala de um peixe cuja forma lembra a de um instrumento musical.
2	Além do seu corpo parecer uma viola, tem muitas pintas brancas pequenas pelo corpo.
3	- "… *barbatanas muito compridas que… começam junto ao focinho e vão quase até meio do corpo, dando-lhe a forma de uma viola…*"; - "… *tem muitas pequenas pintas brancas pelo corpo.*"; - "*Por baixo ela é branca e por cima esverdeada…*"; - "… *cruz preta entre os olhos.*"; - "… *são muito grandes… com o corpo alongado e com duas barbatanas em cima…*".
4	Raias.
5	F/ V/ F/ V/ V.
6	Posição a favor desta medida: é uma forma de preservar a espécie. Posição contra a mesma: os animais não devem ser aprisionados apenas para que sejam exibidos.
7	Parágrafo 1 e 2 – Características físicas. Parágrafo 3 e 4 – Comparação com outras espécies. Parágrafo 5 – Características comportamentais. Interesse económico. Parágrafo 6 – Razões que explicam tratar-se de uma espécie em vias de extinção. Medidas de protecção adoptadas. Locais onde pode ser observada.

FOLHADO DE AMÊNDOAS E CHOCOLATE

Pergunta	Resposta
1	Um ovo.
2	Este procedimento é necessário para que a tarte não fique colada ao tabuleiro depois de cozida.
3	23 cm.
4	Estender a massa.
5	Não, uma vez que a confecção integral do folhado demora 90 minutos (25 minutos de preparação, 30 minutos de refrigeração e 35 minutos de cozedura).
6	Uma das partes tem de ser maior para facilitar o remate dos bordos do folhado.
7	"Vítreo".
8	Massa: 500g de massa folhada. Recheio: 75g de manteiga sem sal; 3 colheres de sopa de brande; 75g de amêndoas moídas; 75g de açúcar granulado; 1 ovo; 2 colheres de sopa de cacau em pó; 125g de chocolate preto ou amargo. Cobertura: 1 ovo; açúcar em pó. Acompanhamento: natas.

O ESPELHO

Pergunta	Resposta
1	O seu olhar transmitia uma amizade muito especial.
2	Era ele próprio.
3	Está a falar consigo próprio.
4	O rapaz queria ficar bem arranjado para agradar à Susana.
5	Situação imaginária: "- Gosto muito de ti – disse-lhe o tal rapaz. - Eu também gosto muito de ti – respondeu a Susana. Depois enlaçaram as mãos, abriram a porta daquele quarto e foram embora." Situação real: "- Gosto tanto de ti! E ela, sorrindo, cada vez mais: - Também gosto muito de ti. Demos as mãos e saímos. Lá fora estava um mundo que desejávamos descobrir juntos."
6	Olhar-nos no espelho ajuda-nos a pensar sobre o que somos e o que sentimos.
7	Tímido e Inseguro.

ADEPTOS ANFÍBIOS

Pergunta	Resposta
1	4. Os sapos parteiros apanhados foram libertados no Jardim da Sereia. 2. Criou-se, no Jardim da Sereia, um espaço para alojar os sapos parteiros. 3. Os sapos parteiros foram marcados e medidos. 1. Remodelação do campo de Futebol do Parque de Santa Cruz.
2	São pessoas que se preocupam com a preservação das espécies/com os animais.
3	Para ser possível a sua posterior localização a fim de verificar se estão adaptados às novas condições no Jardim da Sereia.
4	Ao lado do estádio.
5	Não se trata verdadeiramente de uma ilha (pedaço de terra rodeado de água por todos lados) mas sim de um espaço verde no centro da cidade.
6	Porque os sapos necessitam de água e não seria de esperar que a encontrassem sob as bancadas de um estádio.
7	V/F/V/F.
8	Respeito pelas espécies animais.
9	1 - C; 2 - D; 3 - B; 4 - A.
10	a) Anfíbios reporta-se à classe a que pertencem os sapos-parteiros; b) Adeptos, porque os sapos escolheram para habitat as bancadas do estádio de futebol, local onde os adeptos do clube assistem aos jogos de futebol.
11	Que foram tomadas medidas para reduzir os danos das mudanças introduzidas no habitat dos sapos-parteiros devido à remodelação do estádio.

UMA AVENTURA NO PALÁCIO DA PENA

Pergunta	Resposta
1	1. *"Os olhos miúdos muito pretos adquiriam um brilho impressionante e as bochechas tornavam-se rosadas como se tivessem luz por dentro."* – O Sr. Raposo gostava muito do trabalho que tivera e ficava feliz ao falar dele. 2. *"Embora quisesse parecer descontraído, via-se perfeitamente que lhe custava a referir-se ao passado, que tinha saudades, que gostaria muito de continuar como guarda."* – O Sr. Raposo estava triste por já não ser guarda do palácio. 3. *"O homem agora falava arrebatadamente. De um salto fora colocar-se mesmo em frente da estátua e explicava-se gesticulando muito. Os olhinhos pretos soltavam chispas e a cara ia passando dos tons de cor-de-rosa para uma autêntica mancha vermelho-viva."* – O Sr. Raposo começou a ficar nervoso e zangado porque duvidavam do que dizia, isto é, que o espírito de D. Fernando vagueava pelo Palácio da Pena.

UMA AVENTURA NO PALÁCIO DA PENA

	4. *"O tom de voz tornara-se cavernoso. Inclinado para a frente, escarlate de fúria, com os olhos transformados num feixe de luz, o velho guarda parecia na iminência de explodir."* – O Sr. Raposo percebeu que o Chico estava a ser irónico (a gozar com ele) quando disse: *"- É natural. Se vem matar saudades com certeza traz a mulher e os filhos. Ou então era um engarrafamento de almas do outro mundo!".* 5. *"Durante alguns instantes o velhote pareceu perder o fio à meada e olhou a rapariga dos pés à cabeça com uma expressão carrancuda."* – O Sr. Raposo ficou com medo de que a empregada do vestiário revelasse algo que ele não queria que soubessem.
2	O Sr. Raposo utiliza a expressão sempre que está a falar em situações que lhe causam tristeza (a degradação da casa onde nasceu, a reforma e a consequente obrigação de deixar a sua profissão de guarda…) **e** quando pretende mudar de assunto.
3	Sintra.
4	Não acreditaram nessa possibilidade mas pediram para visitar o palácio na sexta-feira, dia treze; **e** fizeram troça da ideia.
5	<u>Retrato físico</u>: O Sr. Raposo é baixo, gordinho e careca. Além disso, tem uns olhos miúdos muito pretos e uma figura discreta. <u>Retrato psicológico</u>: O Sr. Raposo gosta de contar histórias o que o torna uma pessoa carismática. Além disso, é tagarela e temperamental, alternando facilmente de humor. Parece também uma pessoa facilmente sugestionável na medida em que acredita em fantasmas apenas porque ouve ruídos de noite.
6	O Sr. Raposo acredita que o espírito de D. Fernando continua a vaguear pelo edifício do palácio.
7	Rouco.
8	O guarda provavelmente sentiu-se ofendido por troçarem da sua crença na existência de fantasmas no palácio.
9	A Teresa não se estava a referir concretamente à avó de ninguém. **e** esta expressão é utilizada vulgarmente para se referir a algo inexistente.
10	V/F/F/F/V.
11	O Sr. Raposo não parecia estar a mentir propositadamente, embora os fantasmas, de facto, não existam. O Sr. Raposo era provavelmente uma pessoa sugestionável que, ao ouvir barulhos que sempre existem em casas grandes, antigas e desabitadas, acreditara que os ruídos só poderiam ser de fantasmas. Daí que a Teresa tenha afirmado *"Repara que ele parece mesmo convencido do que está a dizer"*. Também as reacções de fúria que o Sr. Raposo demonstra quando duvidam dele sugerem que este acreditava realmente na existência de fantasmas naquele espaço: *"Podem julgar que eu sou louco mas garanto-lhes que sei muito bem o que estou a dizer"*.

MONUMENTOS, MUSEUS E PARQUES DO CONCELHO DE SINTRA

Pergunta	Resposta
1	Quinta-feira.
2	O Parque de Monserrate, o Parque da Pena, O Castelo dos Mouros e o Convento dos Capuchos.
3	O Palácio e Quinta da Regaleira; O Parque da Pena; O Convento dos Capuchos.
4	32 euros. 4.1. Será necessário verificar qual o preço dos bilhetes de entrada no mês de Junho para cada monumento, bem como o preço das visitas guiadas no Palácio Nacional da Pena e no Convento dos Capuchos. Deste modo, será possível calcular o valor que vai ser gasto em cada monumento: - Palácio Nacional da Pena: o bilhete de entrada no mês de Junho custa 11 euros, aos quais acrescem 5 euros de custo da visita guiada; - Convento dos Capuchos: o preço é constante o ano todo e as visitas guiadas custam 10 euros; - Palácio e Quinta da Regaleira: o preço é constante o ano todo e o bilhete simples (sem visita guiada) tem o custo de 6 euros.
5	F/F/V/V/V/F/V.
6	O Palácio Nacional da Pena (11 euros), o Museu Ferreira de Castro (gratuito), o Museu Anjos Teixeira (gratuito), a Casa-Museu Leal da Câmara (gratuito), o Mini-Museu "A Vida Feita em Barro" (gratuito), o Museu Arqueológico de Odrinhas (2 euros e 50 cêntimos), o Museu do Brinquedo (4 euros) e o Sintra Museu de Arte Moderna (3 euros). Nenhuma destas visitas deverá ser feita na modalidade de visita-guiada.

GRAVURAS RUPESTRES DE VILA NOVA DE FOZ CÔA

Pergunta	Resposta
1	A realidade e o dia-a-dia dos habitantes do vale em cada época.
2	Paleolítico: Figuração zoomórfica (figuras de animais); Neolítico e Calcolítico: Pinturas estilizadas; Idade do Ferro: Representações de guerreiros a cavalo, empunhando armas. Do séc. XVII d.C. até aos anos 50 do séc. XX: Representações religiosas e populares.
3	F/V/F/F/F.
4	Uma espécie bovina extinta.
5	Esta classificação deverá ter sido concedida para reconhecer a importância cultural e histórica das gravuras, bem como para garantir a preservação da área.

LER DOCE LER

Pergunta	Resposta
1	Correctas quaisquer respostas desde que explicitem o sentido figurado desta comparação (têm "gente" dentro, isto é, as personagens; têm janelas que nos permitem ver o mundo; têm portas que se abrem para nós entrarmos...).
2	Os livros permitem-nos imaginar lugares, acontecimentos, cheiros, pessoas...
3	Os livros gostam de contar histórias em prosa, em poesia ou em imagens. Para quem gosta de escrever, contar histórias é uma actividade natural.
4	Respirar não é aqui usado no sentido habitual, mas no sentido figurado, o que significa que os livros não respiram nem por pulmões nem por guelras. Aqui, a palavra respirar remete para viver, dar, partilhar...
5	Os livros são sempre novos para quem os lê pela primeira vez.
6	Um livro que é sempre belo, mesmo se escrito há muito tempo.
7	V/ F/ F/ F/ V.
8	V/ V/ F/ V/F.
9	---------
10	A ideia de que quem lê consegue conhecer outros lugares, outras pessoas, outros cheiros... ; A ideia de que quem lê "voa" sem sair do sítio, vai a muitos lugares, sem precisar de comboio ou de avião; A ideia de que o mundo que se constrói a partir da fantasia é muito mais interessante e mais colorido do que aquele em que vivemos.
11	Tapetes voadores.
12	"gostam de contar histórias"; "respiram"; "têm nomes"; "as partes do seu corpo"; "sentem-se vaidosos"; "os fazem rir e chorar"; "não gostam de ter idade"; "disfarçam uma mancha, uma ruga"; "gostam de viver em liberdade"; "gostam de adormecer"; "nunca hão-de esquecer"; "gostavam de saber".

D. AFONSO II, O GORDO

Pergunta	Resposta
1	a) os habitantes de cada zona do país ficavam sujeitos ao livre arbítrio dos grandes senhores; b) os habitantes que se deslocassem de umas regiões para outras desconheceriam quais as leis, os impostos, as penas judiciais e as normas de convívio em vigor nessa região ou localidade, o que poderia originar o desrespeito pelas mesmas; c) o poder do rei era claramente diminuído dado que as regras eram estabelecidas localmente pelos costumes e tradições, pelos grandes senhores e pelos registos das cartas de foral.
2	Exemplo: Antes do reinado de D. Afonso II as leis não eram iguais em todo o território, diferindo em função das tradições, dos registos existentes e das decisões dos nobres.
3	Foi o primeiro passo para eliminar (cortar) o poder da nobreza.
4	A expressão pretende introduzir a constatação de um facto que é do conhecimento geral: os hábitos, os costumes e as tradições não são imediatamente alteráveis apenas mediante a publicação de uma lei.
5	a) preocupação com a injustiça, evitando uma decisão pouco pensada sobre algo de muita gravidade; b) preocupação com a injustiça que poderia advir de uma decisão precipitada, pensada num momento de raiva.
6	Porque eram sentenças que depois de aplicadas não permitiam voltar atrás.

D. AFONSO II, O GORDO	
7	7.1 A lei da ira régia. 7.2 Na altura de D. Afonso II não deveria ser comum um rei fixar uma lei que o impedia de cometer injustiças, limitando o seu poder, sendo provavelmente mais comum que o rei tivesse poder absoluto e liberdade para aplicar as sentenças que bem entendesse e quando entendesse.
8	Esta exigência advinha da preocupação do rei em que os documentos ficassem bem legíveis, para que ninguém tivesse dificuldades na leitura dos mesmos sempre que os consultasse e para que, além disso, fossem copiados com rigor, sem alterar nada em relação ao original.
9	9.1 Os documentos escritos e certificados por entidades oficiais, os tabeliães garantiam a veracidade dos dados neles registados e possibilitavam que as pessoas recorressem aos mesmos sempre que fosse necessário. 9.2 Antes da criação dos tabeliães, os testamentos, as doações e os contratos eram provavelmente estabelecidos oralmente e sem qualquer registo escrito.
10	Porque, na época, se acreditava que o poder real tinha origem divina e representava a vontade de Deus.
11	Aumentar o poder do rei.
12	F/V/F/V/V.
12.1	1. *"O cognome que acabou por vingar – o Gordo – deve-se pois à doença que o deformava".* Não existem afirmações no texto que nos permitam concluir algo sobre os hábitos alimentares de D. Afonso II. Sabemos que o cognome O Gordo derivou do seu aspecto, que era consequência da doença. 2. *"Esta atitude deu origem a um conflito prolongado, que levou os irmãos rapazes a partirem para o estrangeiro e as raparigas a lutarem durante muitos anos pelos seus direitos."* O texto refere-se claramente a um conflito entre D. Afonso II e os irmãos. 3. *"Apesar da debilidade física, que não lhe permitia realizar proezas militares, D. Afonso II não foi um rei inferior aos seus antecessores."* D. Afonso II foi rei apesar da doença. 4. a) *"Chamou elementos do clero e da nobreza e em conjunto com eles aprovou leis destinadas a todo o país. (…) o simples facto de passarem a existir leis a que todos se tinham de se submeter representou uma primeira machadada no poder de cada um.";* b) *"D. Afonso II escolheu para seus conselheiros homens cultos, inteligentes e especialistas em leis, como por exemplo o mestre Júlio Pais que já tinha sido conselheiro de seu pai e de seu avô, e ainda Gonçalo Mendes e Pedro Anes da Nóvoa."* D. Afonso II pretendia o poder absoluto e para isso socorreu-se eficientemente de várias estratégias, conforme as expressões acima transcritas. 5. *"Embora os grandes senhores estivessem presentes para darem a sua opinião, o simples facto de passarem a existir leis a que todos se tinham de se submeter representou uma primeira machadada no poder de cada um"; "A lei da desamortização mostra claramente que D. Afonso II quis limitar o poder e a riqueza do clero".* D. Afonso II pretendia retirar poder aos nobres e ao clero.

RAÍZES	
Pergunta	**Resposta**
1	1.1 Não, este chão é uma metáfora para exprimir o apego à família e aos amigos. 1.2 Que não o deixassem dar maus passos.
2	2.1 Quer poder crescer de modo saudável e sem problemas.
3	*"Raízes em vez de pés"* pode indicar o desejo de criação de vínculos ou de ligação a um lugar ou a pessoas.
4	Não, pois a palavra tufão aqui é empregue com um sentido metafórico porque se refere aos problemas, aos aborrecimentos e às dores que nos atingem durante toda a nossa vida. 4.1 Que gostava de resistir a todos os problemas da vida.

RECOMENDAÇÕES PARA A VISITA AO PARQUE NACIONAL DA PENEDA-GERÊS

Pergunta	Resposta
1	A. a) A danificação e a colheita de amostras da flora, das rochas e dos minerais podem levar a uma deterioração do património do parque e ao desaparecimento progressivo de algumas espécies de flora e tipos de rochas e/ou minerais; b) a captura de animais pode colocar em perigo de extinção determinadas espécies e pode levar à perturbação da cadeia alimentar de outras; c) a perturbação dos animais selvagem que habitam o Parque pode originar ataques aos visitantes; d) os animais devem ser respeitados (por exemplo, respeitar o seu sono, o cuidado com as crias). B. a) Determinados barulhos e comportamentos podem perturbar os animais (por exemplo, ao sentirem-se ameaça-dos podem atacar os visitantes) e incomodar os residentes (ou outros visitantes), tais como colocar música em tom elevado, gritar, pisar plantas, deixar lixo. C. A norma: a) evita que os visitantes se percam, o que acontece facilmente se seguirem pelo meio da floresta; b) evita a ocorrência de acidentes, ao afastar os visitantes de possíveis sítios perigosos; c) evita que os visitantes destruam a flora, pisando as plantas. D. A norma: a) evita que os visitantes corram determinados riscos; b) permite que os visitantes tomem conhecimen-to e/ou relembrem as regras de funcionamento do Parque; c) evita a destruição progressiva da fauna e da flora do Parque. E. A norma: a) lembra aos visitantes que o Parque integra propriedades que têm donos, mesmo que não se encon-trem vedadas; b) lembra aos visitantes que as pessoas que vivem no Parque podem ter horários e hábitos diferentes e que devem ser respeitados (por exemplo, juntam pinhas ou lenha para mais tarde recolher, pelo que os visitantes não devem desrespeitar este trabalho). F. A norma pretende evitar que os visitantes poluam o Parque, ao deixarem espalhado o seu lixo, o que pode atrair animais não desejados e pode ser foco de doenças para pessoas e animais. G. A norma: a) evita que os visitantes acampem em lugares perigosos (por exemplo, susceptíveis ao ataque de de-terminados animais); b) leva a que os visitantes façam piqueniques em áreas onde existem locais para colocar o lixo, mesas, água, ou outras comodidades. H. A norma pretende evitar que os cães possam fugir, perder-se ou envolver-se em lutas com os animais que possuem habitat no parque, o que pode levar a ferimentos não só nos cães, como também nos seus donos. I. A colaboração dos visitantes na denúncia de situações de infracção ajuda as autoridades competentes a actuarem rapidamente perante a transgressão das regras, prevenindo acidentes e aplicando os meios de coacção adequados. J. As indicações das entidades oficiais foram formuladas para proteger o património natural do Parque Nacional da Peneda-Gerês e para zelar pela segurança de todos os que lá vivem ou visitam e, por conseguinte, devem ser respeitadas.
2	F/ V/ F/ V/ F/ V/ F/ F/ V/ F/ F/V.
3	O isqueiro pode ser utilizado para fazer fogueiras apenas em caso de perigo ou de as pessoas se perderem e necessita-rem de se aquecer ou de sinalizar a sua presença.
4	"a realização (...) de um planeamento capaz de valorizar as actividades humanas e os recursos naturais, tendo em vista finalidades educativas, turísticas e científicas"; "... conservar solos, águas, a flora e a fauna"; "preservar a paisagem nessa vasta região montanhosa".

COBRAS NOSSAS

Pergunta	Resposta
1	**COBRAS-DE-ÁGUA** <u>Cobra-de-água viperina</u>: tamanho – à volta de 1 metro; cor – castanha; localização – não se sabe; alimentação – rãs, sapos, salamandras, peixes, etc.; perigo para o Homem – inofensiva. <u>Cobra-de-água-de-colar</u>: tamanho – à volta de 1 metro; cor – cinza; localização – não se sabe; alimentação – rãs, sapos, salamandras, peixes, etc.; perigo para o Homem – inofensiva. **COBRAS RATEIRAS NÃO VENENOSAS** <u>Cobra-de-escada</u>: tamanho – até 1,5 metros; cor – castanha; localização – não se sabe; alimentação – ratos; perigo para o Homem – não se sabe. <u>Cobra-de-ferradura</u>: tamanho – até 1,8 metros; cor – não se sabe; localização – quase todo o território português; alimentação – ratos e lagartos; perigo para o Homem – não se sabe.

COBRAS NOSSAS

1	<u>Cobra-lisa-bordalesa</u>: tamanho – até 80 centímetros; cor – não se sabe; localização – todo o território português; alimentação – pequenas cobras, lagartos e ratos; perigo para o Homem – não se sabe. <u>Cobra-lisa-austríaca</u>: tamanho – até 70 centímetros; cor – não se sabe; localização – Norte de Portugal; alimentação – pequenas cobras, lagartos e ratos; perigo para o Homem – não se sabe. **COBRAS VENENOSAS** <u>Cobra-de-montpelier</u>: tamanho – até 2,5 metros; cor – não se sabe; localização – não se sabe; alimentação – cobras, pequenas aves, lagartos e pequenos mamíferos; perigo para o Homem – quase inofensiva. <u>Cobra-de-capuz</u>: tamanho – até 0,5 metros; cor – não se sabe; localização – Centro interior e Sul da Península Ibérica; alimentação – não se sabe; perigo para o Homem – quase inofensiva. <u>Víbora-cornuda</u>: tamanho – até 0,5 metros; cor – acastanhada; localização – não se sabe; alimentação – não se sabe; perigo para o Homem – perigosa. <u>Víbora do Gerês</u>: tamanho – até 0,5 metros; cor – acastanhada; localização – Região do Gerês; alimentação – não se sabe; perigo para o Homem – perigosa.

O MEU PÉ DE LARANJA LIMA

Pergunta	Resposta
1	Entre 6 e 10 anos.
2	1 - Ficou triste porque tinha de chamar a atenção de Zezé, apesar da bondade do seu gesto. 2 - Não sabia o que havia de responder a Zezé, perante a justificação que ele deu para o roubo das flores. 3 - Estava emocionada com o relato do Zezé sobre a pobreza, mas não queria que ele notasse. 4 - Ficou sem palavras com o que estava a ouvir; **ou** Estava a pensar no que poderia responder ao Zezé; **ou** Estava a tentar conter a vontade de chorar. 5 - A professora chorava a olhos vistos porque estava comovida pelo facto de Zezé ser extremamente solidário e partilhar a sua comida, mesmo sendo um menino pobre. 6 - Queria demonstrar carinho e afecto pelo Zezé, enquanto lhe pedia que não voltasse a roubar flores, de modo a que este respondesse afirmativamente ao seu pedido. 7 - Estava contente pois fez com que o Zezé prometesse que não voltaria a roubar flores. 8 - Falou carinhosamente com o Zezé pois percebeu que, afinal, ele era um menino extremamente bondoso.
3	Ambas as expressões são empregues para descrever pessoas bondosas, benévolas, solidárias, que se preocupam e ajudam os outros.
4	F/V/F/F/F.
5	Zezé não achava errado roubar as flores, pois afirma: "Não é não, Dona Cecília. O mundo não é de Deus? Tudo o que tem no mundo não é de Deus? Então as flores são de Deus também…"; "Mas lá tem tanta que nem faz falta".
6	Actos de ternura.
7	O copo não terá flor nenhuma, o parágrafo transcrito significa que a professora jamais esquecerá aquele momento e aquele aluno e imaginará sempre o copo como uma linda flor.
8	Respostas devidamente fundamentadas e justificadas. Valoriza-se a articulação com a informação do texto e a qualidade da argumentação utilizada.

AQUÁRIO VASCO DA GAMA: EDUCAR HÁ MAIS DE UM SÉCULO

Pergunta	Resposta
1	O autor está a referir-se aos oceanos.
2	São peças que possuem características únicas e invulgares.
3	À altura em que o rei se dedicou a estudos oceanográficos.
4	- Duas peças em forma de fisga, cuja função seria a de apanhar peixes achatados; - Uma lupa binocular; - Fotografias de plâncton; - Aparelhos para medir a salinidade; - Aparelhos para medir a temperatura; - Aparelhos para medir a velocidade das correntes; - Uma réplica de uma baleia-anã; - Amostras de seres marinhos, conservadas em meio líquido; - Um diário de bordo, manuscrito e ilustrado por D. Carlos.

AQUÁRIO VASCO DA GAMA: EDUCAR HÁ MAIS DE UM SÉCULO

5	A afirmação deriva do facto de a sala estar recheada com a colecção oceanográfica de D. Carlos, o que dá a conhecer um dos principais interesses deste rei, a oceanografia, ciência na qual foi, inclusivamente, pioneiro.
6	D. Carlos ocupava a maior parte do seu tempo em actividades que não a exploração dos Oceanos.
7	D. Carlos teria sido, provavelmente, "ilustrador"/escritor/cientista/investigador.
8	- participava em campanhas oceanográficas; - escrevia diários de bordo e realizava as respectivas ilustrações; - organizava exposições; - participava em congressos; - escrevia e publicava livros; - recolhia exemplares de algumas espécies de fauna marítima.
9	Tubarões.
10	Acordo/desacordo com justificação válida. Valoriza-se a pertinência, clareza e organização dos argumentos utilizados.

NELSON MANDELA – A LIBERTAÇÃO

Pergunta	Resposta
1	Trata-se de um momento "histórico" (afinal Nelson Mandela estivera preso muitos anos) ou muito importante e com um significado simbólico.
2	Indivíduos.
3	V/ F/ V/ V.
4	As suas palavras reflectem os valores que o levaram a ser preso e a permanecer na prisão.
5	V/ V/ V/ F.
6	Isso poderia significar ter de renunciar aos seus ideais e/ou convicções políticas, o que não queria.
7	- "*apartheid*"; - "discriminação de um povo por causa da cor da pele"; - "segregação racial"; - "africanos brancos tinham direito a voto e os de pele mais escura não eram autorizados a votar".
8	Eram brancos.
9	O prémio representa o reconhecimento pelo seu esforço em prol da democracia, da liberdade e da igualdade entre negros e brancos, contribuindo para a paz no mundo e, essencialmente, no seu país.

JARDIM BOTÂNICO DA UNIVERSIDADE DE COIMBRA

Pergunta	Resposta
1	O Jardim Botânico da Universidade de Coimbra foi criado pelo Marquês de Pombal, no século XVIII. Possui uma área de 13 ha.
2	Século XVIII: Permitir investigações na área da História Natural e da Medicina. Século XXI: Funções no âmbito da conservação da natureza, ao salvaguardar sementes de espécies que se encontram em vias de extinção; Funções educativas, ao promover programas de educação ambiental, cultural e de sensibilização; Funções de lazer, ao permitir e incentivar os passeios pelo Jardim.
3	Com a expressão "servir-se do Jardim", o lema transmite a ideia de que todos podem tirar partido do que o jardim tem para oferecer (conhecimentos, actividades lúdicas e de lazer, entre outros), visitando-o ou colaborando nas actividades que nele se realizam. Por outro lado, com a expressão "servindo-o", pretende-se alertar para a necessidade de se preservar o Jardim em todas as actividades que nele se realizem, bem como convidar todos os interessados a coloborar em projectos de enriquecimento e de conservação do Jardim.
4	a) Com esta norma pretende-se que as pessoas não recolham nada do que faz parte do património do Jardim, tal como flores, plantas ou sementes, pois isso originaria a degradação do Parque e poderia levar em última instância ao desaparecimento de algumas espécies do Jardim Botânico. Esta norma também informa que é autorizado tirar fotografias. b) Com esta norma pretende-se que as pessoas não deixem lixo no Jardim, não escrevam no tronco das árvores, ... isto é, não deixem outras marcas para além das dos seus pés. c) Esta norma tem por objectivo lembrar aos visitantes que as plantas e os animais que encontrarem fazem parte do património do Jardim. A norma sugere ainda que o Jardim é um espaço onde será agradável passar o tempo. A expressão "matar o tempo" equivale aqui a "passar o tempo".
5	Pelo Portão dos Arcos; **e** Pelo Portão Principal; **e** Pelo Portão das Ursulinas.
6	A estátua de Júlio Henriques.
7	O caminho do Fontanário e a Alameda das Tílias.
8	V/ V/ F/ F.
9	32 euros.

JARDIM BOTÂNICO DA UNIVERSIDADE DE COIMBRA

10	22 euros. 10.1. a) a entrada pelo Portão das Ursulinas e a visita das Jardinetas e do Fontanário são gratuitas; b) a visita às três Estufas apenas pode ser feita em visita guiada e mediante o pagamento de um valor; c) uma vez que os avós ficaram no Fontanário, apenas o João, os pais, os tios e o primo tiveram de pagar a visita guiada às estufas; d) dado que a visita foi a um domingo, o João e o primo, que são estudantes, deverão ter pago 3 euros cada um; os pais e os tios deverão ter pago o preço do bilhete normal, isto é, 4 euros cada.
11	Correctas várias respostas desde que sejam devidamente fundamentadas e justificadas. Fundamentalmente, as respostas deverão referir que a presença da estátua no Jardim é pertinente pois esta tem por objectivo homenagear o trabalho de Avelar Brotero, chamando a atenção dos visitantes para o trabalho deste investigador na área da Botânica em Portugal.

RECICLAMOS BEM?

Pergunta	Resposta
1	Resíduos sólidos urbanos.
2	Todo o lixo urbano.
3	Mais de 60% dos resíduos de embalagens de vidro e cartão mais de 22,5% de resíduos de plásticos.
4	Membro (representante) da Associação Quercus.
5	Como não se conseguiram alcançar as metas previstas, optou-se por omitir as estimativas.
6	Uma opinião.
7	V/ F/ V.
8	2 Vidro 3 Plástico 1 Papel 4 Pilhas
9	Não se sabe onde se vendem pilhas nem as quantidades que as lojas vendem. Assim sendo, não é possível saber se as pilhas recolhidas constituem uma percentagem grande ou pequena das que são vendidas.

HORTAS À PORTA- HORTAS BIOLÓGICAS DA REGIÃO DO PORTO

Pergunta	Resposta
1	A afirmação da Ana pode ser considerada aceitável pois a expressão "à porta" remete para a ideia de proximidade.
2	– "… promover a qualidade de vida das populações"; – "… (promover) o contacto com a natureza"; – "… (promover) a redução da produção de resíduos"; – "… a promoção de hábitos saudáveis e as boas práticas agrícolas"; – "… promoção da Compostagem Caseira"; – "… (promoção) da criação de Hortas"; – "… promoção da Agricultura Biológica na Região do Grande Porto".
3	1. F – "a) utilizar a título gratuito ou a custo moderado, um talhão de aproximadamente 25m² de terreno cultivável, inserido num espaço vedado e com ponto de água de utilização comum disponível; b) aceder a um local colectivo de armazenamento de pequenas alfaias agrícolas." 2. V – "Gestor – pessoa ou entidade responsável pelo espaço onde se encontra a horta dividida em talhões, promovendo nomeadamente a selecção dos utilizadores e gestão do espaço. Formador – pessoa licenciada em Ambiente, Agricultura ou área relacionada, com experiência na área da formação." 3. F – "… frequentar, gratuitamente ou a custo moderado, uma acção de formação em Agricultura Biológica." 4. F – "Seguindo, genericamente, os seguintes critérios: a) ordem de chegada da inscrição; b) residência mais próxima do local." 5. V – "… cumprir os horários de utilização estabelecidos em cada local."

HORTAS À PORTA- HORTAS BIOLÓGICAS DA REGIÃO DO PORTO

3	6. F – "O gestor do espaço pode, em qualquer altura, fundamentadamente, anular a inscrição do utilizador caso considere que não estão a ser cumpridos os deveres previstos."
4	O Sr. José poderá candidatar-se ao programa para cultivar bens destinados a consumo próprio mas nunca para produzir bens a serem comercializados.
5	Hortas perto das casas dos utilizadores.
6	Sim, desde que peça a devida renovação.
7	1. Para evitar desperdício de água; Para não estragar as culturas. 2. Porque as hortas são destinadas apenas ao cultivo e as estruturas necessárias a esta actividade (ex., armazéns de ferramentas) já estão construídas; Para que o utilizador seguinte daquele talhão não tenha o espaço ocupado por construções desnecessárias. 3. Para que os animais não estraguem as culturas e/ou não deixem dejectos na terra; Por razões de higiene. 4. Para que o lixo não atraia animais (por ex., roedores) que poderão estragar as culturas; Porque a horta deve ser mantida limpa e o lixo orgânico tem um local próprio – o compostor; Para evitar a degradação do solo e o prejuízo da fertilidade do terreno. 5. Para que as plantas dos talhões não sejam pisadas e acabem por morrer ou ficar impróprias para consumo.
8	Querem assegurar-se de que os utilizadores adquirem os conhecimentos suficientes para fazer agricultura biológica.
9	------

CÃO COMO NÓS

Pergunta	Resposta
1	Trata-se de uma ave.
2	"Não era um cão como os outros". "Este filho da mãe podia ser um bom cão, é pena não estar para isso". "Ou então era este que era diferente". "Este cão tem um problema, disse por fim o meu pai, está convencido de que não é cão".
3	V/ F/ V.
4	"fazer ouvidos moucos", "aparentar indiferença", "ter espírito de independência", "gostar de ser original".
5	O filho tinha um espírito independente, gostava de ser original, mostrava indiferença ao que não lhe interessava.
6	Semelhanças: afectivo; gosta de estar ao pé do dono. Diferenças: rebiteza; dificuldade em obedecer; irrequietude; exibicionismo.
7	O cão não parava quieto.
8	8.1. Desobediente.
9	O cão terá continuado a evidenciar os mesmos comportamentos durante muitos anos.
10	V/ V/ V/ F.
11	O cão parecia ter uma personalidade própria pois tanto aparentava indiferença, como fazia de tudo para chamar a atenção; O cão não gostava de estar sozinho, tal como uma grande parte das pessoas; O cão era constantemente desobediente mas também era capaz de coisas inesperadas, ao contrário da maioria dos cães; O cão parecia adoptar trejeitos e comportamentos dos membros da família que o acolheu; O cão parecia nutrir um afecto especial pela família mas a sua altivez não lhe permitia obedecer às ordens.
12	Correctos os resumos que indiquem as características elencadas no exemplo proposto: A nível físico, o cão era bonito, com manchas castanhas e uma estrela branca no meio da testa. Em termos psicológicos, o cão era independente, gostava de ser original e de ser o centro das atenções. Para além destas características era ainda indiferente à vontade dos donos, desobediente, inconstante, irrequieto, exibicionista e tinha um porte altivo. Mas era também um animal afectuoso e afeiçoado aos donos.

SABES O QUE É UM TUFÃO?	
Pergunta	**Resposta**
1	A alegria e entusiasmo não eram próprios, dado que o assunto tratado era bastante sério face aos problemas e estragos que um tufão causa.
2	Orlando seria provavelmente um cientista, adulto e amigo da Ana e do João. 2.1. a) Orlando seria provavelmente um cientista pois além de possuir muita informação acerca dos tufões, fazia também parte de uma associação que realizava experiências e construía inventos, funções particularmente associadas ao trabalho de cientistas; b) Orlando seria provavelmente um adulto tendo em conta a profissão que exercia (cientista) e a forma como a Ana e o João se lhe dirigem, evitando a utilização da 2.ª pessoa do singular ("Estávamos com saudades suas, Orlando"); c) Orlando é um amigo da Ana e do João pois além de esta informação estar explícita no texto ("radiantes por estarem ali no laboratório super sofisticado do amigo que não viam há tanto tempo"), os comportamentos verbais e não verbais que os três vão demonstrando ao longo da acção revelam uma relação de amizade – "Estávamos com saudades suas, Orlando", "A alegria foi tanta que lhe saltaram ao pescoço", "... prosseguiu num tom de confidência", "Enfiou-lhes o braço carinhosamente...".
3	Destruiu.
4	O sorriso é descrito como "malandro" porque o Orlando estava a tentar brincar ou provocar com a explicação do motivo subjacente ao facto de os tufões só terem nomes de mulher.
5	Não concordava com a opinião de Orlando sobre as mulheres; Achava a justificação de Orlando infundada.
6	A comparação é preconceituosa pois as características descritas não são exclusivas de nenhum sexo (homens/mulheres), sendo no entanto atribuídas apenas às mulheres.
7	A Ana não parece ter ficado zangada, dado ter percebido que Orlando estava a ter uma atitude provocatória. Transcrição: "João apressou-se a concordar e a irmã também aderiu à brincadeira...".
8	Exemplo: Quando disseram a Orlando que sentiram a sua falta, este afirmou que andava ocupado com novas investiga-ções. Construíra, com os colegas da AIVET, um pequeno aparelho, uma espécie de relógio de ouro antigo, que retirou do bolso e mostrou. Quando lhe perguntaram a utilidade daquilo, respondeu que era um "regulador de tempo" e que os ponteiros avançavam mais depressa ou mais devagar, conforme os nossos desejos.
9	Que o João tinha mesmo muita vontade de ir com Orlando.
10	Eles reclamaram, pois Orlando prometeu levá-los ao futuro, criando-lhes a expectativa de viajarem para uma época futura muito distante, quando afinal o futuro a que se referia era a chegada à ilha dos mares da China que aconteceria dali a apenas 10 minutos.
11	Ansiosos por partir.

FITA VERMELHA

Pergunta	Resposta
1	"Cheia do barulho da rua, dos 'eléctricos' que passavam pelas calhas metálicas. Dos carros que continuamente subiam e desciam a calçada"; "Num Hospital da cidade".
2	A história relatada ocorreu há muito tempo, numa altura em que já havia automóveis e eléctricos, mas em que ainda eram usados cavalos e carroças como meios de transporte nas cidades.
3	As alunas davam beleza e alegria à sala de aula.
4	Correctas as respostas que associem a leitura ao conhecimento.
5	1. V – Sim, porque adiou a visita ao Hospital e depois não foi a tempo de ver a aluna com vida. 2. F – *Vou vê-la no próximo domingo – anunciei às companheiras*". 3. F – O que fez não foi importante porque escreveu "já nem me lembro" ("Fui passear. Ver mar? Campos verdes? Flores? Já nem me lembro.") 4. F – A Aurora não chegou a receber a visita da professora (*"É a sua vida uma manhã apenas que, na minha distracção ou egoísmo, não tive tempo de olhar."*)
6	Os afectos devem ser prioritários.
7	a) As manhãs são o começo dos dias; **e** b) Aurora era uma criança, tinha vivido pouco.
8	Para ficar bonita para receber a visita da professora.
9	a) *"No dia seguinte a doença foi mais poderosa que a sua juventude, a sua doçura, a sua esperança"*; b) *"A cabeça escura, já sem a fita vermelha, adormeceu-lhe na almofada, talvez incómoda, do hospital."*
10	Remorso por não ter ido visitar Aurora no domingo em que prometera.
11	"Aurora" é o começo do dia. Escolher este nome para a personagem do conto simboliza que esta criança estava no começo da vida.

FLOR DE MEL

Pergunta	Resposta
1	A de uma pessoa que parece rezar enquanto fala.
2	F/ V/ F/ F.
3	Não, dado que no texto aparece a expressão "Durante todo o tempo que Melinda viveu na casa da avó Rosário…".
4	A – 6; B – 3; C – 5; D – 4.
5	Opiniões do pai: a) "O pai é que não achava graça nenhuma a estas histórias"; b) "- Não quero conversas dessas aqui dentro!" Opinião da avó: a) "… mas nessa noite tudo voltou ao mesmo: as aventuras da mãe no Palácio das Dioneias, à mistura com uns toques de Pele de Burro e de Gata Borralheira".
6	6.1. O pai estava infeliz mas não pela razão avançada por Melinda. A infelicidade do pai dever-se-ia, provavelmente, à ausência da mãe de Melinda, embora o texto não forneça informação suficiente para esta inferência. Podem ser consideradas correctas outras respostas desde que devidamente fundamentadas.
7	Porque o pai não consegue falar sobre sentimentos e sobre a história familiar.
8	A relação entre o pai e a avó era pouco próxima, havendo quase um clima de indiferença e com o diálogo entre ambos a limitar-se ao essencial (por exemplo, "A comida demora?"). As discussões entre os dois só surgiam quando o pai se apercebia que a avó de Melinda contava histórias sobre a mãe.
9	Apenas se pode saber, a partir do texto, que a mãe de Melinda não vive com a filha e com o pai desta. Assim, a sua ausência pode indicar que pode ter abandonado a casa e partido sozinha ou pode indicar que esta morreu. Embora não seja possível ter a certeza de qual a hipótese mais provável, a suposição de que terá morrido parece ser mais plausível dado que as histórias que a avó conta sobre o Palácio das Dioneias, um sítio para onde só vão "os escolhidos", parecem ser alegorias para transmitir a ideia de que a mãe estaria no Céu ou no Paraíso.
10	10.1 2. O seu comportamento deve-se ao sofrimento e à revolta que a morte da mãe de Melinda lhe causou. 10.2 A permanente tristeza, os comportamentos de evitamento de falar sobre a mãe de Melinda e a revolta contra as histórias fantasiosas que a avó Rosário contava a Melinda sobre a sua mãe parecem ser indicativas de que o pai estaria ainda a sofrer bastante com a morte da mãe de Melinda, evitando ao máximo que se falasse sobre o tema. As afirmações do pai "As coisas são como são, e não há nada a fazer. Não serve de nada inventar palermices. Não é por isso que as coisas mudam", parecem ser indicativas de alguma revolta relativamente à presumível morte.

AVALIAÇÃO 1 – Prova de Aferição de Língua Portuguesa de 2006		
Pergunta	**Resposta**	**Personagem** **Família Compreensão**
1	Antes de adormecer, recordou acontecimentos do seu passado.	Durval Inferencial
2	Ia dizer uma coisa importante.	Durval Inferencial
3	3.1 «Quando no dia seguinte lá chegámos, <u>a mãe e o pai, e nós três</u> muito bem arranjadas…". 3.2 Uma vez por ano.	Juvenal Literal
4	Os pais faziam muita cerimónia com os padrinhos. OU A família da menina não convivia frequentemente com os padrinhos.	Durval Inferencial
5	3 ouvir com muita atenção… não ouvir absolutamente nada… 4 esquecer logo o que se ouve… 2 fingir que não se ouve… ouvir com dificuldade… 1 estar farto de ouvir o mesmo…	Gustavo Significado
6	6.1 V/F/F/F/V/F/V	Juvenal Literal
	6.2 **A Madrinha era uma pessoa – idosa**: «… era nossa tia-avó.» (linha 7); «… o seu cabelo era <u>só caracolinhos muito brancos…</u>» (linha 11). – **frágil**: «<u>Pequenina e delicada</u> …» (linha 7); «… <u>não parecia muito preparada para viver neste mundo.</u>» (linhas 7 e 8). **O Padrinho era uma pessoa – culta**: «… "era um <u>sábio</u>"…» (linha 22); «… era um <u>cientista ilustre</u>…»; (linhas 22 e 23); «… <u>tinha um Observatório de Astronomia</u> no telhado da casa…» (linha 23); «… <u>estudava os mistérios do céu</u> …» (linha 24); «… do Observatório de Paris <u>estavam sempre a pedir a opinião dele</u>…» (linhas 24 e 25). – **amável**: «… sempre <u>muito delicado</u> e <u>muito simpático</u> para nós…» (linhas 25 e 26).	Conceição Reorganização
7	Quis fazer boa figura perante os padrinhos.	Durval Inferencial
8	Os pais e os padrinhos perceberam que a menina estava a fingir, porque a palavra que ela leu não correspondia à que estava escrita no livro.	Durval Inferencial

9	Nervosismo e irritação
	4 Humilhação e vergonha
	  Arrogância e vaidade
	2 Entusiasmo e confiança
	3 Surpresa e incompreensão
	  Calma e indiferença
	1 Insegurança e receio
		Durval Inferencial

10	Aprender a ler nem que fosse sozinha.	Juvenal Literal
11	**A** – Mercado do Bolhão **B** – Palácio Atlântico **C** – Rua de Santa Catarina **D** – Rua Fernandes Tomás **E** – Teatro Rivoli	Juvenal Literal
12	**Nome completo:** Maria Alberta Rovisco Garcia Menéres **Naturalidade:** Vila Nova de Gaia **Idade:** 75 anos (também se aceita 76 anos) **Licenciatura:** Ciências Histórico -Filosóficas	Juvenal Literal

AVALIAÇÃO 1 – Prova de Aferição de Língua Portuguesa de 2006

| 12 | **Duas publicações em que colaborou:** (de entre as dadas): «Jornal do Fundão; «Diário de Notícias»; «Cadernos do Meio -Dia»; «Távola Redonda». **Duas actividades profissionais que desenvolveu** (de entre as dadas): Poetisa; Escritora; Professora; Funcionária da RTP. **Obras publicadas em 1993**: Uma Palmada na Testa; Pêra Perinha. | |

AVALIAÇÃO 2 – Prova de Aferição de Língua Portuguesa de 2002

Pergunta	Resposta	Personagem Família Compreensão
1	Na praia.	Juvenal Literal
2	Desmaiou.	Durval Inferencial
3	Sozinha não podia regressar ao mar.	Durval Inferencial
4	F/V/V/F/V/V/F/F.	Juvenal Literal e Durval Inferencial
5	Atraído e assustado.	Gustavo Significado
6	Era pobre e tinha irmãos mais novos para sustentar.	Juvenal Literal
7	Era atraído pela presença e pela beleza da sereia.	Juvenal Literal
8	Considerando cumprida a sua promessa.	Juvenal Literal
9	Gostava muito daquela sereia.	Durval Inferencial
10	Dá uma opinião plausível, coerente com o texto e bem articulada.	Francisca Crítica
11	b) 8; c) 1; d) 3; e) 11; f) 12; g) 7; h) 10 .	Conceição Reorganização
12	Encontro Inesquecível.	Durval Inferencial
13	Material – *saco e faca*; Locais de Recolha – *areia seca / rochas / poças de água / anfractuosidades...*; Três Precauções a Tomar – *tomar nota do horário da maré / usar calçado com solas que não escorreguem / trepar [...] com prudência / nunca saltar / ter sempre três pontos fixos de apoio / não destruir [...] a fauna marítima / poupar as pequenas algas [...] / preferir a concha vazia [...].*	Conceição Reorganização

AVALIAÇÃO 3 – Prova de Aferição de Língua Portuguesa de 2003

Pergunta	Resposta	Personagem Família Compreensão
1	Um coelho tornou-se o seu companheiro de brincadeiras.	Juvenal Literal
2	Alterasse as histórias que lhe contava.	Juvenal Literal
3	Adulto que revive episódios da infância.	Durval Inferencial
4	Brincar com tanta habilidade.	Gustavo Significado
5	Se esqueceu do nome do coelho.	Juvenal Literal
6	O coelho podia viver em liberdade, no campo.	Juvenal Literal
7	Ex.: O coelho é asseado e um bom companheiro de brincadeiras.	Durval Inferencial
8	4. O coelhinho acabou por ser levado para a quinta. 1. Certo dia, os adultos começaram a segredar lá por casa. 6. Apesar dos protestos, os pais não lhe trouxeram o coelho de volta. 3. Um amigo dos pais tinha-se oferecido para levar o coelho para o campo. 5. Toda a noite, o menino chorou por causa da partida do coelho. 2. O menino, desconfiado, suspeitou que ia ficar sem o amigo.	Conceição Reorganização
9	Parafraseia ou refere o conteúdo do último período do texto.	Durval Inferencial

AVALIAÇÃO 3 – Prova de Aferição de Língua Portuguesa de 2003		
10	**Ambiente específico em que vive** O coelho é abundante em: _regiões herbáceas_, _florestas_; _zonas próximas de sapais_, _dunas_ e _costa rochosa_. **Locais onde se encontra, em Portugal** Lebre – _Encontra-se preferencialmente no Sul e no Interior._ **Período diário de actividade** Coelho – _Sobretudo crepuscular._ **Comportamento face ao perigo** Lebre – _Emite um «choro» particular_, ou _reage com ataques à dentada._ **Ângulo de visão** Coelho – _Em posição vertical, um ângulo de visão de 360 graus._ Lebre – _Em posição vertical, um ângulo de visão de 360 graus._	Conceição Reorganização
11	————————	Durval Inferencial

AVALIAÇÃO 4 – Prova de Aferição de Língua Portuguesa de 2004		
Pergunta	Resposta	Personagem Família Compreensão
1.1	Um gato doméstico.	Durval Inferencial
1.2	«Romance de D. João»; «D. João»; «partida a _viola_»; «o _boné_ ao lado»; «rasgado o _calção_»; «a _camisola_»; «não me respondeu»; «arrastando o _pé_»; («Que _desgosto_ teve?»); («na fossa da _melancolia_»).	Juvenal Literal
2	Foi tratar de gozar a vida.	Gustavo Significado
3	Lhe dá mimos e respeita a sua dor.	Durval Inferencial
4	Razão plausível e coerente com o sentido do texto .	Durval Inferencial
5	Ex.: Segundo o narrador, D. João pode ter apanhado uma tareia tão grande que lhe terá deixado marcas para toda a vida.	Juvenal Literal
6	Ex.: O narrador percebeu que D. João tinha sido maltratado e, com receio de o envergonhar ao divulgar a sua história, pede aos leitores que guardem segredo.	Francisca Crítica
7	1-h; 2-j; 3-d; 4-b; 5-i; 6-c; 7-g.	Juvenal Literal
8	- De que depende a importância que os gatos têm relativamente a outros gatos? A importância que os gatos têm relativamente a outros gatos é determinada pela posição em que se encontram, quando se cruzam, pelo seu estado de saúde e pelo cheiro. - Quando caçam os gatos? Os gatos caçam geralmente de madrugada, ao anoitecer ou em noites de Lua cheia, embora também possam fazê-lo nas noites de Verão ou a meio do dia, no Inverno.	Conceição Reorganização
9	Horários: 8.56; 11.59; 16.55.	Conceição Reorganização

AVALIAÇÃO 5 – Prova de Aferição de Língua Portuguesa de 2007

Pergunta	Resposta	Personagem Família Compreensão
1	A sua vida modificou-se completamente.	Durval Inferencial
2	<u>Características físicas</u>: boca grande; olhos muito pequeninos; nariz arrebitado; pés para o lado. <u>Características psicológicas</u>: medrosa; triste.	Conceição Reorganização
3	Cara de lua cheia.	Gustavo Significado
4	Tinha medo de que gozassem com ela.	Durval Inferencial
5	V/F/V/V/F/F.	Juvenal Literal e Durval Inferencial
6	À esquina de duas ruas sem sol.	Juvenal Literal
7	Também era um solitário.	Durval Inferencial
8	Objecto: a caixa de música; Poder: realizar desejos.	Juvenal Literal
9	Mas não, o seu sonho concretizou-se.	Juvenal Literal
10	Passou a ter amigos. Já ninguém falava da sua cara, da sua maneira esquisita de andar.	Juvenal Literal
11	6-2-8-1-7-4-3-10-5-9.	Conceição Reorganização
12	Sentiu de novo uma grande tristeza.; Apeteceu-lhe fugir para muito longe ou… … nunca mais sair de casa.	Juvenal Literal
13	Solidário.	Juvenal Literal
14.1	Ovos; farinha; açúcar; fermento; manteiga; xarope de cerejas; leite.	Conceição Reorganização
14.2	Porque o bolo é coberto com xarope de cerejas.	Juvenal Literal
14.3	Quanto baste.	Durval Inferencial

AVALIAÇÃO 6 – Prova de Aferição de Língua Portuguesa de 2005

Pergunta	Resposta	Processo de compreensão leitora
1	Já não havia peixes por aquelas bandas.	Compreensão Literal
2	O salmonete não se deixava apanhar.	Compreensão Literal
3	Ex.: O salmonete sugeriu à baleia que comesse homens.	Compreensão Literal
4	Incomodar fisicamente a baleia.	Compreensão Inferencial
5	<u>Movimento</u>: rebolou, cambaleou, espinoteou, esperneou. <u>Produção de sons</u>: gritou, berrou, cantou, estrondeou.	Reorganização
6	A baleia nadou muito.	Compreensão Literal
7	Ex.: – Recusou-se a sair da barriga da baleia, enquanto esta não o levou até à sua terra. – Construiu uma grade, que colocou na garganta da baleia, para a impedir de comer peixes e homens.	Compreensão Literal
8	Ex.: A baleia sentiu-se muito aliviada por já não ter dentro de si o marinheiro a incomodá-la.	Compreensão Inferencial
9	Manter sempre viva a curiosidade do leitor.	Compreensão Inferencial
10	Exemplo 1 – sardinhas, tainhas; Exemplo 2 – gorazes, roazes; Exemplo 3 – bugios, safios.	Compreensão Literal
11	---	Compreensão Crítica
12	V/NS/NS/V/NS/V.	Compreensão Inferencial
13	- Castelo (de Almourol / de Silves); - (oito) séculos de História; - aldeias medievais; - herança árabe; - muralhas (do Castelo de Silves); - (raízes da) cultura milenar.	Compreensão Literal
14	Motivar os Portugueses para conhecerem melhor Portugal.	Compreensão Inferencial
15	V/F/V/F/V/V/F/F/V.	Compreensão Literal

Pergunta	Resposta	Processo de compreensão leitora
	AVALIAÇÃO 7 – Prova de Aferição de Língua Portuguesa de 2006	
1	Antes de adormecer, recordou acontecimentos do seu passado.	Compreensão Inferencial
2	Ia dizer uma coisa importante.	Compreensão Inferencial
3	3.1 «Quando no dia seguinte lá chegámos, <u>a mãe e o pai, e nós três</u> muito bem arranjadas…». 3.2 Uma vez por ano.	Compreensão Literal
4	Os pais faziam muita cerimónia com os padrinhos. OU A família da menina não convivia frequentemente com os padrinhos.	Compreensão Inferencial
5	3 ouvir com muita atenção… não ouvir absolutamente nada… 4 esquecer logo o que se ouve… 2 fingir que não se ouve… ouvir com dificuldade… 1 estar farto de ouvir o mesmo…	Extracção Significado
6	6.1 V/F/F/F/V/F/V	Compreensão Literal
	6.2 **A Madrinha era uma pessoa – idosa**: «… era nossa tia-avó.» (linha 7); «… o seu cabelo era <u>só caracolinhos muito brancos…</u>» (linha 11). – **frágil**: «<u>Pequenina e delicada</u> …» (linha 7); «… <u>não parecia muito preparada para viver neste mundo.</u>» (linhas 7 e 8). **O Padrinho era uma pessoa – culta**: «… "era um <u>sábio</u>"…» (linha 22); «… era um <u>cientista ilustre</u>…»; (linhas 22 e 23); «… <u>tinha um Observatório de Astronomia</u> no telhado da casa…» (linha 23); «… <u>estudava os mistérios do céu</u> …» (linha 24); «… do Observatório de Paris <u>estavam sempre a pedir a opinião dele</u>…» (linhas 24 e 25). – **amável**: «… sempre <u>muito delicado</u> e <u>muito simpático</u> para nós…» (linhas 25 e 26).	Reorganização
7	Quis fazer boa figura perante os padrinhos.	Compreensão Inferencial
8	Os pais e os padrinhos perceberam que a menina estava a fingir, porque a palavra que ela leu não correspondia à que estava escrita no livro.	Compreensão Inferencial

9	Nervosismo e irritação
	 4 Humilhação e vergonha
	   Arrogância e vaidade
	 2 Entusiasmo e confiança
	 3 Surpresa e incompreensão
	   Calma e indiferença
	 1 Insegurança e receio
		Compreensão Inferencial

10	Aprender a ler nem que fosse sozinha.	Compreensão Literal
11	**A** – Mercado do Bolhão **B** – Palácio Atlântico **C** – Rua de Santa Catarina **D** – Rua Fernandes Tomás **E** – Teatro Rivoli	Compreensão Literal
12	**Nome completo:** Maria Alberta Rovisco Garcia Menéres **Naturalidade:** Vila Nova de Gaia **Idade:** 75 anos (também se aceita 76 anos) **Licenciatura:** Ciências Histórico -Filosóficas	Compreensão Literal

AVALIAÇÃO 7 – Prova de Aferição de Língua Portuguesa de 2006		
12	**Duas publicações em que colaborou:** (de entre as dadas): «Jornal do Fundão; «Diário de Notícias»; «Cadernos do Meio –Dia»; «Távola Redonda». **Duas actividades profissionais que desenvolveu** (de entre as dadas): Poetisa; Escritora; Professora; Funcionária da RTP. **Obras publicadas em 1993**: Uma Palmada na Testa; Pêra Perinha.	

Anexo 2 - A Família Compreensão

Destaca e recorta os cartões com as personagens da *Família Compreensão*.
Coloca-os numa bolsa plástica para que não se estraguem.

Família
Compreensão

Ao longo do programa, para responderes a cada uma das perguntas, vais precisar de as usar, pois elas serão uma ajuda preciosa.

Em algumas tarefas, as personagens estão identificadas, facilitando-te o trabalho. Noutras, és tu que terás de o fazer. Conseguir identificar a quem podes pedir ajuda é sinal de que já percebeste as exigências da tarefa. O objectivo da *Família Compreensão* é também o de te ajudar a identificar o que fazes bem, o que precisas de melhorar e, além disto, a controlar a correcção das tuas respostas.

Vicente Inteligente

Juvenal Literal

Vicente Inteligente

Olá! Eu sou o Vicente Inteligente. Chamam-me inteligente porque sei responder a tudo o que me perguntam e, quando não sei, nunca desisto. Digo a mim mesmo "se existe uma pergunta tem de haver uma resposta e vou encontrá-la!".

Como consigo? Em primeiro lugar não me precipito! Penso... digo de mim para mim "Calma Vicente! Lê com atenção o que te estão a perguntar..." e questiono-me: "O que é que me faz dizer que...?"; "Neste parágrafo o que significará...?", "O que me leva a achar que o título foi bem escolhido?", "O que sei?". Não tenho a mania de que sou o melhor e não tenho vergonha de pedir ajuda a todos os membros da *Família Compreensão*. Lembro-me das palavras da minha avó que me dizia: "A união faz a força".

Fico vaidoso quando me chamam "inteligente", mas fico ainda mais vaidoso quando dizem que sou altruísta. AL–TRU–IS–TA... é uma palavra com personalidade. Foi o Gustavo Significado que me começou a chamar assim porque ajudo todos desinteressadamente e não guardo a sabedoria só para mim. Ajudo a pensar, lembro o que têm de fazer, faço perguntas para ver se estão no caminho certo... e às vezes digo ao ouvido o que é preciso fazer...

Juvenal Literal

Olá! O meu nome é Juvenal Literal. A minha família diz que eu sou do clube do "menor esforço", o que não é verdade. Eu acho que sou do "clube dos coleccionadores". Leio os textos com atenção e guardo a informação que lá encontro: nomes de personagens, incidentes, factos, datas, locais, características das pessoas... Se eu não vejo logo a informação, é porque ela não deve estar lá muito visível! O que está escondido não me interessa. Isso são enigmas para o Durval Inferencial. Por isso, depois de ler, a primeira coisa a fazer é vêres se achas que a resposta ao que te é perguntado está visível no texto. Se estiver... chama por mim que eu entro logo ao serviço. São muito injustos quando dizem que eu sou do clube do "menor esforço", pois a maior parte das vezes sou o primeiro a trabalhar. Às vezes até sou o único! Presta atenção, pois as aparências, por vezes, enganam.

Como disse, guardo as informações, mas gosto muito de ser original. Digo o que encontro se bem que por palavras minhas, pois sou coleccionador e não papagaio. Confesso que fico vaidoso quando respondo com palavras diferentes das do texto! Peço muitas vezes ajuda ao Gustavo Significado para descobrir palavras diferentes, mas isso é um segredo entre nós...

Gustavo Significado

Durval Inferencial

Gustavo Significado

Olá! O meu nome é Gustavo Significado e sou o mais jovem da *Família Compreensão!* Talvez por isso existem muitas coisas que não conheço. Sou muito curioso e estou sempre a perguntar "porquê?", "para quê?", "o que é?"… Eu não tenho culpa de ser curioso, de querer saber o significado de tudo e de perguntar para que é que as coisas servem. Como estou sempre a fazer perguntas, dizem-me que estou outra vez na "idade dos porquês". Se calhar em vez de Gustavo Significado deveria chamar-me… Antenor Perguntador… Não! Acho que não. Gustavo é um nome bem mais bonito.

Nasci perguntador. Corro atrás de palavras que não conheço e não desisto à primeira. Gostava muito de ter uma lupa, mas o meu tio Durval não a larga. Não tenho vergonha de fazer perguntas e detesto ficar com dúvidas. Estou sempre a aprender coisas novas e a cada dia que passa cresço em tamanho e inteligência.

Durval Inferencial

Olá! O meu nome é Durval Inferencial. A minha família chama-me detective, porque adoro enigmas. O meu trabalho é muito minucioso, com várias etapas que têm de ser seguidas com rigor… e sem pressas. Primeiro, há que pensar muito bem no problema que tenho de desvendar. Só depois procuro as pistas que o texto me pode dar. Como qualquer detective, preciso de ajudas. O Gustavo Significado e a Conceição Reorganização são os meus "ajudantes de campo". Junto pistas e ajudas, penso, estabeleço relações e conexões e outros *ões e… eureka!…* encontro as soluções. Parece fácil? Parece, mas não é. Muitas vezes as pistas que estão no texto não são suficientes e eu tenho de as juntar a outros conhecimentos anteriores. Outras vezes ainda preciso de recorrer a "especialistas" para encontrar a tal informação de que necessito para resolver os mistérios. O meu lema é: – *"Pensar e saber é o truque para tudo resolver!"*

Francisca Crítica

Conceição Reorganização

Francisca
Crítica

Olá! O meu nome é Francisca Crítica. A minha família chama-me "a questionadora" pois gosto de questionar tudo. Não consigo ler e ficar calada. Tenho sempre de perguntar "Verdade ou mentira?", "Real ou fantasia?", "Bem ou mal?", "Certo ou errado?". E não me contento com respostas de "Sim" ou "Não". Quero sempre saber os porquês. Por isso, acho que não me deviam chamar "questionadora" mas "juíza" já que quero provas para tudo. O meu trabalho não é tarefa simples! Não se pode julgar à toa. É uma grande responsabilidade! As pessoas consideram-me muito inteligente, mas eu, que sou muito crítica, sei que sem a ajuda dos outros membros da família não conseguiria fazer bem o meu trabalho. Tenho de perceber tudo muito bem. Não hesito em pedir ajuda ao Juvenal Literal, ao Gustavo Significado, ao Durval Inferencial e à Conceição Reorganização.

Conceição
Reorganização

Olá! O meu nome é Conceição Reorganização. Pelo meu nome percebem a razão da minha família me chamar a "eficiente?" Pois é... sou muito prática e organizada. Gosto de ter tudo arrumado para encontrar depressa o que quero. Quando as coisas estão desorganizadas, gosto de as classificar, reordenar... Além disso, gosto também de fazer esquemas para saber onde as coisas estão e o que me falta. O Juvenal é um coleccionador. Eu deito fora o que acho estar a mais. Por isso, resumo e sintetizo tudo. Fico só com o essencial, mas tenho muito cuidado, pois, com este feitio, posso arriscar-me a deitar fora coisas importantes que depois me poderão fazer falta. Um dos meus passatempos favoritos é imaginar títulos que, com poucas palavras, dêem o máximo de informação. Como o Juvenal, eu também sou criativa, mas só às vezes... Nessas alturas dá-me para inventar títulos, cujo significado, para ser descoberto, precisa da ajuda do Durval Inferencial.